世界資本主義の景気循環

クレマン・ジュグラーの景気循環論と
クズネツ循環

岩田佳久

日本経済評論社

はじめに

　本書は、景気循環論において一般に中長期循環としてあげられる「ジュグラー循環」と「クズネツ循環」を世界経済的な連関の中で読み直し、明確な方法で世界的な景気循環の運動を実証的に示すことを課題とする。
　内生的な景気循環論は偶発的な要因を排除するだけでなく、対外関係も捨象して一国内部で恐慌あるいは景気循環が発生するかのように論じられることが多い。たとえば宇野弘蔵の『恐慌論』をはじめ、宇野の方法に基づく経済学原理論の多くでは、対外関係を捨象し、あらゆるものが資本主義的に生産されても労働力だけは資本主義的に生産できない特殊な商品であり、本質的には労働力供給の限界が資本主義的生産における好況の進展に限界を画することになる、と論じる。たしかに、そう考えることで恣意的な与件を排除し、資本主義的でないものを労働力商品に絞り込むことで恐慌の必然性を理論的に説くことも可能となる。
　しかし現実の資本主義経済を分析する場合、純粋理論で労働力へと絞り込まれたものは、労働力以外の、資本主義的に生産されないもの、あるいは資本主義経済の発達程度の違いなどとして、開かれて解釈される必要がある。その場合、世界経済的な連関へと考察を広げる必要も生じる。
　通常、「ジュグラー循環」は設備投資を起動力とする約10年周期、「クズネツ循環」は建築や技術革新を起動力とする約20年周期などとして理解されている。しかしその名前の由来となった19世紀のクレマン・ジュグラーや、サイモン・クズネツと1950―60年代クズネツ循環論者たちは景気循環を一国内で完結するものとはとらえず、世界的な連関の中で景気循環を論じていた。
　本書はそうした議論を再評価し、その成果から実証分析の焦点を定める。そして当時の論者の不十分な実証方法ではなく、新しいデータとより適切か

つ直感的に理解可能な方法によって、世界的な連関をもつ景気循環の実証を目的とする。

　第Ⅰ章では、ジュグラーの景気循環論の基礎を英仏通貨論争から検討する。ジュグラー没後100年の2005年を契機に、ジュグラー研究は多少なりとも活性化してきたが、ジュグラーが英仏通貨論争に積極的に関与していたことの意味はまだ十分に取り上げられていないと思われる。本章では19世紀の英仏通貨論争の対抗関係を読み解くことによって、景気循環論においてジュグラーが銀行学派として非貨幣的分析の立場に立っていたことを明らかにする。そしてジュグラーに先行し、おそらく大きな影響を与えたと思われるフランスのフリーバンキング（以下、FBと略記）派 Ch. コクランの周期的恐慌論とジュグラーの恐慌論との違いが、銀行原理の適用の違いにあることを論じる。コクランは優れた銀行原理的信用論を述べながらも特権銀行と預金の理解で通貨原理へ至り、貨幣的恐慌論を主張した。これに対してジュグラーは銀行原理を徹底させ、非貨幣的分析を堅持した。

　一般的に非貨幣的分析の論者は、ジェームズ・ウィルソンやA. シュピートホフなどのように実物的過剰投資論を説く論者が多い。しかしジュグラーは非貨幣的分析のまま、投機的価格上昇において生じる「相殺の欠如」から恐慌を説いた。その際、一国内では信用拡張による投機的価格上昇はとどまることがないかのように続くため、相殺の欠如が生じる必然性は、信用システムが発達し投機が過度に進展する英仏米などの地域（以下では便宜上「中枢」と呼ぶ）と、未発達で投機が進まない地域（同じく「周辺」と呼ぶ）との価格上昇のギャップに求められた。こうしてジュグラーの恐慌論は異質な要素から構成される世界経済へと進んでいくことになる。

　第Ⅱ章では、景気循環論の方法から、シュムペーターによるジュグラー批判を通して、ジュグラーの景気循環論の性格を検討する。シュムペーターは、キチン・ジュグラー・コンドラチェフの3つの異なる長さの循環として景気循環をとらえる立場からジュグラーの「単一波動」を批判したが、ジュグラーの「単一波動」とは、景気循環があらゆるものを同調した運動に巻き

込んでいくことを強調するものであった。しかし、あらゆるものの同調はそれ自体に矛盾を生じることになる。たとえばジュグラーは、《好況末期に相殺の欠如によって外国為替相場が悪化し、金属正貨が流出して恐慌になる》と論じるが、2国間の相対的関係である為替があらゆる国で同時に悪化することはありえない。ここでジュグラーは信用システムの発達の違いから、中枢と周辺とに世界を区分することになる。この為替関係についてジュグラーの実証分析には混乱があるので、整合的に再構成して実証分析の焦点を以下のように定めた。中枢諸国の中央銀行のバランスシートにおける同調性、それに対する周辺国の中央銀行のバランスシートにおける異質性、次に為替分析による中枢—周辺の相互関係の分析、さらに中枢内もロンドンと他の都市とに区別されることから世界経済の多層的な関係を実証的に検討した。Ⅱ章の最後では世界経済の異質性を貨幣制度において示す複貨幣制[1]（いわゆる複本位制）の問題を検討した。

　第Ⅲ章では、実体経済における世界資本主義の景気循環としてクズネツ循環論を取り上げる。1950—60年代のクズネツ循環の議論では、20年という周期や、建築という一変数のみを対象とするものではなかった。建築投資とその他の投資の交替、投資の国内外での交替、英米間の建築投資の逆相関、英米景気の相補関係＝「大西洋経済」説など、グローバルな視点で各系列が相互に連関・規定し合う景気循環論が提起されていた。

　当時のNBER[2]を中心とした米国クズネツ循環の論者たちはクズネツ循環を、一般的な景気循環としてではなく、アメリカにおける資本主義経済の歴史的形成過程において現れる特殊な循環形式と見なしていた。つまり相対的に遅れて資本主義的な生産様式を導入した地域、特に、労働力の弾力的供給源となる非資本主義的外囲（農村など）を歴史的に引き継いでいない新興開発国が、資本主義的な生産基盤形成と、ラグを伴いながら移民という労働力の存在基盤の形成とを交互に作り出していくものとして理解されていた。こうした新興開発国の発展は旧来の資本主義へ反作用をもたらし、イギリスにおけるクズネツ循環の存在を巡る議論の要となった。さらに反作用か

ら相互作用が生じ、その関係をB.トーマスは「大西洋経済」と呼んで、クズネツ循環論の世界資本主義的理解を示した。

米国クズネツ循環論の理解では、移民による大きな人口移動の終わる第1次大戦でクズネツ循環は終了する。しかしイギリスでのクズネツ循環を巡る議論では、先進国の流動的な金融市場において国内と外国との投資の交替、あるいは住宅と産業との投資の交替がありうることも示している。現代においてこの関係を明瞭に示したのが2000年前後のアメリカ経済だった。つまり91年の鋭い不況から2001年の緩やかな不況を挟み、2008年から始まった金融恐慌は20年弱の間隔のクズネツ循環にも見える。しかしそれだけではなく、90年代末のITバブルから2000年のITバブル崩壊を経てサブプライム(とプライムも含めた)ローンによる住宅建設増加へと引き継がれ、産業投資から住宅投資への交替が生じていたようにも見える。

さらに現代における新興工業国、つまりアセアン諸国やBRICsなどと呼ばれる地域では、19世紀のアメリカとは異なり、国外からの移民流入は少ないものの、農村から資本主義セクターへの労働力の大きな移動があり、先進工業国から資本・資本財の輸入もあった。本書では、さしあたりデータのそろうタイとマレーシアの経済発展過程、そして両国とアメリカとの関係を対象に、かつてのクズネツ循環論が如何に適用可能かを検討する。

以上の観点から、Ⅲ章ではまず、異質な要素を伴う世界経済編成としてのクズネツ循環論として諸研究の論理的再構成を行う。次に、多くの論者が対象とした1870—1914年と、投資規制が緩和された1980年頃からの「新自由主義」の時代の実証分析を行う。

終章では、以上の内容に踏まえて今後の展望について簡単にふれる。

目　次

はじめに　i

第Ⅰ章　19世紀英仏マネタリーオーソドキシーにおける
　　　　　ジュグラーとその景気循環論 …………………………………1

　A　課題の設定：神話から研究対象へ　1
　B　方法：オーソドキシーと分類基準　4
　　1　「マネタリーオーソドキシー」の定義　4
　　2　マネタリーオーソドキシーの構図　5
　　　ⓐ　フレームワーク　5
　　　ⓑ　Central Banking と Free Banking―何が Free なのか　12
　　　ⓒ　銀行原理と通貨原理―原理と実務の二つのレベル　13
　　　　ⅰ）原理としての銀行原理と通貨原理　13
　　　　ⅱ）実務としての銀行原理と通貨原理―二つの銀行通貨発行方法　16
　　3　景気循環の貨幣的分析と非貨幣的分析　17
　C　分析1：利子率とその影響　18
　　1　ヴィクセル過程とその解釈　18
　　2　モデレート地金派 vs 反地金派　19
　　3　トゥックの反論　19
　　4　ヴィクセルの対応　20
　　5　フラートンの弁明　21
　　6　ジュグラーの景気循環論　23
　　7　フランスFB派コクランの貨幣的恐慌論　25
　　8　利子率に関する英国FB派と通貨学派　27
　D　分析2：銀行通貨量とその影響　29
　　1　通貨学派とモデレート地金派　29
　　2　「還流の法則」における二つの銀行原理―銀行学派とFB派　29
　　　ⓐ　銀行券の「過剰」と「還流」とは何か　30

　　　　ⅰ）課題の設定　30
　　　　ⅱ）マクロ的「過剰」とミクロ的過剰　30
　　　ⓑ　銀行学派と反地金派における「還流の法則」　31
　　　ⓒ　FB派：競争的システムを通じた還流　36
　　3　FB派のダブル・スタンダード　37
　　　ⓐ　競争下の銀行原理と独占下の通貨原理　37
　　　ⓑ　フランスFB派コクランのダブル・スタンダード　38
　　　　ⅰ）銀行原理的な銀行信用発生論　38
　　　　ⅱ）特権銀行の通貨原理的信用拡張と周期的恐慌論　40
　　　　ⅲ）コクラン型FBの図解と真正通貨原理FB派との比較　41
　　4　モデレート地金派の銀行通貨階層構造　44
　　5　反地金派と地方銀行業者による階層性の否定　44
　　6　地方銀行券に対するCB派としての通貨学派　45
　　7　CB派としての銀行学派の自己矛盾　46
　E　総括：ジュグラーの通貨理論と景気循環論　47
　　1　ジュグラーによる継承と変容　47
　　　ⓐ　フランスFB派論争に対する銀行学派的対応　47
　　　ⓑ　『地金報告』の主観的賛美と銀行学派的読み替え　50
　　　ⓒ　コクランからの継承と銀行原理の徹底　52
　　2　ジュグラーの非貨幣的な恐慌論と世界経済　55
　　　ⓐ　通貨原理的「総体的価格上昇論」に対するフラートンの批判　55
　　　ⓑ　ジュグラーの「相殺の欠如」論　56
　　　ⓒ　方法的反省と世界経済論の意味　57

第Ⅱ章　ジュグラー景気循環論の世界経済的枠組みとその実証………61
　はじめに　61
　A　実証分析の基礎としてのジュグラーの理論的再検討　63
　　1　シュムペーターの評価とその問題点　63
　　2　「単一波動」の意味　64
　　3　異質な要素から構成される世界経済　68
　　　ⓐ　フレームワーク：中枢─周辺関係　68
　　　ⓑ　ジュグラーの不徹底性　68
　　　ⓒ　ジュグラーの枠組みの再構成　69
　B　実証：同調性と異質性、相互関係　72

1　同調性と異質性：銀行のバランスシート分析　72
　　　ⓐ　中枢での中央銀行のバランスシートの循環的変動　73
　　　　ⅰ）イギリス　74
　　　　ⅱ）フランス　75
　　　　ⅲ）ドイツ　77
　　　　ⅳ）アメリカ　78
　　　ⓑ　中枢内の国際的同調　79
　　　　ⅰ）銀行バランスシート　79
　　　　ⅱ）割引率　83
　　　ⓒ　周辺国の中央銀行バランスシート　84
　　2　相互関係：為替分析　87
　　　ⓐ　ロンドンを中心とした為替関係　88
　　　ⓑ　ハンブルクを中心とした為替関係　95
　　　ⓒ　パリを中心とした為替関係　99
　C　19世紀国際通貨体制としての国際複貨幣制　105
　　1　複貨幣制の機構　105
　　　ⓐ　「好況末期のイギリスからの金流出」とは？　105
　　　ⓑ　国際複貨幣制の意義と通貨理論　109
　　　ⓒ　国際複貨幣制の仕組み　112
　　2　複貨幣制論争と通貨論争との理論的一体性　119
　　3　国際複貨幣制の分析　124
　　　ⓐ　イギリスを中心とする国際金銀移動　125
　　　ⓑ　フランスを中心とする国際金銀移動　130
　小括：世界資本主義としてのジュグラー景気循環論とクズネツ循環　134
　Ⅱ章のデータ出所　137

第Ⅲ章　世界資本主義としてのクズネツ循環論　……………………………139
　はじめに　139
　A　理論：クズネツ循環に関する諸学説の整理と検討　140
　　1　ロストウの学説整理とイノベーション論　140
　　2　米国クズネツ循環論　141
　　　ⓐ　クズネツの投資交替説　141
　　　ⓑ　アブラモヴィッツのクズネツ循環論　142
　　3　イギリスに関するクズネツ循環の議論　144

　　　　ⓐ　偽ジュグラー循環説　144
　　　　ⓑ　景気循環における住宅建築の反循環性の発生　145
　　　4　トーマス「大西洋経済」　146
　B　実証：方法と第1次大戦前の分析　150
　　　1　国際的連関　151
　　　2　イギリスの分析　152
　　　3　アメリカの分析　155
　C　展望：現代のクズネツ循環　159
　　　1　アメリカの投資動向　161
　　　2　アメリカの商業銀行の投資切替　162
　　　3　国際的連関　164
　　　　ⓐ　アメリカとタイ・マレーシアとの対応　164
　　　　ⓑ　タイ・マレーシアにおける外資と貿易　165
　　　　ⓒ　資本主義の基礎となる労働力の形成　167
　　　4　「新自由主義」とクズネツ循環の復活　169
　小括：資本主義の歴史的発展段階とクズネツ循環　171
　Ⅲ章のデータ出所　173

終　章 …………………………………………………………175

付録：クレマン・ジュグラーの著作の翻訳
　①　「商業恐慌」（『新政治経済辞典』の項から）………………………182
　②　「Wolowski著『イングランド銀行とスコットランドの銀行』（1867年）についての書評」………………………………………………………205
　③　ジュグラーによる英仏通貨論争に関する記述
　　　『フランス・イギリス・合衆国における商業恐慌とその周期的再発について　第2版』………………………………………………………215

注　解　225
参考文献
　Ⅰ・Ⅱ章の参考文献　245
　Ⅲ章の参考文献　253

あとがき　257
索　引
　　人名索引　263
　　事項索引　264

第Ⅰ章　19世紀英仏マネタリーオーソドキシーにおけるジュグラーとその景気循環論

　本章の略記号：FB はフリーバンキング、CB はセントラルバンキング、BOE はイングランド銀行、BdF はフランス銀行、「英国」はスコットランドを除くイングランドのこと。

A　課題の設定：神話から研究対象へ

　クレマン・ジュグラー Clément Juglar（1819—1905）は、「ジュグラー循環」の名前の由来として、景気循環論ではよく知られている。とくにシュンペーターによる高い評価（Schumpeter［1954］）によって、景気循環論の先駆者としての評価が定着している。ところが、ジュグラーの名が用いられる多さに比して、その内容の検討は少なく、「神話」のような存在になっていた。

　しかし、ジュグラー没後100年の2005年を契機に近年、ジュグラー研究は急速に進みつつある。

　その中で最も重要なものは Besomi によるものであろう。Besomi は、ジュグラーの先駆性、と言われる周期的恐慌論や内生的景気循環論は、実際には、ジュグラーが経済学の記述を始める前[3]の19世紀前半には広く流布しており、ジュグラーは先駆的ではない、と主張する。さらに Besomi は、そうした先駆者としての評価は二次文献による「神話の偽造」とも言う（Besomi［2011］）。さらに、シュンペーターによるジュグラーへの高い評価は、シュンペーター自身の見解を投影しているだけだ、と厳しく指摘している（ibid., p. 102）。

ジュグラーの理論的欠陥に関してはBesomi以前から指摘されてきたが、Besomiの言うように景気循環論の先駆者としての評価は根本的に訂正されなければならないだろう。

　しかしジュグラーには恐慌に関する著述のほかに、通貨金融理論に関する著述が膨大にある。Besomiは恐慌に関する著述のみを取り出し、通貨金融理論に関する著述を取り上げていない。しかしジュグラーの著作をよく読めば、恐慌に関する理論は、当時、大きな論争になっていた通貨論争に関する通貨金融理論に根差したものであり、その論争の枠組みの中でジュグラーの論述を読み解く必要があると筆者は考える。この問題が本章の主題である。

　なお、最近のもう一つ重要な研究はDangel-Hagnauer［2010］で、ジュグラーにおける外国為替研究の深化を明らかにしている。この点はⅡ章で取り上げる。

　Besomiは周期的恐慌論の先行者としてJ. シンクレア、J. R. マカロック、R. トレンズ、J. ウェイド、W. トンプソン、R. オーウェン、J. F. ブレイ、H. クラーク、Ch. コクラン、J. A. ローソン等を挙げる。しかしジュグラーが引用する多くは地金論争・通貨論争の論者（特にT. トゥックとS. J. ロイド）や同時代のフランス経済学者で、コクラン等が一部で重なるものの基本的に異なる。

　また、ジュグラーの主著Juglar［1889］『フランス・英国・合衆国における商業恐慌とその周期的再発について　第2版』は、第1部Ⅱ章の「恐慌のメカニズム」という項の後に学説史を簡単に追っているが、そこでは「コクランの理論」「フリーバンク―特権銀行―トレンズ―ジョン・ロイド」「1810年の報告（地金報告）」「1844年の条例―ロバート・ピール」という項目が並んでいる[4]。

　Besomiの方法は《当時の景気循環論者が経済学の主流から外れていた》というシュムペーターの認識（Schumpeter［1954］p. 743）とも一致する。たしかにジュグラー自身も1889年の主著の冒頭近くで「どんな理論、どんな

仮定も使わず、恐慌とその周期の法則を引き出すには事実の観測のみで十分」（Juglar［1889］p. XV）と開き直っている。しかし実際にはジュグラーは当時の英仏通貨論争へ深く関与し、1865年のFBをめぐるフランスでの調査会への見解の提出や、1868年の第2の主著『為替と発券の自由について』の執筆を行った。68年の著作では、フランス・アカデミーの問い「信用流通の条件の研究と、銀行券と他の信用手形との本質的な違いを明らかにすること」への解答だった。その成果も踏まえ1889年に改定された第1の主著（第2版）では『地金報告』を賛美しながら、銀行学派の立場から『報告』を読み替えて利用し、当時フランスで有力だったFB派の《恐慌は特権銀行が原因》という貨幣的分析を否定して、周期的恐慌の必然性を論じた。

　従来の研究が、ジュグラーを英仏通貨論争から切断した結果生じた誤解の一つは、シュムペーターがジュグラーを景気循環論の「非貨幣的分析」で論じたことに多くの論者が否定的で、"ジュグラーは銀行や信用のことを言うから貨幣的だ"、と議論されていることだ。たとえば、Bourcier de Carbon［1972］はシュムペーターの分類を明示して否定し（p.81, 92）、日本でも並木信義氏や岩下有司氏がジュグラーは貨幣的分析とされている（岩下［2010］58頁）[5]。

　しかしジュグラーは景気変動について《信用はモーター[6]、銀行は気圧計[7]》と喩えた。信用とは商業が取引において互いに与え合う商業信用のことで、銀行信用はその反映に過ぎない[8]とし、銀行が景気変動の原因となることを否定した。同様に銀行の受動的性格を指摘する銀行学派も景気循環の見方では非貨幣的分析に分類されるとWhite［1995］らも指摘している。この分類は誤解されることもあり、正しい理解のためには英仏通貨論争の対立構図とジュグラーの位置を見ることが必要だ。

　ジュグラーはFB派の貨幣的分析に反対し、銀行学派（部分的には発券独占派とも）と同じ立場で反論していた。実は19世紀英仏通貨論争は景気変動に関して、貨幣的な主張と、それへの反論が1つの展開軸にもなっていた。シュムペーターの分類もこの連関の中で意味があり、この対抗関係なしにジ

ュグラーの銀行・通貨に関する記述だけを取り出して「貨幣的」と論じるのは方法的に正しくない。本章では19世紀における貨幣的・非貨幣的分析の対立関係を示し、その中にジュグラーを埋め戻し、その景気循環論における非貨幣的性格を明らかにする。

　非貨幣的分析では一般に、生産過程における実物的要素に注目する実物的景気循環論へとつながっていく。しかし、ジュグラーではそうはならなかった。

　ジュグラーは、歴史的記述において各恐慌の原因として挙げられることの多い鉄道ブームや綿花投機などは個別的で特殊な要因にすぎないとして、景気循環一般に通じる基底的原因を見出すことこそが重要だと考えた。しかし実物的要因は具体的歴史過程においては個別性を持つことを免れない。そのためジュグラーは、あらゆる恐慌とそれに先行する好況に共通な要因を、実物的要因ではなく、投機的価格上昇とその崩壊という形式的な側面に求めた。その際、投機的価格上昇は信用システムの発展によって、投機的価格上昇の崩壊の必然性は諸国間での信用システムの発展度合いの違いによって、それぞれ説明された。その説明は、信用とその相殺を基礎におく通貨理論と不可分の関係にある。本章では実物的景気循環論に向かわないジュグラーの非貨幣的分析が、世界経済的連関へと開いていくことを最後に確認する。

B　方法：オーソドキシーと分類基準

1　「マネタリーオーソドキシー」の定義

　19世紀の通貨政策は、英国（スコットランドを除くイングランド。以下同じ）では地金派・通貨学派、フランスではフランス銀行（以下 BdF と略）の発券独占を支持する主張に沿って主に立法されたが、理論的にはそれらに対抗する議論も有力であり、対立する主張との論争の中でこそ議論の意味が鮮明になる。そこで本章では「オーソドキシー」とは論争の枠組みを意味する。

具体的にはまず、ジュグラーが賞賛する『地金報告』を書いたモデレート地金派[9]、それと対立する反地金派。FBに関してジュグラーは英国の通貨学派・銀行学派の論争を用いながら論じているので、英仏FB派と、セントラルバンキング（以下CBと略記）派としての通貨学派・銀行学派・フランス発券独占派を扱う。「マネタリー」とは、19世紀の論争では直接には銀行券だが、本質的には銀行信用と銀行通貨発行の影響が焦点である（B‐3で述べる）。

2　マネタリーオーソドキシーの構図
ⓐフレームワーク

論争の枠組みはV. C. Smithによる分類を学派として整理すれば次の表の構図になる。

表1‐1　銀行券発行に関する19世紀の英仏諸理論の体系図

		発券の権利	
		CB派	FB派
発券の原理	通貨原理	①**英通貨学派・仏発券独占派**	③**通貨原理FB派**
	銀行原理	②**英銀行学派**など	④**銀行原理FB派** （英仏FB派のほとんど）

（Smith［1936］pp.144‐145を一般化して作成）

FB派には、④の銀行原理と③の通貨原理の二つがあるが、歴史的には④の影響力が強く、本章ではFB派とは銀行原理FB派を指す。

英国では①と②との対立が有名だが、L. H. Whiteは①と②と④の対立とした。フランスの論争では、Smithの指摘のように①〜④まで全て存在したが、主に①と④との論争で、③と④の対立も少しあった[10]。論争の影に隠れていたが実務的には②も多かったようである。

次の表は、Whiteが景気循環に関して通貨学派・銀行学派・FB派を特徴づけた比較を抜粋したもの。（BOEはイングランド銀行の略）

表1-2 L. H. White による英国各学派の特徴付け

	通貨学派	FB	銀行学派
過剰発券の主体	地方銀行、BOE[注1]	BOE	なし
景気循環、発生	非貨幣的[注2]	貨幣的[注3]	非貨幣的
その波及	貨幣的	貨幣的	非貨幣的
兌換銀行券[注4]ストック自己調整の条件	通貨原理によるルールに基づく場合のみ	競争によってのみ	すでにされている
真正手形原理	反対	賛成	賛成
需要に応じた発券	地方銀行への適用悪い	地方銀行への適用良い	地方銀行とBOEともに良い
競争下での還流の法則	円滑ではなく、遅すぎる。対外流出によってのみ還流	急速。手形交換システムで還流	即座。貸付返還で[注5]

White [1995] p.135から一部抜粋。
注1) 初期トレンズは除く。(Whiteの原注)
注2) 初期トレンズ・S.リカード・ペニングトンは除く。(Whiteの原注)
注3) R.ベル・初期パーネルは除く。(Whiteの原注)
注4) 原文は convertible money。(筆者の注)
注5) White はフラートンの「割引市場による環流」を評価していない。(筆者の注)

モデレート地金派も含めた比較については、de Boyer et Solis Rosales [2003] が「最後の貸し手」機能とその前提になる通貨理論に対する経済学者たちの立場を、A.スミスからバジョットやホートレーまで整理している本章に関する部分を抜粋し、少し語句を追加して示すと次の表になる (ibid., p.81から改変。最後の列「正貨流出入の原因」は Diatkine and de Boyer [2008] の内容から追加。「モデレート地金派」「ハード地金派」の用語は筆者が追加)。

表1-3　de Boyer らによる特徴づけ

	貨幣数量説注1)	ピール条例	貨幣と信用の二分法注3)	最後の貸し手	最後の貸し手が貸す物は…	正貨流出入の原因
A. スミス	否定		否定			
ソーントン（モデレート地金派）	肯定		否定	賛成	負債	GPM注4)
D. リカード（ハード地金派）	肯定	賛成注2)	肯定			PSFM注5)
通貨学派	肯定	賛成	肯定	反対	外生的貨幣注6)	PSFM
銀行学派	否定	反対	否定	賛成	負債	GPM
バジョット注7)	肯定	賛成	肯定	賛成	外生的貨幣	
ホートレー	肯定	賛成	否定	賛成	負債	

注1）ソーントンの貨幣数量説、リカード・通貨学派・バジョットの貨幣数量説、ホートレーの貨幣数量説はそれぞれ異なっている。（原注）
注2）リカードはピール条例の先行者である。（原注）
※以下は筆者による注記
注3）貨幣発行と与信を区別するもので、ピール条例によるBOEの2分割の根拠となる。
注4）GPM（gold points mechanism）：二国間の支払バランスが偏ることで為替相場が平価から離れるが、乖離の幅が金属貨幣の現送コストを超えれば金属貨幣が輸出入される、という考え。
　　支払バランスの偏りは、実物的要因に基づく貿易収支の偏りや国際資本移動などによって生じる。ソーントンの場合は貨幣数量説を含むので、銀行券の過剰という貨幣的要因から商品価格の騰貴によって貿易収支の逆調が生じ、為替相場が金現送点を超える、という関係も想定される。
注5）PSFM（price-specie-flow mechanism）：貨幣数量説に基づき、一国内の貨幣数量の変化と逆相関で貨幣の価値が変化し、貨幣の価値が低く評価されているところから高く評価されているところへと金属貨幣が輸出され、商品はその逆方向で輸入される、という考え。
注6）de Boyer たちは内在的価値を持つ貨幣（銀行原理では「貨幣」）を「外生的貨幣」、銀行券（銀行原理では銀行の負債・信用手段）を「貨幣」と呼んで区別している。
注7）ここのバジョット評価は主著『ロンバード街』に基づく11)。

■文献

　文献を完全に網羅することは不可能なので、本章で主に依拠した文献を提示しておく。文献は英仏の論争に限り、米国を含むことはできない。

全体的な整理・枠組みとしては White［1995］、V. C. Smith［1936］、Gentier［2003］。簡潔なものには White［1997］と Schwartz［1987］がある。

一次資料として、銀行学派は Fullarton［1836］［1844］、Tooke［1844］、B. Price［1868］。FB 派は Gilbert［1841］（1841年の the select Committee on Banks of Issue の証言も参照）、Bailey［1840］、J. B. Smith［1840a, b］、Coquelin［1848a］（1859）、Courcelle-Seneuil［1864］。FB 派に反対する CB 派としてのモデレート地金派として Thornton［1802］と1810年『地金報告』、反地金派は Bosanquet［1810］と1810年地金委員会での BOE 理事証言など。通貨原理 FB 派は Modeste［1866a, b］。

フランスの論争に関しては *Enquête sur les principes et les faits généraux qui régissent la circulation monétaire et fiduciaire*, 1865 での証言も有用である。

現代の研究としては Cassidy［1998a, b］、Glasner［1992］、Skaggs［1991］、Juurikkala［2002］など。FB 派の見解を多く含む百科事典として Glasner, ed.［1997］が有益である。これらの現代の研究は FB 派の研究を取り込むことによって、通貨論争に関する従来の研究とは異なる枠組みをもたらしている。その枠組みに本章の視角も踏まえているので、これらの研究が従来の研究とは異なる点をいくつか挙げておく。

①かつては「通貨学派 vs 銀行学派」という枠組みから英国通貨論争の研究が行われていたが、この構図では両派ともに CB の存在を前提にしており、銀行学派における CB 派としての立場と、銀行原理としての立場との矛盾的な関係が見えなくなる。しかし L. H. White による英国 FB 派の研究は、ともに銀行原理に基づく銀行学派と FB 派との違いを理論的に示した。英国銀行学派トゥックの代表的著作『通貨主義の研究』（Tooke［1844］）を読めばすぐに気づくことだが、通貨原理批判とともに FB 派（ギルバートなど）に対してもかなりのスペースを割いて批判している。そこでトゥックは

《FB 派は一般に銀行原理を認めるのに、BOE に対しては通貨原理の適用というダブル・スタンダードになっている》と指摘した[12]。逆に FB 派はこのダブル・スタンダードを肯定的に主張して、決済中心地ロンドンで発券を独占する特権銀行 BOE では銀行原理が適用されていない、と批判する。このように銀行原理には、銀行学派と FB 派という違いがあるにもかかわらず、「通貨学派 vs 銀行学派」という構図ではこの違いが看過されてしまう。

またフラートンに関しても Cassidy ［1998a, b］が、フラートンの1836年の著作『インド銀行設立の提案への返答』を紹介・検討しており、それを読めばフラートンの中にある FB 派的立場と CB 派的立場との自己矛盾的関係を検討する必要が生じる。つまりフラートンは1836年の著作では FB が当然とし、CB に対しては廃止までは要求しないものの、かなり危険視して、CB が存在するなら強い統制が必要と言う。Cassidy は《その後、フラートンはトゥックの影響も受けて1844年の著作までには CB 派に転向した》（Cassidy ［1998a］p. 528）とみなす。しかし筆者は1844年にもフラートンの立場は完全に CB に移行しておらずフラートンの中に原則 FB 賛美と実際上の CB 支持の二つが、二律背反ではなく、自己矛盾的な関係を持って存在している、と考えている（後述、Ⅰ 章 D － 7）。このように銀行原理の中にある FB 派と CB 派との外的対立（FB 派 vs 銀行学派）と、内的矛盾（銀行学派内の自己矛盾）は、「通貨学派 vs 銀行学派」の構図では把握できない。

White の研究では銀行原理を二つに分け、通貨学派・銀行学派・（銀行原理）FB 派という構図とし、従来の構図に比べれば画期的に前進している。しかし3者の関係を並立的にみると誤解を生じうる。V. C. Smith の1936年の先駆的な研究では、銀行原理だけでなく通貨原理も FB 派と CB 派の二つに分け、2 × 2 の構図を作ることで論理的な整合性を示している（前掲、表 1 - 1）。この2 × 2 の立場は銀行原理 FB 派に対抗する通貨原理 FB 派を加えることで成立するので、この構図を積極的に主張するのは通貨原理 FB 派、特にオーストリア学派が多い[13]。

以上のように、「通貨学派 vs 銀行学派」という従来の構図から、（銀行原

理）FB派の追加、さらに通貨原理FB派の追加によって構図が広がれば、従来の通貨論争に関する理解は変更が必要となる。本章ではWhite、Gentierらが広げた構図を採用しており、特に銀行原理における銀行学派とFB派の対立を重視しているので、必然的に銀行学派に関する従来の論述とは異なったものになっている。

　②次に、本章は金融政策ではなく通貨理論に焦点を当てている。通貨理論としての銀行原理の特徴は通常、「真正手形原理」「需要に応じた発券」「還流の法則」（百科事典『ブリタニカ』など）であり、本章もこの要点にそって論じている。そのため金融政策に焦点を当てた研究（たとえば金井［1989］など）とは視点が異なる。

　たとえば、表1-3にあるように、「最後の貸し手」の機能を推奨するという意味でバジョットと銀行学派に共通点はあるが、「最後の貸し手が貸すのは何か」というような通貨理論になるとバジョットは通貨原理と同じになり、銀行原理とは異なる[14]。金融政策として「最後の貸し手」機能や割引・貸付という信用制度上の準備金の増強を求めたからといって通貨理論における銀行原理になるわけではない。

　また「最後の貸し手」を認めるソーントンの場合にも、貨幣数量説を採用しており、信用危機に際しては貨幣の流通速度が落ちるため、貨幣流量を減らさないように貨幣量を増大させるべきという議論もしており、銀行原理とは異質な面もある（Thornton［1802］p. 20注など）。

　他方、銀行原理を徹底するジュグラーの場合、「最後の貸し手」に相当するものが行うことは《信用力の劣った手形を信用力の優れた手形（銀行券）と交換すること》と理解されている（後述Ⅰ章E-1-ⓑ）。

　ところで通説（Laidler、Skaggsなど）では《銀行学派は1844年ピール条例のときには非主流だったが、19世紀後半には主流になった》されるが、de Boyerたちはこれを批判し、銀行学派は一貫して非主流であり、通貨学派が通貨学派の枠内で《預金からの貸出がもたらす過剰投機はピール条例で

は防げない》ということを考えるようになった（Torrens [1858]）、と論じている。「主流」が何を意味するのか（経済学者・エコノミストか、BOEの経営基準か）という問題があるが、最後の貸し手という金融政策から見れば通貨学派は修正されたといえるが、では"貨幣とは何か"というような通貨理論分野で「真正手形原理」「需要に応じた発券」「還流の法則」という銀行原理が主流になったことはないと思われる。この点で、de Boyerたちはプラクティカルな政策ではなく理論レベルで諸学派・諸論者を分析しており、本章でもその立場を採っている。つまり19世紀当時、現に存在した金融制度や金融政策それ自体を焦点とするのではなく、《各学派の通貨理論が自己の景気変動論にいかなる影響を与えたか》特に《ジュグラーの通貨理論がその景気循環論をいかなる方向へ導いたか》を焦点としている。

③もう一つ従来の研究と異なるのは決済性の当座預金の扱いである。19世紀の銀行原理の論者は通常、流通手段＝銀行券として銀行券の質的・量的性格を論じており、従来の研究もその用語に即している場合も多い。しかしその方法では、銀行券に関する議論はほとんど無意味な議論へと行き着く。詳細は後に述べるが、本章では、流通性のある一覧払いの銀行債務としての決済性の当座預金を銀行券と同一の性格を持つと見なし、銀行券に関する銀行原理の論者が行った質的・量的性格付けは当座預金にも通用するものとしている。そうすることの意義は、まず、ジュグラーの預金通貨重視《取引が預金通貨で行われ銀行券の使用がわずかになるくらいに信用システムが発達したときに周期的な恐慌が起きる》という認識と整合的になること、次に、シュンペーターらによる景気循環論諸学説の区分、つまり貨幣的分析と非貨幣的分析という分類と接続可能になるからである（後述、Ⅰ章B-3）。

以下、表1-1のフレームワークの横軸（CBとFB）と縦軸（通貨原理と銀行原理）の説明、続いて景気循環の「貨幣的」「非貨幣的」分析の説明に移る。

ⓑ **Central Banking と Free Banking――何が Free なのか**

19世紀では、経済活動における自由主義を背景に、FB の理念としては通常、銀行による銀行券発行の権利が制限されないということが中心だった。その上で1844年までの英国では、ロンドン周辺を除いた地方では発券は自由だったので、当時の FB 派の主張の核心は、《全国決済中心地ロンドンでの BOE に対抗する発券銀行設立》だった（White［1995］p. 65 など）[15]。他方、フランスでは1848年以降、全国で発券を独占した BdF に対抗できる第二の発券銀行設立が FB 派の主張だったが、その際、フランスには英国のような地方銀行の発券がなく、BdF の中央集中ゆえの弊害、たとえば支店の少なさや地方で柔軟な発券がないことなどもフランス FB 派の主張に含めて論じられていた。このように FB 派の主張は真空中に発生したものではなく、一般的に多数の銀行を主張したものでもない。特に英国での論争で示されたことは、<u>政府からの特権によって階層的銀行システムのピークの地位を占めていた発券独占の特権銀行（BOE）への批判と、特権を廃止して通貨供給システムに競争的制約をかけるため、既存の単一特権銀行に対抗できる銀行設立要求が議論の焦点</u>[16]だった。

ところで、19世紀においても発券の権利以外の「銀行の自由」も少数ながら問題になっていた。その一つはフランス FB 派コクランの《参入の自由による銀行の自己資本比率増強》の主張で、現代では Nataf や Gentier がこの議論を進めている。コクランはさらに預金利子率、有限責任への規制と特権に関しても論じているが、本章では預金通貨も含む「広い意味」での発券の自由を中心におく[17]。「広い意味」での発券とは、**「銀行券」に預金通貨を含めて「銀行通貨[18]」として解釈する**、ことである。

19世紀の論争には「通貨」から預金通貨を除外して金属正貨と銀行券のみを含むかのように言うものも見られる。しかし、次のことが考慮されなければならない。

①まず、当時の銀行原理の論者は《流通手段の役割を果たすのは正貨と銀行券に限らず、小切手や商業手形も含まれ、銀行券だけ問題にするのはおか

しい》と批判する。
　②とはいえ、平価で一般的に流通する銀行債務としての銀行券と預金通貨は、割引される上に流通範囲にも制約のある商業手形類とは異なる。
　③次に、預金と小切手は決済システムの発展度合いによる[19]が、一定の発展後は、銀行券よりも預金の方が通貨として重要になるのは19世紀の論者にも自明のことだった。たとえば、銀行学派のトゥックは、預金と小切手は通貨とは言わないとしつつも、貨幣としての効果は銀行券並み、あるいはそれ以上とみなしていた（Tooke［1844］ch. 5）[20]）。通貨学派でさえも19世紀後半には預金通貨を貨幣の範囲に含むようになっていたようである（清水［1990］106頁）。
　そこで本章では、銀行が自行の債務として発行し、平価で流通する銀行券と預金通貨を一括して、便宜上「銀行通貨」と呼ぶことにする。その上で19世紀の論者の語法を尊重して、本章でも「銀行通貨」というべき箇所を「銀行券」という用語で代用している場合がある。19世紀の論者の叙述にある「銀行券」という用語をそのまま機械的に置き換えることはできないが、一般的に流通する銀行の負債、あるいは銀行が供給しうる通貨として「銀行券」は多くの場合、「銀行通貨」に読み替え可能であろう[21]。

ⓒ銀行原理と通貨原理—原理と実務の二つのレベル
ⅰ）原理としての銀行原理と通貨原理
　通貨原理は、貨幣を【金属正貨＋政府紙幣[22]＋銀行券（＋銀行預金）】として、貨幣数量説を支持する。銀行券は金属正貨の代理物であり、銀行券と金属貨幣から成る混合流通の場合の貨幣量は、金属貨幣のみの場合の貨幣量と同じように変動すべき、と考える。通貨学派はこの発券方法を確実にするため地方銀行券を停止し、CBへの発券の統一を求める。
　銀行原理は、貨幣を【金属正貨＋政府紙幣】とし、銀行券は商業信用などと同じ信用手段とみなす。銀行券は直接には正貨の支払約束だが、優れた論者はそれにとどまらず、銀行券を商業信用の転換したものとみなした。銀行

原理は以下の3つの特徴を持つ。

|真正手形原理|　実際の適切な取引に基づいたもので、なおかつ短期間で返済が確実と、諸銀行自身が判断したら与信＝銀行通貨供給を行う。この原理は個別銀行の支払い能力確保のためで、マクロ的な物価安定を目的としているのではない（A. スミス[23]、Glasner [1992]、Skaggs [1991]）。なお、ここでは一覧払いの銀行通貨を負債の主な項目とする銀行についての議論なので、長期貸付は真正手形原理違反となり、銀行原理では想定されていない。

|需要に応じた発券|　銀行通貨発行額は取引需要に応じて受動的に決定される。需要のない発行はあり得ないという意味であり、全ての需要に対して発行（与信）するという意味ではない。需要に応じるかどうかは、真正手形原理などに基づき、銀行自身が判断するのは当然である。

|還流の法則|　銀行通貨が過剰になった場合、いくつかの経路で発行元に還流する。

　以上の3点は次のような論理的関係を持つ。まず銀行通貨は「真正手形原理」によって支払い能力のあるものとして質的に規定され、その質を前提にして量的には「需要に応じた発券」で増加の方向、「還流の法則」で減少の方向に調整される[24]。

　19世紀当時の通貨原理と銀行原理はともに支払い能力、つまり貨幣金属への兌換能力の確保を重視するが、<u>通貨原理</u>は銀行券と正貨準備との数量的関係にその根拠を求める。他方、<u>銀行原理</u>にとってはそうした数量的関係よりも銀行通貨発行と引き換えに受け入れた債権の安全性・流動性にその根拠を求める。それを補うものとして保証資本としての自己資本、さらには無形資産としての「評判」「信頼」がある。原則的に銀行原理は固定的な正貨支払準備率を認めない。

　しかし、以上の一般的な理解を踏まえた上で、FB派の議論を理解するためには、**通貨供給の動的調整における反構成主義・自生的秩序形成として銀行原理**を考えておく必要がある。

　通貨供給における構成主義（constructivism）と自生的秩序の対比は一般

的な方法論としては White［1995］（5.6.節）でも試みられているが、本章では上記の３点に即して銀行原理の反構成主義的な性格を以下で説明する。反構成主義・自生的性格は銀行原理自体にあるが、反 CB である FB 派の方が鋭く示される。英国 FB 派ベーリやフランス FB 派クルセル＝スヌイユ[25]などを参考にすると次のように言える。

真正手形原理　提示された手形（受信需要）が真正手形であると銀行資本自身が判断すれば、銀行自身の負債として銀行通貨を発行する。銀行通貨発行には銀行自身がリスクを負うことになる。そのため、セクターや地域の違い、さらに時期的に多様な顧客の受信需要に対して、限定された局面に存在する分散化された経済主体としての個別銀行資本が、明文化し得ない独自の知識を基に顧客の返済可能性を判断する。手形の質的適切さを中央的機関が画一的に判断することはできない。銀行経営の適切な能力は中央的機関ではなく、自由によってのみ適切に配置される。

需要に応じた発券　与信としての銀行通貨供給量は、中央的機関による広範な情報収集に基づく高度な計算によって決められることはなく、利潤を追求する個別資本によって経済過程総体から様々に生じてくる需要を基に行われる。この需要に応じるかどうかを判断するのは同じく利潤を追求する個別の銀行資本である。さらに言えば、法的に銀行券が禁止されたとしても、需要があれば、銀行券に代替する為替手形などが事実上の通貨として流通し、需要に応じる。また、真正手形原理を守らず不良な貸付を行った銀行は破綻することもあるが、その銀行が発行していた銀行通貨は、需要があれば他の銀行によって代替される。

還流の法則　見通しの誤りによる過剰発行、あるいは状況の変化で銀行通貨が過剰となった場合、銀行のポートフォリオにある商業手形の質が適正であれば、銀行通貨保有者の資産選択の最適化行動の中で、銀行通貨は銀行システムに還流する。他方、支払い能力の欠如した不良債権であれば、貸出先のデフォルトによって銀行自身の損失や破綻を通じて、その銀行が発行していた銀行通貨の縮小となって跳ね返り、銀行通貨供給過剰という誤りが修正

される。

　分散化された経済主体による試行錯誤を経て、経済過程に必要な通貨量に調整されるこうした仕組みを最も明瞭に主張したのは銀行原理FB派（それに次いで銀行学派）だった。

ⅱ）実務としての銀行原理と通貨原理―二つの銀行通貨発行方法

　英国FB派ギルバートは1841年下院委員会で「通貨原理」とは「金と交換に銀行券を発行し、銀行券と交換に金を交付する銀行のこと」(Q932)と述べ、「銀行原理」とは、「預金の支払い、または手形割引、貸付によって発行される銀行券のこと」(Q933)として、通貨原理は正しい原理ではない、と非難している[26]。またGilbert［1841］p. 48でもBOE券が金の預託や政府証券の購入で発行されることが物価騰貴につながると非難している。特にBOEによる政府への特別貸出による過剰発行と、それによる物価騰貴も非難した。この場合、「真正手形原理」と「需要に応じた発券」の2点で銀行原理に違反する。さらに金と引き換えの発券は通貨原理そのものになる。

　ところでBOEは手形割引による発券も同時に行っているのだから、法制度概念としては対立している通貨原理と銀行原理は、実務的には一つの銀行において両立することになる。これは、後述するFB派のダブル・スタンダードの基礎となる。

　ギルバートのように銀行券の発行に銀行原理と通貨原理を認めるならば、同じ銀行通貨である預金通貨発行（預金設定）にも二つの発行原理を認めることが論理的に必要となる。

　ジュグラーは二つの預金、つまり《正金または銀行券の預託の結果生じる預金＝「現金」当座勘定》と《手形割引による信用開設で生じる預金＝「割引」預金》との区別[27]を強調した（Juglar［1868b］p. 143,［1868a］p. 213,［1889］p. 224）。預金通貨発行において前者が通貨原理、後者が銀行原理にあたる。ジュグラーは後者を重視し、預金と貸出との一体的増加は決済システムの完成された姿だとみなす。逆にコクランは特権銀行批判において前者

を重視し、預金と貸出の一体的増加は不安定な原資（預金）に基づく貸出の増加であり、金融恐慌の原因とみる（後述、Ⅰ章 C-7）。

3　景気循環の貨幣的分析と非貨幣的分析

様々な景気理論の分類に際して Schumpeter［1954］と Haberler［1964］らが用いる「貨幣的」「非貨幣的」という区分は、金属貨幣ではなく、銀行券や当座預金を通じて与えられる銀行信用の量や利子率が景気を変動させるかどうか、という区分である[28]。

シュムペーターらは貨幣的分析をさらに二つに分ける。純粋な貨幣的分析は《利子率の低下に鋭敏に反応する商人の行動によって卸売物価が変動し、景気の変動をもたらす》というもので、代表的な論者はホートレー。貨幣的過剰投資理論は《銀行が利子率を均衡水準よりも「人為的[29]」に引き下げると、利子コストの影響が相対的に大きい耐久設備投資が増加して好況が始まる》と考えるもので、代表的な論者はハイエクなど。

次に非貨幣的分析は銀行信用の変化が景気変動の原因となることを否定する。通常は、非貨幣的分析は景気変動の原因として加速度原理や新技術などを指摘する。非貨幣的分析も、貨幣的分析と同じく利子率や信用量は弾力的と考えるが、銀行信用の量や利率の変動が原因となって実物的要因を変動させるのではなく、実物的要因による景気変動に応じて、銀行信用は受動的に伸縮すると考える[30]。代表的な論者はシュピートホフなど。

本章で先に述べたマネタリーオーソドキシーのフレームワークに整合的な形で再定義すると、貨幣的分析では、銀行が実体経済の状態とは相対的別個に、銀行信用の量や利子率を人為的に変動させることが可能で、それが物価の騰落、あるいは実質産出量や投資量の変動（以下、両者[31]を一括して「景気」と呼ぶ）が生じるとみなす。他方、非貨幣的分析では、銀行信用の変動は景気変動の原因ではなく結果であり、銀行が自立的に銀行信用の量や利子率を変動させることはできない、あるいはたとえそれができたとしても景気を変動させることはできないと考える[32]。非貨幣的分析それ自体は

貨幣的分析への否定態でしかないが、景気変動を引き起こすかのように見える貨幣的要因の作用を否定することで、生産過程に根拠をもつ実物的過剰投資論へと進みうる論理的前提を作り出すことに意味がある[33]。ただしこれは前提でしかなく、貨幣的分析の否定態としての非貨幣的分析と実物的景気循環論との間には論理的には断絶がある。

以上、貨幣的分析と非貨幣的分析の分類法、FB派の主張の核心、銀行原理と通貨原理の違いを確認した。以下では、この枠組みを基に**利子率**と**銀行通貨供給量**をめぐる各学派の貨幣的・非貨幣的な対立関係を軸に論じる。

C 分析１：利子率とその影響

シュンペーターらが貨幣的分析として注目するのは、銀行による利子率の人為的な引き下げが好況を導くという考えである。マネタリーオーソドキシーにおける論争では《利子率引き下げが投機的な物価上昇や好況の要因になる》と常識にも依拠した議論と、実証データにも依拠してこの考えに反対する議論とが対立してきた。ここではヴィクセル過程とそれへの批判に焦点を当てる。

1 ヴィクセル過程とその解釈

ヴィクセル過程とは《自然利子率（利潤率[34]）が貨幣利子率より高ければ、資金の借り入れによる実物資本投資が有利になるため実物投資が増えて物価が上昇する。貨幣利子率が名目額で固定され、利潤率が実質額で決定されながら物価上昇とともに名目額で上昇すれば、自然利子率と貨幣利子率の差が拡大し、投資も累積的に拡大する》というものである。

古典派の枠組みでは利子率と利潤率は同調して動くと想定されるが、その二つの乖離を言えばヴィクセル過程による景気循環論になる。ただし、二つの利率の内、実体経済で規定される利潤率が変化して乖離が生じれば非貨幣的分析になるが、シュンペーターらの分類におけるヴィクセル過程は主に、

貨幣利子率の人為的引き下げによる貨幣的な観点から用いられる。

次にヴィクセル過程の考えを用いる貨幣的分析と、それに反論する非貨幣的分析との対立を見る。

2　モデレート地金派 vs 反地金派

反地金派は真正手形原理を理由に過剰発券を否定したが、これに反論してモデレート地金派は《BOE の利子率は法律上 5 ％が上限なので利潤率がそれを上回れば BOE の与信には制限がなくなる》（*Bullion Report*, p.50、Thornton [1802] pp. 253-254）と過剰発行の危険を指摘した。

この批判に対して反地金派は《BOE の利率を 5 → 4 → 3 ％へと下げても過剰発行の危険はない》と反論した（BOE 総裁・理事 Whitmore、Pearse、Harman 地金委員会証言録 3 月13日、4 月 2 日）。BOE 総裁 Whitmore は、《流通のための必要はないが、投機による利得の見込みがある場合、人々は BOE に割引を求めるだろうか》という質問に対して、「その点に関する私の見解としては、投機に使おうという目的でなければ誰も 3 ％どころか全く利子を払おうとはしないだろう。BOE は、投機に使おうという類の人物に融資をするようなことはありえない」（3 月13日）と述べ、真正手形原理と、利子率に対する受信需要の非弾力性を理由に、BOE の利子率引き下げによる投機発生という貨幣的分析を否定した。この反地金派の主張に対しては多くの論者が非難したが、トゥックはこの主張を弁護した。

3　トゥックの反論

トゥックは直接には《この答弁への非難は手形の質を無視している。利率は担保の手形の質に応じて変動する。BOE が割引く質の高い手形は市場でも 5 〜 3 ％と同程度の利率なので、BOE の利下げは市場に影響しない》（Tooke [1838] p. 160-162）と応じた。たしかに当時の BOE は通常、市場利率より高めに利率を維持していたので多少、利率を下げても影響はないだろう[35)]。

さらにトゥックは、実証的に、利子率と物価との正の相関を示すことで、利子率引き下げによる投機の発生という貨幣的分析に反論した[36]。

　理論的な反論では、まず前提として A. スミスの価値構成説をとり、利子は労賃や利潤とともに価値の構成要素とする。そのため利子率が下がれば価格は下がる。ただし長期間持続する場合に限り、恐慌期のような一時的な変動は例外である。この価値構成説は後述のようにフラートンにも引き継がれる。

　トゥックは、利子率引き下げが金融的には資産価格の上昇や国際短資移動の赤字化として影響することを認めるが、実物的な部分への影響にはそのような確実性はないとみなす。たしかに、BOE が利子率を引き下げれば受信量増加は可能になるだろうが、購買能力と購買意思とは異なる。利子率引き下げによる実物的商品市場への影響は不確定で、需給関係など他の要素に依存する（Tooke［1840］p. 165 - 166, Tooke［1844］p. 79）[37]と論じた。

　《低い利子率による投機的価格上昇》という貨幣的分析に対してトゥックが実証的に示した《利子率と物価との正の相関》は「ギブソンの『逆説』」と呼ばれるように「常識」に反するとも思われた。低い利子率と価格上昇との相関を当然視していたヴィクセルとフラートンはトゥックによる批判に対して弁明を迫られたが、両者とも非貨幣的な説明になった。

4　ヴィクセルの対応

　ヴィクセルはトゥックの批判を認めて、問題は銀行の貨幣利子率の下落ではなく、自然利子率（利潤率）の上昇によって生じる二つの利率の乖離とした[38]。実物的要因で利潤率が増加してもその変動は見えないので、銀行は慣習によって貨幣利子率を不変に維持しようとし、利潤率と利子率の乖離が広がり投資が増える、と非貨幣的な説明をした（Wicksell［1906］(1935) pp. 202 - 208）。

　重要なのは低い利子率を言えば貨幣的ということではなく、銀行が原因となって引き起こされた変化なのか、あるいは実体経済の状態から生じる利潤

率の変化が原因なのか、を確認することだ。この区別はフラートンの主張を正確に読み取るために必要である。

5　フラートンの弁明

フラートンは利子率が低い時に投機が起きるという一見、貨幣的な主張しており、トゥックとの矛盾を自覚していた。しかしフラートンは、自分とトゥックとの違いは背反ではなく整合性を持ちうると弁明した（Fullarton [1844] p. 170注）。しかしその弁明は誤読と誤訳[39]を招く複雑さなので順を追って説明する。

㋐まず利子が価格を構成するという価値構成説をトゥックと同様に認める。（ibid., pp. 168 - 169）

㋑次に資本の過剰供給の可能性について考察する。《年々の所得や植民地からの送金のように、運用先を求める資本が存在するが、それが有利な投資先を上回って存在した場合、安全な証券の購入に向かう。この種の証券は数が限られているので証券価格が上昇するが、これは利子率下落と同じ》（ibid., p. 169）ということを述べる。これは概念が不明確ながら、運用先を求める資本とは、資本循環論における貨幣資本の一時的な滞留状態と考えるべきだろう。回復期についてフラートンとほぼ同じ叙述をするジュグラーでは《以前からの蓄積と年々の貯蓄が恐慌を生き残って資本が豊富になっているが、この資本は、恐慌の清算期に生産を停滞させた全ての産業の運転資本によって増加し、一時的な充用先を求めて証券市場へ向かう》（Juglar [1891] p. 645等）と、資本循環の一時的・部分的滞留の認識により近い。

したがって、ここでの利子率下落は、貨幣的分析のような《銀行による人為的な引き下げ》とは全く異なる。本来なら資本として循環すべき貨幣資本が実体経済での不況のために投資先がなく過剰となり、証券市場へ向かい、証券価格上昇の結果として利子率が下落する、ということである。利子率引き下げが証券投機を生むのではない。

㋒実物面での利潤率減少、証券市場でも利子率減少という収益率低下に追

い詰められた資本家が、通常では非合理と思われるプロジェクトに投資し、投機が始まる。しかも単なる転売ではなく、新たな事業という実体的基礎を持つかのような装いをもって現れる。フラートンは「妄想は証券市場から商品市場へと拡大（Fullarton［1844］p. 170）」と表現している。証券市場での投機は理に適っているが、そこで生じた価格騰貴という概念が自立化すると妄想になり、商品市場に妄想として波及する、という意味である。逆に妄想ではない合理的な商品投機とは、実物的な需給関係の歪みから発生（ibid., p. 59）するものでトゥックと同じ見解（Tooke［1844］pp. 125 - 134等）である。

㊤以上の説明が非貨幣的だということは貨幣的分析と比べると明瞭だ。つまり貨幣的分析では、実体経済の利潤率の動向とは別個に、銀行の利子率引き下げで投機が発生すると言う。しかしフラートンの場合、利子率下落は実体経済の投資先の不足の結果、証券市場で決まり、銀行の自立的な役割はない。

さらに貨幣的分析の場合、利潤率と低い利子率を比較して利益を計算できる合理性を持つ。しかしフラートンの場合、追い詰められた資本家が非合理的に賭けに出る。この合理性・非合理性の違いをフラートンは《理論的にはトゥックの言う通り、低い利子率が投機を生むことはないが、自分が言いたいのは合理的な思惑・投機（speculation）ではなく、めちゃくちゃで不条理な思惑・投機のことだ》と述べた（Fullarton［1844］p. 170注）。

㊥利子率が銀行によって自立的に動かされるのではなく、実体経済が利子率の変動の原因となるという考えは、同じ銀行学派ウィルソンではさらに重要な意味を持つ。ウィルソンは、流動資本の固定資本への転化において、流動資本の不足・過剰が利子率に影響すると考える。過度に固定資本に転化しようとして流動資本が不足したときに恐慌になるが、それは貨幣市場では利子率高騰となって現れる（Wilson［1847］p. 102, Boot［1983］p. 571, Link［1959］p. 116等）。ここでは利子率は実体経済での資源配分から決まり、非貨幣的分析である。こうした考えでは恐慌期の利子率騰貴はすでに過度に達

した投機（または過剰投資）の結果とみなされ、利子率騰貴が恐慌の原因という貨幣的な説明はしない。これはジュグラーも強調している。

6　ジュグラーの景気循環論

　ジュグラーの景気循環論について最低限の確認をしておくと、まず景気循環は好況（prospérité）・恐慌（crise）・清算期（liquidation）の3つの局面からなり、好況期が均衡した状態で、それに投機が追加され、その後、投機が崩壊して恐慌となり、過剰な投機を清算する清算期となる。投機は、商業信用を基礎とした信用の乱用的な拡張による価格上昇が原因で、銀行信用は商業信用を流通させるための保証として補足的な役割しか果たさない[40]（Juglar [1868a] pp. 28 - 29等）。利子率は商業における信用取引と現金取引の差から決まり、銀行はその利率を追認するに過ぎない（ibid., pp. 457 - 458等）。恐慌の基底的原因と、直接的・偶発的要因とを区別[41]し、全ての恐慌の普遍化を目指す。恐慌の防止策はないが、恐慌を経て不健全な投機が一掃され、経済はさらに発展する。景気の運動は金属準備を集約する大銀行（実質的にはCB）の金属準備と割引・貸出額に反映される。好況期は《準備減と貸出増》、恐慌時には《準備最小と貸出最大》、清算期に《準備増と貸出減》となる。

　好況末期には、国内では信用拡張で価格を人為的に維持しうるが、外国へは高すぎて売れなくなり、相殺の欠如から為替が悪化して金属正貨が流出し、銀行が準備防衛のために割引率を引き上げ、投機が崩壊する。その結果、在庫商品の投げ売りで輸出増加・為替好転、金属正貨流入となる。

　注意すべきは、ジュグラーは方法論的にまず基底的原因として投機の累積的拡大を強調し、次に利子率騰貴はその結果、あるいは恐慌発生時期を決める直接的原因（きっかけ）に過ぎないとみなすことだ。利子率引き上げについてはむしろ、高利禁止法廃止の評価を前提に、破滅的な支払い停止を防ぐ有益な手段（Juglar [1891] 等）、あるいは過剰な投機を清算する手段だと主張した[42]。

《銀行は利子率を恣意的に操作できない》と考える点でジュグラーは非貨幣的分析に分類される。ジュグラーの見解は《利子率は、銀行によって、ではなく、商業取引の中で決まる》というものだが、詳しくみれば、以下の主張の通り。「銀行は利子率に対して非常に限定された範囲でしか影響を及ぼすことはない。利子率は、信用販売の市場と現金販売の市場との格差によって決まる。ここでの信用とは商人同士が与え合い銀行がその流通を促進するものである。／商品資本は通常、現金と信用の両方で需要される。利子率は市場において両者のどちらかが優勢かによって決まる」(Juglar [1868a] p. 457) と言うように市場利率は銀行の外の商品市場で決まり、「銀行が影響を与えることができるのは、商人がポートフォリオの中に持ち続けることができず銀行に提示する手形に関してだけである。そのため、銀行のところにやってくるのは過剰分でしかなく、その過剰分が事業全体に相関して増減するのに応じて利子率も上下する」(ibid., p. 458, Juglar [1889] p. 131 にも同じ内容) と言うように、取引上の授受信は商人相互が基本であり、そこで賄われないものが銀行にやってくるという関係であり、銀行は非銀行経済主体からの受信需要に受動的に応じるだけだと考えている。

次に好況の終わりに起きる割引率引き上げについては、「銀行がとった手段の結果、価格は下落し、恐慌が起きるのは確かだ。うわべだけしか見ない人は混乱の原因を全て銀行のせいだとするかもしれない。しかし銀行が行動を変えるのは、以前は大衆が自分の手形に銀行券の装いを付けて流通させることのみを銀行に要求していたのに、今やそうではなく、正貨を要求するように変化したからである。正貨の要求は信用取引を現金取引に転換することだが、それに応じることは銀行の本来の役割[43]から完全に外れている」(Juglar [1868a] p. 333 - 334) と述べ、さらに「（その場合、）求められているのは正貨だから、銀行の割引率引き上げは市場利率の上昇を示しているのではなく、他の生産物の価格に対する正貨の価格を設定する間接的な方法[44]」(Juglar [1868a] p. VIII - IX) と主張して、利子率引き上げという言葉さえ否定し、金属正貨の価格引き上げと呼ぶ。つまり、銀行の本来業務は

商業手形を銀行通貨に転換することであり、金属正貨の供給は銀行の本来業務ではない。また、本来の割引率とは商業手形と銀行通貨との交換において生じる利率だが、金属正貨を入手するために要求される手形割引の割引率は、本来の利子率ではなく金属正貨を入手するための費用にあたる、ということである[45]。

このようにジュグラーが《銀行の利子率変更は受動的に決まるものでしかなく、恐慌の本当の原因ではない》と貨幣的要因を否定するのは、フランスFB派の貨幣的分析との論争で譲れない一線だった。

7　フランスFB派コクランの貨幣的恐慌論

フランスでは英国のような柔軟な地方銀行発券がなく、預金通貨システムも比較的未発達という事情もあり、通貨論争の焦点はBdFの発券独占（特に1848年以降の全国独占）の是非だった。FB派はBdFの特権が恐慌の原因と考え、BdFに対抗できる銀行の設立を求めた。

FB派の有力な論者コクランはBesomiが指摘するように、景気循環論に関するジュグラーの先行者の一人である（Besomi [2010a] pp. 213-214）。ジュグラー自身も何度かコクランの名を挙げており、内容においてもジュグラーの特徴的な説明、たとえば恐慌の周期的再発、恐慌の基底的原因と直接的・偶発的要因との区別、銀行の金属準備・貸出の増減と景気循環との対応等はすでにコクランが述べている[46]。しかし、FB派に典型的なコクランの貨幣的分析はジュグラーとは決定的に異なる[47]。

コクランはまず、英国銀行学派トゥックやウィルソンらが恐慌ごとに列挙するような、主に各種の投機からなる諸原因は直接的な要因に過ぎず、それらの複数の要因が同時に作動するのは別に根本原因があるに違いない、と考える。この発想法はジュグラーと同じだが、ここから貨幣的分析に進み、根本原因は発券を独占する特権銀行の信用拡張だ、と断定する。特権銀行は自己資本利益率を高めるために、コストの低い発券で低利率の割引を増加させ、他の貸付資本家を駆逐する。貸付資本家は以前の投資先から締め出さ

れ、一部は通常ならば選択されないような不健全な投機的投資へ向かう。残りは特権銀行に預金され、特権銀行の貸出増加に利用されるが、危機時にはこの預金が引き出され利子率騰貴や信用制限の原因になる。したがって同時に進む預金と貸出の増加は特権銀行の不健全な状況の反映とみなす[48]。

　コクランが説明に用いた数値例（Coquelin [1848a]（1859）pp. 259 – 264）をテキストから集めて整理すると以下の通り。ただし「特権銀行による影響」の列は筆者が新たに加えた。

表1-4

バランスシート				損益計算		特権銀行による影響	
債権		負債					
0期							
正貨	60	自己資本	60				
1期							
銀行券による貸出	60	銀行券	60	利子収入	4.0		
正貨による貸出	40	自己資本	60	経営費用	0.5		
正貨準備	20	預金	0	純利益	3.5		
計	120	計	120	自己資本利益率	5.8%		
2期							
銀行券による貸出	100	銀行券	100	利子収入	6.0	特権銀行与信増加額	50
正貨による貸出	50	自己資本	60	経営費用	0.6	預金増加額	30
正貨準備	40	預金	30	純利益	5.4	総貸出への増加圧力	20
計	190	計	190	自己資本利益率	9.0%		
3期							
銀行券による貸出	200	銀行券	200	利子収入	10.4	与信増加額	110
正貨による貸出	60	自己資本	60	経営費用	0.8	預金増加額	50
正貨準備	80	預金	80	純利益	9.6	総貸出への増加圧力	60
計	340	計	340	自己資本利益率	16.0%		

　利子率収入は利子率4％で計算。経営費用は営業規模と緩い正の相関があるが、厳密な関係はないので、表の数値は目安として挙げられている。

　銀行券の貸出は、準備率が3分の1あるいは2.5分の1に固定されるよう

に行われる。そのため正貨で預金されるとその3または2.5倍で銀行券の貸出が増える。

特権銀行が与信額を増やすとその分だけ他の貸付資本家の投資先を奪い、一部は特権銀行の預金、残りの「総貸出への圧力増加」は通常は不健全と見なされる投機的な投資へ向かう[49]。その額は第2期の20から第3期の60へ増加している。最も重要なのは正貨準備に対して預金が大きくなり、第3期には同額にまでなっていることである。この預金が引き出されると利子率騰貴や信用制限が必要となる。

そのためコクランの提唱する解決策は、もう一つ発券銀行を作り、先の特権銀行に預金となっていた資金を株式資本として吸収することで、不安定な預金に依存した貸出をなくすことだ。なおも過剰な預金が残るなら次々と発券銀行を設立することで銀行システムは安定化し、恐慌は消滅するとコクランは主張した[50]。

フランスFB派の主張の核心の一つ、《発券独占銀行が利子率を恣意的に変動させ、景気変動を起こす》という貨幣的分析に対しては、ジュグラーだけでなく発券独占派も反論し、重要な対立点の一つだった。発券独占派の代表的論者Wolowski[51]は《BdFの利率変動は、金属正貨の需給関係で決まる市場利率に従うものでしかなく、恣意的には動かせない。割引率騰貴は不良な投機を崩壊させて、健全な状態に復帰させるために望ましい。割引率騰貴が効果的であるためには発券の統一が望ましい》と、FB派とは正反対の主張だった。利子率に関するフランスFB派と、通貨原理の発券独占派との対立は、英国でも同じ構図が現れる。

8　利子率に関する英国 FB 派と通貨学派

英国FB派は、競争的銀行の発券と競争的制約のない特権銀行BOEの発券を区別し、BOE券については利子率に関してかなり強い貨幣的分析を行った。その典型のマシェットは《BOEが割引率を市場よりも低く3、4％へと引き下げると発券が増加し、貨幣が豊富となり広範な投機が発生する。

投機が危険視されて現金支払い要求が増えるとBOEは通貨削減・利子率上昇か、支払い停止か、を迫られ、破滅に至る》（White［1995］p. 109での引用）と主張した。

Whiteは好況局面について、FB派と通貨学派[52]はともに貨幣的と分類する。しかし詳しく見れば利子率の影響に関して両者は異なる。その違いを見る手がかりは、FB派J. B. スミスの《BOEの利子率引き下げによる投機的拡張》という見解に対するS. J. ロイドの反論である。ロイドは《BOEが通貨原理で発券する限り、他の全てのものと同様に、需要と供給の相対的比率で貨幣の価格が決まり、利子率に影響を与えることはできない。もしBOEが市場利子率以下で貸出をすれば、BOEは損失を被り、取引相手が利益を得る。BOEの株主が不満を言うのは分かるが低い利率で恩恵を受ける大衆の側からの不満は理不尽だ》と主張した（Loyd［1840］(1857) p. 172)。

論理的に再構成すれば、通貨学派は《他の商品と同じく、貨幣も需要と供給の量的関係から、その一定期間の使用に対する価格である利子率が決まる。それゆえ逆の方向、つまり価格（利子率）を決めて弾力的に貨幣を供給するのは容認できない》という見解になるだろう。

ただし、ここには論点のズレがある。つまりFB派のJ. B. スミスは特権銀行という《誤った現状への批判》として利子率の影響を論じるのに対して、ロイドは銀行券と金属正貨が量的に相関するという《正しい状態であれば》利子率は問題ではない[53]、と前提がずれている。しかしこの論争から、貨幣的分析には利子率と銀行通貨量の2種類があり、両者が対立することが分かる。利子率による影響を考えるFB派の場合、競争的制約のない特権銀行が人為的に利子率を変化させれば貨幣供給量が弾力的・受動的に変動する。通貨学派のように銀行通貨量による場合、先に銀行通貨量を決めれば受動的に利子率が決まる。それゆえ次に、銀行による銀行通貨供給量の人為的変動の影響に対する考えの相違を見ることが必要になる。

D　分析2：銀行通貨量とその影響

　一般的な流通性を持つ貨幣の役割を果たす銀行信用としての代表的な形態である銀行券の量に関しては、発券の原理として銀行原理と通貨原理に分かれて論争されてきた。銀行原理は「真正手形原理」「需要に応じた発券」「還流の法則」に基づき、過剰発券を否定する。通貨原理は金属貨幣と銀行券の一定の量的相関を要求する。両者とも金属正貨への兌換を前提にしているが、兌換のない時代の地金論争では、モデレート地金派は外国為替相場と地金価格を指標とした発券量の調整を主張し、反地金派は（兌換を除けば）銀行原理に近い主張だった。

　銀行通貨供給量の人為的な変動が可能で、それが景気変動の原因となると考えれば貨幣的であり、逆に銀行通貨量は取引需要の結果と考えるならば非貨幣的である。

1　通貨学派とモデレート地金派

　通貨学派の依拠する貨幣数量説は、人為的な貨幣供給の変動が貨幣の価値を騰落させ、それに反比例して物価が変動して景気変動が生じる、と考える点で貨幣的分析である[54]。

　モデレート地金派は、流通速度の可変性や商業手形等の流通手段も考慮しており、単純に貨幣数量説ではない。しかし、銀行券の増加は信用供給が容易になるため、あるいは利益を生まない銀行券保有は損失になるので購買に向かうため、価格が上がる（Thornton [1802] p. 235等）と主張する。

　他方、銀行原理では、銀行券が過剰になったとしても発券銀行に還流し、景気に影響しないと考える点で非貨幣的である。しかし還流の経路は、銀行学派とFB派で異なり、両者の対立点となっていた。

2　「還流の法則」における二つの銀行原理——銀行学派とFB派

　まず「銀行券の過剰」とその「還流」という名で歴史的に問題とされてき

たことを再設定し、次にトゥックとフラートンらの見解、さらにFB派の見解を検討する。

ⓐ銀行券の「過剰」と「還流」とは何か
ⅰ）課題の設定

通貨論争を読み解く際に、預金を除外して銀行券のみを問題にすると、決済システムの発展とともに、与信額と預金通貨額は増加しながら、銀行券は減少し、銀行券量のみの議論はほとんど無意味になる。《銀行券＋預金通貨》を上記のように銀行通貨とし、銀行信用の過剰膨張とその抑制の問題とすれば、現代における「過剰流動性」やCBのオペによる通貨供給量コントロールと共通する課題として再設定される。この意味で「還流の法則」を論じていたのは反地金派とその流れを汲むフラートンだった[55]。逆にソーントンは、事実上、課題設定は同じだが自生的な還流を否定し、CBの積極的な与信量調整政策の必要性を説いた。

ⅱ）マクロ的「過剰」とミクロ的過剰

マクロ的には$PT=MV$[56]を前提として、取引需要で必要とされる通貨量$M=PT/V$が、存在する通貨量と比較されて、銀行通貨が過剰かどうかの判断の基準となる。具体的には過剰であれば貨幣の価値が下落し、一般的物価水準が上昇する。

これは、財保有者の間を銀行通貨が次々と移動し、交換を媒介していくという見方である。

しかしその運動の起動力は銀行通貨それ自体にあるわけではない。経済主体の行動動機から考えれば、運動の起動力は銀行通貨を保有する経済主体の資産保有最適化行動にある。非銀行経済主体のバランスシートで銀行通貨は、流通性は高いが収益を生まない資産として存在する。銀行通貨の過剰とは支払準備（あるいは資本の運動において必然的に生じる各種の遊休貨幣資本の額）に必要な額を超えて、利益を生まない銀行通貨を保有し続けている

ことである[57]。この過剰流動性の扱いが本来設定されるべき「過剰」と「還流」の問題である。この意味での過剰はマクロ的「過剰」とは異なり、判断の比較対象となる貨幣数量を M_0、M_1、M_2、…といったマクロ的集計量として示しえない。銀行通貨総量のマクロ的調整が不可能ということは銀行原理に共通な主張である[58]。

　ところで預金の形態にはいくつかの種類がある。①無利子の当座預金ならば銀行券と同じ。②利子付預金ならば通貨の流通速度の減速、あるいは銀行通貨保有者の負担減となり、過剰発券抑制の効果を持ちうる。ただしその利子率は、利潤率で収益を得ることが可能な資金にとっては、より低い率にとどまるので、利子があると、その水準を上回れば過剰と呼ばれる水準が高くなるということになるだろう。③長期の定期預金は債権に近くなり、銀行への投資に準ずるものになる。

　英国FB派は①と②を区別し（後述、Ⅰ章D‐2‐ⓒ）、コクランを引き継ぐGentierら現代フランスFB派一部は①と③との区別を重視している（後述、本節3‐ⓑ‐ⅲ）。

ⓑ銀行学派と反地金派における「還流の法則」

　過剰銀行券の還流の経路として**トゥック**は預金、借入返済、兌換（Tooke [1848] p. 185）、**フラートン**は兌換、預金、割引市場（Fullarton [1844] pp. 67‐68）を挙げた。銀行学派の議論では発券銀行は一つ[59]で、複数の発券銀行間の関係を考えるのは次項のFB派の議論である。

　以上の4つの経路と、現代の過剰流動性削減政策の売りオペの特徴を一覧しておく。「預金通貨」は銀行券と同様に流通手段として機能することを前提にしている。「流通正貨」とは流通する金属貨幣のこと。

表1-5

	流通銀行券	預金通貨	流通正貨	流通手段総額	発券銀行与信残高
銀行券の兌換	減少	不変	増加(注1)	不変(注1)	不変
銀行券による預金	減少	増加	不変	不変	不変
銀行券による返済	減少	不変	不変	減少	減少
割引市場を通じて	減少	不変	不変	減少	減少
売りオペ	/	減少	/	減少	(民間に対して)不変

（注1）兌換された正貨が輸出されれば流通手段総額は減少するが、それはまた別の問題である。

 兌換 は金属貨幣と銀行券、さらに他の商品総体と銀行券との価値関係の長期的な安定に意味があるが、還流の経路というより前提条件である。フラートンは《兌換は金属正貨輸出の場合だけで、特殊な場合》とみなした。トゥックも最も少ない方法とした。

 預金 は《小切手の振り出しで、貨幣に依存しない支払手段になる》とフラートンは指摘（ibid., p. 93）し、還流の効果を留保した。トゥックも預金は通貨とは呼ばないとしながらも預金と小切手は銀行券並み、あるいはそれ以上に貨幣の働きをするとみなした（Tooke [1844] ch. 5）。通貨の過剰供給で需要過多となり物価に影響するか、という議論をしているのだから、銀行券が預金通貨に置き換わっても過剰流動性の問題は残る。しかしトゥックの「返済」とフラートンの「割引市場を通じた還流」は銀行信用（ここでは特に過剰流動性）削減効果を持つ。ここは精確に見る必要がある。

 借入返済 をトゥックが挙げる場合、

　㋐具体的な経路というよりも、《政府が支出で用いる政府紙幣》とは異なる《返済を想定した貸出による発券》という銀行券の本質的性質の表現だろう。というのはその直後にフランスの政府紙幣が還流しない、という議論をしているからである（Tooke [1848] p. 185-186）[60]）。

　㋑次に【銀行vs顧客総体という本質的な関係で考えるならば】、顧客は銀

行への負債と過剰銀行券を持っているから返済を言うのは正しい。しかし【顧客を複数の個体へと具体的に分解して考えれば】、銀行への債務者と過剰銀行券所有者とが異なる場合、過剰銀行券を銀行に簡単に返済できない[61]。

㋒「借入返済」が銀行券の本質的性質の議論と判断できるもう一つの理由は、個別資本としての銀行とは顧客総体に対して不断に貸出・返済を繰り返す存在で、返済を受けながら新たな顧客に貸出を続けるのが当然であり、一回の貸出・返済を論じるのは貸出の本質的性質の説明であっても、銀行の具体的行動を説明するものではないからだ。銀行原理が強調するように真正手形では2〜3カ月で次々返済されるが、絶え間なく返済期限が来るように真正な手形を組み合わせるのが銀行の重要な技術なのだから、返済だけでは過剰銀行通貨の還流になるとは限らない。新たな貸出の道が封じられることによってはじめて過剰な銀行通貨の還流と言える。これがフラートンの「割引市場を通じた還流」である。

割引市場を通じた還流 では、《銀行券が過剰な場合、過剰分の保有者が利率をBOEよりも下げて割引市場で運用し、以前ならBOEに来ていた受信需要がカットされる。BOEへの返済は以前の規模で続くのに対してBOEからの新規貸出は減り、結果として過剰な銀行券が還流する》(Fullarton [1844] p. 79, 96 - 97)。

方法的にいえば、「返済による還流」は【銀行vs顧客総体という本質的関係】で、「割引市場を通じた還流」は【競争を踏まえた具体的機構】である。

ただし、この経路は利子率低下が割引総額を増加させないという想定を必要としている。しかし反地金派(上述Ⅰ章C-2)と銀行学派にあるこの想定は、以前から「利子率に対する手形供給(受信需要)の非弾力性を想定する誤謬」(White [1995] p. 123, 127等)として批判され、「割引市場を通じた還流」は無視されてきた。しかしCassidyは、この経路こそフラートンが重視したもの、と強調し、筆者も同意する。現にフラートン自身がこの経路を強調している(Fullarton [1844] p. 95 - 97でのFB派への反論等)こともあるが、この経路はCBの役割を提起しているからである。

フラートンのCBに対する基本認識は1836年と1844年の両著作でほぼ同じで《利子率低下が割引総額を増加させないのはBOEが割引率を高く保ち民間銀行と競争せずに、貸出先を奪われるままになっているからだ。もしピール条例で分割された銀行部が民間の投資家と競合し、割引率を引き下げて貸出先を増やそうとすれば過剰発行が生じる。その上で、「割引市場を通じた還流」が効果を持つには、市場がBOEに一定程度以上、依存していることが必要であり、そうでなければ還流には困難が伴う[62]》と主張した。

　このように「割引市場を通じた還流」が作用するには、CBの資産が比較的大きく、しかも相当量の真正手形で占められていることが必要だった。そうであれば、真正手形は次々と返済されるので、CBが受動的に対応すれば与信額は減少し、それに応じて銀行通貨も還流した[63]。

⎣売りオペ⎤

　売りオペという方法自体は19世紀の通貨論争の時代にも知られていた。英国FB派ギルバートの議会証言（1841）での議論でも、英国に金が流入してBOEが金購入と引き換えにBOE券を発行すると（取引需要に基づかない）過剰発行が起きるので、公債証券を販売して通貨量を削減するという方法が議論されている（Q1066～Q1068、特にQ1068）。この議論は「（金）不胎化」の議論と思えば理解が容易である。20世紀以降の公開市場操作について、19世紀の銀行原理（ここでは、真正手形原理を基にした「割引市場を通じた還流」）と比較すれば以下の通り。

　国債の信用度が高く流動性が高ければ、真正手形との違いは、真正手形の場合、支払い期限が来れば自動的に還流するのでCBが受動的でいられるのに対して、国債は手形よりも長期なので、通常は自動的な還流を待つよりも、CBが能動的に売りオペを行うことで初めてCB通貨が減少する。

　つまり、国債の流動性が高いという条件で、売りオペは、能動的か受動的か、という違いのみで、真正手形原理に基づく「割引市場を通じた還流」に代替できる。

　しかし、CBの債権が流動的な国債を超えて、非流動的な政府債務や非流

動的なその他証券になった場合は、19世紀の銀行原理とは全く異なるものになる。その場合、自行の短期債務の増加となる銀行通貨発行によって長期の貸付を行うことになり、銀行原理違反となる。こうした銀行原理違反が市場の規律を逃れてできるのはCBの特権の弊害[64]だ、というのが（銀行原理）FB派によるCB批判だった[65]。

　ところで**反地金派**も真正手形原理を前提に過剰銀行券の還流を言うが、その経路は「割引市場を通じた還流」である（Bosanquet［1810］p. 53, 58。BOE理事の地金委員会証言3月13日、23日）。兌換停止下なので兌換を挙げないのは当然だが、トゥックやフラートンも兌換は具体的経路としては重視していない。返済による経路は問題になっていない。BOE理事が強調するように真正手形なら次々返済されてくるので、問題は返済よりも新規貸出額の減少だ。1810年地金委員会のBOE理事証言とBosanquet［1810］（反地金派の代表的文献の一つ）を筆者が読んだ限りでは、発券銀行への預金の言及はない。ところで非発券銀行への預金の場合、発券銀行から見れば顧客間のやり取りでしかなく過剰の問題は何も変わらない。過剰銀行券を預金された非発券銀行は貸し出さなければ損失なので、次々と割引・預金が繰り返され、その過程で本来ならBOEへ向かう割引需要が満たされ、BOEへの受信需要減少ではじめて過剰分が削減される。これは「割引市場を通じた還流」のことでBosanquetが正しく指摘した（Bosanquet［1810］p. 58-59)。

　このように銀行通貨量変動が景気変動をもたらすという貨幣的分析を否定する際に、フラートンと反地金派は《BOEの受動的・非競争的性格が過剰銀行券を還流させる》と主張した。しかし、逆に非競争的な特権銀行券は還流せず、競争的銀行システムでこそ還流すると主張したのが英国FB派だった。

ⓒ **FB派：競争的システムを通じた還流**

英国FB派の考えでは、発券銀行が複数で、競争的な銀行システムを前提とする。過剰銀行券還流の具体的経路としてギルバートとベーリ[66]は、①銀行券の相殺、②預金への利子付与、③銀行券への支払義務（兌換）の3つを挙げた。

銀行券への支払義務（兌換）による還流について、ギルバートとベーリの主張では、まず、地方銀行の場合、金貨幣あるいはBOE券による支払い義務があり、過剰発行への抑制として作用する。次にBOEの場合、支払義務は金貨幣での支払、つまり金兌換だが、それは金輸出といった特殊なケースに限られ、長期に渡って過剰発行の抑制にならない（Bailey [1840] p. 18, Gilbert [1841] Q1362）。

地方銀行とBOEで違いが生じるのは、発行元銀行に兌換が請求されるのは、直接に顧客が金を必要とする場合よりもむしろ、後述の相殺機構によって、相殺差額を他行から請求される場合の方が多いため、他行からの請求が少ないBOEでは、地方銀行よりも兌換請求も少なくなるからである。

利子付預金については、利子が付くことによって過剰な銀行券を吸収し、過剰銀行券が投機に向かうことを抑制できる（ギルバート証言Q1363）。しかし、特権銀行BOEでは預金が無利子なので預金による還流の経路は存在しない。ところで銀行学派の「預金による還流」の場合は利子を問題にせず、BOEのように無利子でも還流とする点でFB派とは異なる。

そのうえでFB派の核心は銀行券の相殺である。銀行券の発券元への還流は相殺機構[67]を通じて行われる。他行の銀行券を入手した銀行は相殺機構を通じ、相殺を超える差額分の支払いを求めることで過剰発行が抑制される[68]。「支払い」とは銀行システムにとって自生的に供給できない外生的な価値物の引き渡しであり、具体的には金属正貨や大蔵省証券だった。

逆に言えば、他行から支払い要求がない銀行券ならば過剰発行が生じうる。そのためFB派は、《決済中心地ロンドンで流通手段となる銀行券の役割を独占するBOE券は、競争的システムの制約を受けないので過剰発行と

投機の源泉になる》と貨幣的分析による批判をした。そして競争的圧力をかけるためロンドンでの新たな発券銀行設立を要求した。

　ここで注意すべきは、英国 FB 派の主張は、ロンドンにたくさんの発券銀行を設立することではないことだ。それどころか、ギルバートは《仮にロンドンで複数の発券銀行が設立されていたとしても、BOE の優位は現状のまま変わらない》と言う。重要なのは《BOE に対して競争的制約をかけて銀行原理を遵守させる》ことだった（Gilbert［1841］p. 66）。言い換えれば、英国 FB 派が問題にしたのは、階層システムの頂点に立地するロンドンで BOE が圧倒的に優位な地位（当時の便利な銀行通貨だった発券の独占や出資者数の無制限かつ有限責任）を特権で確保し、BOE に対する競争原理が働かないことによって BOE が銀行原理を守らなくなることである。その結果、通貨原理による発券が可能となり、金や政府証券との引き換えによる発券、さらに特権の買い取りのための政府への特別貸出による発券など、取引需要に応じず自動的には還流しない発券が増え、物価を引き上げる、というのが英国 FB 派の主張だった。

　ここで FB 派の議論には、本来あるべき競争的銀行システムと、批判されるべき現在の特権銀行という二つの基準で議論されていることが分かる。これは単に本来あるべき姿がゆがめられているということだけではなく、通貨発行の二つの原理がその根底にある。

3　FB 派のダブル・スタンダード
ⓐ競争下の銀行原理と独占下の通貨原理
　ギルバートは《 地方銀行 は取引需要に応じた発券という銀行原理のため、通貨供給が経済過程を攪乱することはないが、通貨原理による BOE の発券は取引需要に不要な通貨供給を行い、通貨供給過剰から利子率が下落し、投機や外国投資促進、最終的には正貨準備の枯渇や投機の崩壊へと至る》と論じ[69]、地方銀行と BOE とで二重の議論をする。ベーリも全国決済中心地ロンドンで発券独占の特権をもつ BOE と競争下の地方銀行は全く異

なるものだ、と繰り返し強調する（Bailey［1840］pp. 83-84など）。

FB派が特権銀行BOEを批判し、複数の銀行による競争的システムを推奨する以上、BOEの分析と、地方銀行の分析では基準が異なるという意味ではダブル・スタンダードは論理的に必然的だが、その上でこの項では、両者の通貨発行の原理が如何に異なるか、すなわち銀行原理か通貨原理か、というところまで進んでいるかどうかを注意したい[70]。

つまり、FB派の議論では複数発券銀行の競争的制約下では銀行原理となると論じ、発券独占では通貨原理に近く貨幣数量説に即して論じる。このダブル・スタンダード自体は、自由競争に基づく経済法則的帰結と、自由競争に反する条件を入れた場合の相違を考慮したものなので極めて論理的だが、FB派の特権銀行批判だけを見るとFB派は通貨原理であるかのように見えてしまう。たとえばV. C. Smithはコクランとパーネルを銀行原理FB派に分類しているのに、Gentierはコクランとパーネルを通貨原理FB派に入れている。しかし通常、経済学では市場における自由競争を前提とし、特別な事例として独占を考慮するので、こうしたFB派はまず銀行原理とされるべきだろう。様々な論者について、筆者は仔細な検討ができていないが、少なくともギルバートとコクランには原理におけるダブル・スタンダードがある。ここでダブル・スタンダードの例として、景気循環論でジュグラーに先行するコクランを検討しておこう。

ⓑフランスFB派コクランのダブル・スタンダード
ⅰ）銀行原理的な銀行信用発生論

信用理論の叙述におけるコクランの目的は、「論理的に、通常の手形が継起的な変化を遂げて銀行券にまでいかにして到達するか（Coquelin［1848a］(1859) p. 131）」であり、実務的なことよりも論理的展開を軸にしている。

⒜**銀行券の認識**：英国での銀行原理とほぼ同じで、まず貨幣は内在的価値を持つ商品で債務を弁済するが、銀行券は債務を置き換えるのみ[71]（pp. 102-105）。通常は（通貨原理のこと）銀行券が貨幣と置き換わると考えられて

いる（p.107）が、銀行券が置き換わるのは商業手形だ（p.108）と主張する（p.132にも同じ指摘）。

(b) **銀行信用の意義**[72]：まず、「銀行が業務を行う（travailler）のは自己資本を用いてではない」（p.125）と確認した後、《銀行は貸付資本家の資本を産業家に結び付ける仲介者の役割をはたす》とする（p.125）。

　しかしこの形態は一般に信じられているのとは違い、ほとんど役割を果たしていない（p.110）。なぜなら、この役割は単なる富の移転にすぎず、同じ額が貸し付けられるだけだが、生産者同士の信用は無限（pp.113‒114）だからである。というのは、この信用によって不生産的な在庫を利用可能にして生産力を増強させ、しかもその生産は絶え間なく繰り返すことができるからである（pp.116‒117）。

　しかし商業信用では債務者の支払い能力は狭い範囲にしか知られていないため流通が限られる。こうした商人同士の間での信用を媒介するのが銀行の重要な役割である。銀行業者は商人から手形を受け取るとそれに自分の支払保証をして、再び手形を流通に送り出す。ここでは銀行業者は仲介者であると同時に保証者でもある（p.126）。

　一般的な流通のためには、銀行が商業手形の支払い能力を精査し、支払い能力が一般的に認められている銀行の債務（＝銀行信用）に転換されることで可能となる。こうして、商工業者は商業手形の精査から解放され（商業手形の裏書の必要も無くなり）、自己の業務に専念できる（p.127など）。

(c) **銀行券の発生**[73]

　具体的なプロセスとしては、まず商業手形への銀行業者の引受（支払い保証）で流通性が増す。しかし次には銀行自身の支払い能力の明示化＝保証資本としての大きな自己資本、が必要となり、その点で個人銀行では限界があり、大会社形態の銀行が現れる。その次に、額面や満期の時期の不統一さの不便は、銀行が商業手形を自行のポートフォリオにしまいこんで、新たに自行宛の手形を発行することで減り、流通性が増す。さらに流通性を高めるものとして持参人への一覧払いとなって銀行券が完成する。

筆者がもう少し解釈を補足すると、「信用の創造」は銀行の行為ではなく、商業信用のレベルで行われ、銀行はその創造された信用が支払い能力を持つかどうかを精査して、自分の負債と取り替え、一般的な流通を可能にするのが役割である[74]。また、他の資本が振り出した手形の支払い能力の精査は本来、手形を受け取るどの資本も自身で行わなければならないことであるが、その精査を特定の資本（銀行）にゆだねることで、その精査を適切に行った資本（銀行）の負債＝銀行券は、他の資本が（自分で精査した場合と同様に）現金同様に受け取ることになる。

(d) **通貨原理的な金属準備方式に対する批判**：BdF が採用していた《発券額の３分の１の金属準備[75]》を念頭に、銀行の金属準備と発行銀行券の量との間に確立すべき固定的な比率は存在しないと批判する（p.234, 239）。銀行の規模、その信用の広がり具合、営業範囲、立地する都市の性質、銀行券の最低額面など、状況に応じて必要な準備の量は異なる。経験的な指標はあるが、それでも確実なものではない。しかもその金属準備も原資が自己資本ならば所定の準備率を超えても問題は無いが、預金から構成されていれば、正貨での預金引き出しがあるので、所定の準備を維持していても危険である（pp.237‑239）。

(e) **発券過剰の否定と過剰預金の危険**：発券量総額は大衆の需要に規定され、銀行による恣意的な増加は不可能だが、それは特権銀行でも同じである（p.232）（※総額は同じでも各行のシェアは可変）。そのため特権銀行が害悪を生むのは発券の過剰によってではなく、発券銀行が受け入れる預金の過剰、つまり容易に引き出される預金を貸出に利用することによってである（p.233）。

しかしながら、コクランの銀行原理的信用理論[76]は、次に周期的恐慌論へと進む[77]と、通貨原理となる。

ⅱ）**特権銀行の通貨原理的信用拡張と周期的恐慌論**

まず「特権の行使が、ほぼ不可避的に周期的恐慌に至るのはどのようにし

てか」(p.258)と課題を設定する。具体的なプロセスはすでに述べた（Ⅰ章 C - 7）ので省略するが、コクランの通貨原理的な理解の第一は発券について、特権銀行は金属準備と発券額との比を一定（コクランの数値例では1：3または1：2.5）にして貸出を増減させること[78]である。第二に預金については、正貨の預け入れという通貨原理による預金通貨の発行方法である。その預金通貨の発行は銀行原理とは異なり取引需要に応じたものではない。さらにその預金は事業に貸し付けられれば収益を生むべき現金が無利子で死蔵された状態なので、有利な投資先があればいつでも引き出され、特権銀行における支払い危機を引き起こす[79]。

　このようにコクランのFB論は信用理論では銀行原理に依拠しながら、特権銀行の行動とその帰結は（比例準備の）通貨原理となり、解決策としては参入の自由というFBによる自己資本の増強になる。ただしコクランが通貨原理となるのは、発券を独占する特権銀行の行動様式への批判に際してだけでなく、預金通貨発行方法に関しても生じている（この点は銀行原理を徹底させたジュグラーとの対比としてⅠ章 E - 1 - ⓒ項で詳述）。

　以上は銀行原理FB派で見られる《特権銀行の通貨原理化》である。上述のように、銀行原理FB派（コクランなど）が通貨原理FB派と混同されるのは、この《特権銀行の通貨原理化》である。この混乱の根拠をもう少し検討するために真正の通貨原理FB派の主張と対照させてみる。

ⅲ) コクラン型FBの図解と真正通貨原理FB派との比較

　Gentier［2003］p. 47の図を簡潔にした次の図からFB諸派の考えの相違を比較する。

表1-6

債権	負債	解釈
有利子債権	自己資本	commodity credit
	定期預金	自発的貯蓄に基づく投資
	一覧払預金	circulation credit
	流通銀行券	信用発行
貨幣金属準備		

(a)**銀行原理**：第一に有利子債権が真正手形原理から見て適切な流動性を持つかどうか、第二に保証資本としての自己資本の大きさが重要になる。

(b)**銀行原理FB派ギルバートが説く《特権銀行の通貨原理化》**：債権の側の貨幣金属の増減に応じて、負債の側で取引需要に応じない形で流通銀行券が増減する。あるいは有利子債権の中の政府証券・政府貸出の増減に合わせて取引需要に応じない形で流通銀行券が増減する。

(c)**古典的通貨原理FB派**：19世紀フランス通貨論争ではH. Cernuschi[80]とV. Modesteは、《金属準備のない銀行券は「偽の貨幣」として貨幣量を増やし、貨幣数量説的に物価を上げて見せ掛けの好況を生むが、貨幣の減価は金属貨幣を流出させる。これを防止するために発券独占銀行が発券削減か利子率引き上げを行うことで恐慌が発生する》と考える。銀行券発行による貨幣の減価を防ぐために、発券に対して100％の正貨準備を主張した。こうした考えがFB派となるのは、特権銀行であれば準備のない銀行券も流通してしまうが、特権を剥奪してFBにすることで、金属準備のない銀行券は信認されなくなり、存在できなくなる、いう主張だからである。この人たちは預金を考えていないので、「偽の貨幣」の不自然な増減を除去するために【貨幣金属準備額＝銀行券額】となることを要求した。

(d)**ミーゼス派通貨原理FB派**：銀行による信用創造を廃止し、自発的貯蓄＝

投資（つまり強制貯蓄をなくす）とすることで経済過程を安定化させることを目指すが、銀行券全体の100％金準備を求める主張と、限界部分の100％金準備を求める主張とがある。100％金準備派は【貨幣金属準備額＝一覧払い預金額＋銀行券額】という主張で原理的には古典的通貨原理FB派と同じだが、上記のように理由が異なる。つまり、金属貨幣準備のない銀行通貨発行は、古典的な真正通貨原理FB派にとっては《「偽物の貨幣」だから悪い》、オーストリア学派的なFB派にとっては《強制貯蓄によって投資と消費の関係を攪乱するから悪い》ということになる。

　限界部分100％準備論者[81]は、原理的には【一覧払い預金額＋銀行券額－貨幣金属準備額＝保証発行額】とし保証発行部分が固定することを要求している。さらに比例準備制度の論者もいる（上記のBdFのような例）。

(e)**コクラン型の通貨原理FB派**：コクランは理想的なシステムとして、新たな銀行を設立して過剰な預金を株式資本として吸収することを提案した。これは銀行の自己資本増強になる[82]。

　現代フランスのFB派NatafやGentierはコクランの主張とともに、オーストリア学派の理論を使って、100％準備派と同じく信用発行をなくすことを目的としながら、貨幣金属準備増加ではなく、【自己資本額＋定期預金額】、つまり【＝自発的貯蓄に基づく投資（commodity credit）】を増額させることを要求している。そのためコクランは信用論で明らかに銀行原理であるにもかかわらず、Gentierらにはオーストリア学派、通貨原理FB派であるかのように思われている。そうなってしまったのはコクラン自身に問題があり、銀行券については基本的に正しく、生産力増強に根拠を持つ商業信用を銀行の支払い保証によって一般的に流通させることとして把握しながら、預金は正貨の預託という通貨原理的な把握しかできなかったことである。コクランの通貨原理的な預金の把握は、特権銀行の通貨原理化という考えとともに、理論レベルでの預金の理解の失敗があるだろう。ただし、預金を通貨として流通させるシステムの未発達という歴史的な制約がコクランの理解を限界づけたと言うべきかもしれない。コクランの理解不足がもたらした更な

る問題と、それとは異なるジュグラーの預金に対する理解についてはⅠ章E－1－ⓒで後述する。

4　モデレート地金派の銀行通貨階層構造

モデレート地金派は、FB派と同様にロンドンで特権を持つBOE券は過剰になりうると認めた上で、しかし逆に、BOEの自覚的な制御によって他行も含めた全ての銀行券の過剰を防げると考えた。

モデレート地金派は《BOE券は、金属正貨とともに地方発券銀行の支払準備になっている。地方銀行の過剰発券でその地方の物価が上がれば、その地方銀行券を用いて物価の安い他の地方で購入してそれを元の地方へ持ち込むという裁定取引が起きる。その地方銀行券の発券銀行は決済中心地ロンドンで支払いを求められ、ロンドンにBOE券を送る必要があり、BOE券が不足するとその地方銀行の発券に制約がかかる。このようにBOE券が地方銀行発券の準備（つまりベースマネー）になるのでBOE券の適切な調整によって地方銀行券も適切に調整できる》とした。銀行券量の変動で景気変動が生じうる、という点で貨幣的だが、BOE券量の自覚的・裁量的な調整で貨幣的影響は抑制しうると考えた。この考えは、地方銀行による発券を認めるが、その前提として決済中心地でのBOEによる独占的な銀行券量調整が不可欠である。そのためロンドンでのBOEの独占擁護、ロンドンでの新発券銀行設立反対（Thornton［1802］p. 115－116等）となり、FB派と決定的に対立する。

モデレート地金派の主張である《BOEによる自覚的な貨幣量調整》は、単純化すれば貨幣乗数を一定と仮定したCB政策である。これに対して《実際にはそのような機構は存在しない》と反論したのが反地金派と地方銀行業者だった。

5　反地金派と地方銀行業者による階層性の否定

『地金報告』に対する、公表当時の強い批判の一つは、『報告』が、地金委

員会で銀行実務に関して行われた証言と矛盾するということだった。

　反地金派（BOE 理事）や地方銀行業者の証言では、まず、発券の基準（ベースマネー）となるのは BOE 券ではなく、ロンドンに置かれた流動性の高い資産である（4月16日 Stucky 等）。さらに日常的な手元現金として BOE 券も有用だが、金属貨幣やロンドン宛の手形も同じ役割を果たすと指摘した。次に、BOE 券と地方銀行券の代替性・相互競争性も主張した（3月6日 Whitmore、4月16日 Stucky 等）。つまり、発券は取引需要に応じる（すなわち銀行原理）ので、銀行券の総需要は変わらず、地方で BOE 券が増えれば地方銀行券が減る。増えた BOE 券を準備に地方銀行券が増えるということはない。したがって BOE が CB として BOE 券を意識的に調整しなくても通貨量総体は自動的に調整され、貨幣的影響は生じない[83]。

　このように銀行原理であれば、BOE の行動とは関係なく、地方銀行券は困難の原因にならない。FB 派はもちろんだが、BOE 理事も真正手形原理である限り地方銀行券に問題はない、と証言した。つまり CB への発券統一も CB による通貨量調整も必要ないということだ。ところが CB 派であれば地方銀行券への何らかの統制が問題になる。最も統制を強く要求したのが通貨学派である。

6　地方銀行券に対する CB 派としての通貨学派

　通貨学派は諸銀行券間の階層性や異質性を重視せず、《為替悪化による金属正貨流出はロンドンの BOE にのみ過重に負担をかけるので、BOE が金属準備維持のために発券を収縮させても、為替の圧力を受けない地方銀行が発券を拡大すると、ロンドンでの金属正貨流出が続く》と考え、地方銀行券による貨幣的影響を除去するために BOE への発券統一を要求した。通貨学派の態度は簡潔だが、同じ CB 派でも銀行原理を採用する銀行学派では、地方銀行券への態度は自己矛盾的に微妙な問題を含む。

7　CB 派としての銀行学派の自己矛盾

　通貨学派と異なり銀行学派は銀行原理に基づき、対外正貨流出時でも地方的需要があれば地方銀行による発券増加も許容した（Fullarton [1844] p. 108 - 111）[84]。トゥックが繰り返し言うように過剰な発券がすぐに還流するなら FB を拒否する理由はなく、核心的にはロンドンでの発券の自由を制限する理由はないはずだ。それでも特権を持つ CB を必要としたのはトゥックの場合、投機崩壊時の対外正貨流出のデフレ圧力を緩和することだった。

　トゥックが1840年段階で BOE の特権を擁護した理由は、ロンドンで BOE に対抗する発券銀行が設立されると、競争に迫られて BOE は他行への供給のためには金属貨幣を準備しないようになり、投機の崩壊時に他行では金属準備不足で利子率が激しく変化すると考えたからだ（Tooke [1840] p. 204 - 205）。この記述の直後にトゥックは激しく FB を非難している。このようにトゥックは、平時から BOE が利益を生まない金属準備を十分に保有できるように、競争を免れた独占を望んだ。しかしトゥックの思考は長期に渡って自由放任による自生的経済秩序へと定向進化しており、1844年には原則的に FB も許容した（Tooke [1844] p. 155 - 157）。ただし FB 派からの「BOE 券は過剰発行になる」という批判には反対し続けており、反 CB という FB 派になったわけではない。論理的にはロンドンでの FB 容認になるが、どこまで自覚していたか確定は難しく（Arnon [1991] p. 166, 181注3等）、主観的には CB 体制と FB 体制の対立について無自覚であったと思われる。

　しかしフラートンは CB と FB との緊張関係を意識していた。まず1836年には FB 賛美が原則で、それに反して CB を作るようなことがあるならば公共の利害に基づくよう、強く制約することを主張した（Fullarton [1836] f. 23）。さらに発券では、個人（または個人の結合体＝パートナーシップ）銀行を推奨し、支店を持つ株式銀行の発券には強く反対した。この基本理念は1844年にも繰り返されるが、現実政策としてピール条例にある BOE 券への統一の方向を支持した（Fullarton [1844] p. 215 - 216）。ただし地方的な需

要のための地方銀行券の存続は許容しながら、滑らかな形での統一化が希望だった（ibid., p. 216 - 218）。フラートンは集権的な支店網を持つ株式銀行を否定し、地方的事情に適切に対応できる地方銀行の能力を評価していた。そのためフラートンは1844年の著作ではBOE券を主に論じながら、それとは区別して地方銀行を念頭に置いて複数の競争的発券銀行による過剰発券抑制の仕組みも述べている（ibid., p. 84）[85]。原則的にFB擁護でありながらも発券の統一を理想とした理由はおそらく「割引市場を通じた還流」の効率的確保だろう。原則的に、FB的な発券の自由を認めながら、CBが貨幣的影響の消去と、対外支払準備という二つの役割を担う、とするフラートンの考えは、ジュグラーがフランスでの論争に決着を付けようとした方法だった。

E 総括：ジュグラーの通貨理論と景気循環論

1 ジュグラーによる継承と変容
ⓐフランスFB派論争に対する銀行学派的対応

ジュグラーは、フランスにおける発券独占派とFB派との論争に対して、主観的には両派を統合する方向で考えた（Juglar [1868a] p. XII, 482 - 483）。まず《発券が自由でも、需要に応じた発券と交換所の相殺機能で過剰発券は起きない》と前提して、次の2点を主張した。（Juglar [1868a] pp. 481 - 482, [1889] pp. 187 - 188）

⑴銀行券の歴史的役割が減少し、多くの取引が預金通貨で行われるようになるが、地方では地元銀行による発券に利点もあるとし、発券の自由を認めている。その際、BdFが支店を利用して交換所として機能し、必要ならばBdFが信用を追加する。その際に必要な準備を積むように義務付け、個別銀行の過剰発行に制約を課す。

⑵BdFは金属正貨の流出時には割引率を引き上げて金属準備を維持する。

以上は、発券[86)]が自由でも交換所の機能と BdF の補完で過剰発行が抑制され、貨幣的影響が消去されること、そして対外支払いは金属準備を集中した BdF が責任を持つという CB 的思考である。英仏 FB 派の主張である特権銀行に対する対抗銀行設立については、ジュグラーは発券を重視していないので独占か自由かという二律背反の思考そのものが間違いという立場だが、BdF の利点（全国的な支店網や金属準備の集中[87)]）を活用するという立場から BdF が現に果たしている特殊な地位を否定しないと思われる。

　その上で注意すべきは、ジュグラーは《発券が自由になれば預金通貨システムの未発達な地方では複数銀行による発券が行われるだろうが、その際、BdF の支店がこれら複数の銀行券の交換所の機能を果たす》と主張するが、これは FB 派の考える交換所（相殺機構）とは異なることだ。FB 派の場合、決済差額は正貨あるいは当事者の参加するシステム外からの価値物・証券（金属正貨や、英仏 FB 派がよく引用するスコットランドの例では政府証券やロンドン宛手形）で支払われる。しかしジュグラーの主張にある《諸銀行間の銀行券相殺の差額支払に際しては、必要に応じて BdF が信用供与を行う。その場合、信用を受けた銀行に対して必要な準備を積むよう BdF が義務付ける》というのは、FB 派の考える相殺機構に比べて間接的なものになっている。

　BdF のような階層システムの上位に位置する銀行が、直接の取引需要とは異なる理由で下位の銀行に与信を与えるのは、逆の与信とは異なる問題を発生させる。

　逆方向の与信、つまり階層的銀行システムにおける下位の銀行が上位の銀行の銀行通貨を保有する場合は特に問題は生じない。これは英国通貨論争に即して言えば、地方銀行がロンドン残高を持つ場合で、決済中心地で流通する銀行通貨を取引に必要な額で保有するのは当然である。銀行原理における「需要に応じた発券」に相当する。しかし逆に CB 的機能を果たす上位の銀行が、下位の銀行の支払準備の不足を補うために与信を行う場合、下位の銀行の過剰発行が抑制されず、拡大してしまう。

こうした構図は FB 派が批判するところであるが、逆に当時の反 FB 派は、同様の問題は FB にも起きる、つまり《同時に全ての銀行が過剰発行を行った場合は抑制が効かない》と言って FB 派を批判していた。

これに対して FB 派は、まず FB 体制下では各行は他行宛債権を兌換請求する、つまり《ある銀行がさしあたり取引需要の必要がないのに他の銀行の銀行通貨（他行宛債権）を保有する（つまり兌換請求しない）ことはありえない》ことを前提にして、《各行が互いに兌換請求し合うという制約関係が過剰発行を抑制する[88]》と主張して FB を擁護した。もちろん具体的な諸事情に応じて他行の銀行通貨を一時的に保有することはあるだろうが、重要なのは FB 派にとって、FB 体制が成立するには他行宛債権の兌換請求が基本原則だということである。こうした競争的な規律は資本主義経済システムとも整合的、と言える。したがって FB 派であれば、システム内発行の通貨によって相殺差額を支払決済することを認めるようなことはあり得ない。

他方、FB 派と異なり、ジュグラーが相殺差額について、いったん CB の信用供与を認めてしまうのは、おそらく《信用システムの発展によって支払いは預金の振替で行われ、正貨は要求されなくなる》という理解から、次の引用のような考えに進んでいると思われる。「商業手形は現金に転換するために割引に出されると言われるが、それは完全には正しくない。なぜなら、メカニズムが続いていくには正貨を要求してはならず、支払約束でしかない銀行券で満足しなければならないからだ」（Juglar [1868b] p. 143）、「確かなことは、銀行券の流通は大衆の信用流通を助けることでしかないので、正貨への兌換請求は、一時的にメカニズムが破綻したということ、さらに信用取引の現金取引への転換が望まれているということを示していることだ」（ibid., p. 142）。このように考えているため、相殺差額の支払をシステム外の貨幣（金属正貨など）で行うのではなく、システム内で弾力的に供給できる CB 通貨発行（＝CB の与信）というクッションを置く必要を想定したと思われる。

以上のように、ジュグラーは主観的には発券独占派と FB 派を統合したと

思っていたが、実際には、FB 派の想定する決済差額の支払いによる過剰発券の抑制効果が、CB の信用供与で無効化（あるいは緩和）されることができるという点で CB 派（銀行原理に基づく CB 派＝銀行学派）であった[89]。

　地方的事情に応じた発券の自由の許容、CB の受動的な調整と対外支払いの責任という点で、銀行学派としてジュグラーはフラートンとの共通性が強い。しかしジュグラーは銀行の役割をさらに受動的に考え、フラートンとは異なり、CB への統制の必要を感じていない。これは非貨幣的性格がさらに強いということだが、銀行原理とは相容れない（過剰銀行券の還流の否定等）貨幣的分析の『地金報告』をなぜジュグラーが賛美するのかという別の問題が生じる。

ⓑ『地金報告』の主観的賛美と銀行学派的読み替え

　ジュグラーは、自分ではフラートンやトゥックと同じ立場だとは言うことはないが、『地金報告』についてはいたるところで賛美しており、ジュグラー自身は主観的には英国銀行学派よりも『報告』（つまりモデレート地金派）を継承していると考えていた。

　反地金派的な真正手形原理を批判して金属貨幣を基礎に置くべきという主張（Juglar [1889] p. 270）等、ジュグラーは『報告』の記述を内容だけでなく、同じ表現も採用している。その中でもジュグラーが最も重視した『報告』の見解は、「外国為替こそが発券と紙券流通を規制する唯一のものとされるべき」（Juglar [1865] p. 188 など多数）ということである。次節で述べるが、この外国為替こそがジュグラー恐慌論の特徴となる。ただし、『報告』の時代とは制度的な変化があるため、ジュグラーは『報告』を自分の時代に合わせて解釈している。つまり、『報告』では兌換停止で金取引にも制限があったため発券量を調整する基準を<u>金地金価格</u>と<u>為替相場</u>の二つにしている（*Bullion Report*, p. 45）が、ジュグラーの時代は兌換が再開されているので地金価格を取り上げていない。また金属貨幣取引も規制がなくなっているので、ジュグラーは為替の悪化そのものよりも為替悪化の結果としての<u>銀行の</u>

正貨準備減少を重視している。また『報告』の時代は高利禁止法があったので為替悪化への対策として、『報告』は発券量の減少を推奨しているが、ジュグラーの時代は高利禁止法が撤廃されていたので、ジュグラーは発券量の調整ではなく割引率の調整を推奨している。ジュグラーによる以上の読み替えは基本的に『報告』の精神を引き継ぐ正当なものであろう。

　ところが「発券」の意味を『報告』とは違う意味でジュグラーは解釈している。それが最も明瞭に分かるのが『報告』の「最後の貸し手」についての部分をジュグラーがパラフレーズしている箇所である。『報告』ではBOEへの金の要求が国内流通向けに生じた場合と、為替の悪化から国外向けに生じた場合に区別し、前者では信用供与の増加（つまり「最後の貸し手」機能）で対応すべきだが、後者の場合、これまでの発券が過剰でなかったかどうか検討することが必要だ、と対策を区分する（*Bullion Report*, p. 60）。続けて、金属正貨の対外流出の場合は一般的には発券を減少させるべきだが、その上で発券額の減少が急激で大きくならないようにすべきと留保をつける。この箇所をジュグラーは次のように言い換えている。

　　「どんな場合でも銀行の正貨を守ることに専念する必要があるが、その方法は非常に異なる。／革命や国内暴動の結果生じるパニックの場合、対処すべき困難の元凶と同じくらい激しい対策をとるしかない。つまり支払い停止である。／銀行に対して需要される正貨が国内流通に必要とされている場合、つまりいくつかの大きな信用機関の崩壊といった危機の結果、信認が失われ、時折、突然の大きな需要が生じた場合、正貨の役割は、交換の決済に広く用いられながらも信認を喪失して容易に流通しなくなった紙券（papier）の信用流通の代わりということだけである。このときに信認が失われていない紙券が、減価のためにもはや流通しなくなった紙券の代わりを果たすことができれば、この流出の影響を緩和することは簡単である。このような状況でイングランド銀行が発券を増加させたのは賢明な措置で、事業の決済に用いられる通常の手段が

不足していた市場を落ち着かせ、すばらしい成果をあげた。／最後に不利な為替の影響で金属正貨が流出する場合について。その場合、発券を増やすどころではなく、紙券の発行が過剰ではないか検討することが必要だ。ただしここで発券といった場合、単に銀行による発券だけではなく、商業が自己の取引の決済のために流通させるすべての手形（papier）を含む」（Juglar［1868a］pp. 328-329。下線は引用者）。

　革命や国内暴動のケースは別にして、下線部の直前までは『報告』をパラフレーズしているが、下線部は全体の意味を変える読み替えになっている。つまり『報告』では対外金属正貨流出の場合、銀行券が過剰と判断したら、BOEに銀行券削減による統制を求める。ところがジュグラーは『報告』と同じ過剰発券を認めるような振りをしながら、「発券」の範囲を銀行券に限らず商業信用にまで拡大している。その結果、『報告』では銀行券の過剰発行が景気変動の原因となるという貨幣的分析だったが、ジュグラーの場合、事業社会全体があらゆる箇所から取引需要に応じて任意に、商業手形を含む各種の信用手段を自分で「発券」するという点で非貨幣的となっている。そうした「発券」の過剰はBOE（一般にはCB）には統制不能である。ところで、同じく『報告』を賛美する発券独占派Wolowskiは正しく「発券」を銀行券のみで理解している。読み方の違いはWolowskiが通貨原理で、ジュグラーが銀行原理のためだ。
　次にジュグラーの銀行原理を、その先行者であるコクランの銀行原理と比較してその特徴を検討する。

ⓒコクランからの継承と銀行原理の徹底
　コクランは英国銀行学派ウィルソンに対して高く評価しつつも、次のような批判をしている。「私にはウィルソン氏が、預金を集めて有効に利用するという銀行の特殊な機能のみをあまりにも重要視し過ぎているように見えることもある。忘れてはならないことは、銀行は割引と発券でもっと重要な機

能を果たしていることだ。それは産業（travail）に利用可能なものを全て有効利用させることである」（pp.197 - 198）。つまりコクランが信用論で重視するのは、上述（Ⅰ章 D - 3 - ⓑ - ⅰ ））のように既存の遊休在庫を信用販売で効率的に利用させることで、しかも生産を増加させるという実体的根拠を持つことである[90]。

同様の批判をジュグラーは発券独占派 Wolowski に対して行っている。「銀行の役割は、運用を求める未利用資金を資金需要と結びつけることや、散在する資本を集め、よりよく使用できる人に渡すことに限られるべきであろうか？　たしかにそれは銀行の主な機能である。しかしその機能は、当座勘定の預金の利用においてすべて同じ方法によって行われるわけではない。正しく理解されていないこともあるが、次の二つの預金を区別しなければならない。まず、現金当座勘定、つまり正金または銀行券の預託の結果生じる預金。もう一つは割引預金で、手形割引による信用開設で生じる預金である」（Juglar［1868b］p. 143）。銀行の役割を資本仲介業にしてしまうウィルソンや Wolowski に対してコクランとジュグラーは信用が新たに生み出す購買力の意義を論じている。しかしジュグラーは流通に限界のある商業手形に流通力を付与させる銀行信用への転換として論じている[91]のに対して、コクランはそうした銀行信用の意義を踏まえ、さらに実体経済における生産増加まで論じている点で優れており、ジュグラーはその面ではコクランよりも後退している[92]。

しかし預金通貨に対して、コクランは通貨原理へ、ジュグラーは銀行原理の徹底へと道が分かれる。

まずコクランは先のウィルソン批判に続けて、ウィルソンが賛美するスコットランドの FB システムへの批判へと移る。コクランから見れば、スコットランドの銀行システムは他国よりも FB として優れているが不十分な点がある。それは"スコットランドでは無限責任が認められておらず、株式の譲渡にも制約があるため、自己資本が不十分となり、預託された預金を有効利用できずロンドンで公債として運用している"（Coquelin［1848a］（1859）

pp. 198 - 199）ということである。コクランにとって預金は正貨が預託された通貨原理的なものであり、いつでも引き出されうるものなので、スコットランドの銀行は大量の預金を、もっと生産的な投資先があるのに、引出に備えて流動性の維持のためにロンドンに送ってしまう。改善策としては有限責任制と株式譲渡の自由化で、預金となっていた貨幣を銀行資本に吸収することである。そうすれば支払い危機も起きず、生産的な投資にも向けられると考える。

スコットランドの銀行システムについては Wolowski とジュグラーはともに CB 派の観点から《スコットランドは FB といっても平時にはロンドンに残高を置き、危機になるとロンドンから正貨を大量に吸収する。つまりロンドンに依存したものでしかない》（Juglar [1868b] p. 145, [1889] p. 187 など）と批判するのに対して、コクランは"それはスコットランドも FB としてまだまだ不十分だからだ"という論争の構図になっている[93]。

他方、ジュグラーは、預金通貨に関してはコクランの通貨原理とは一線を画し、銀行原理的な預金通貨発行を徹底させている。とはいえ当時の論者に共通する限界としてジュグラーも著作の上では銀行原理の適用を銀行券に限定し、預金通貨へと拡大していない。しかし、ジュグラーは預金通貨発行にも銀行原理を適用しているとみなすと整合的に理解できる箇所がいくつかある。

第一に、コクランの通貨原理的な預金通貨発行と正反対の立場をとっていることである。コクランの場合、金属正貨の預託で預金となるが、ジュグラーではそうした方法での預金つまり「現金」当座勘定と、手形割引で生じる「割引」当座勘定とを区別し、預金の大部分は「割引」当座勘定によって生じると見ている（Juglar [1868a] p. 213, [1889] p. 224）。こうして、コクランは預金を使い道がない貨幣の預託とみなすが、<u>ジュグラーの「割引」当座勘定は、商人が自分の保有する手形を流通させるために銀行で割り引いて預金通貨を入手して預金振替で取引決済に用いるという想定になっている</u>[94]。

第二に、好況末期に為替の悪化が生じたときに金属正貨を銀行から入手する方法としてジュグラーは、コクランのように預金の引き出しとせずに、割引の増加としている点である。コクランでは通貨原理による預金通貨発行なので、銀行からの正貨の入手は預金の引き出しで行われる。しかしジュグラーでは当座預金は取引需要のために作られているので、正貨が必要な場合には新たな割引によって銀行に対する債権を作り出した後で、銀行から正貨を入手することになる[95]。通貨原理からは一見奇異に見えるジュグラーの考えは預金通貨に対しても銀行原理を徹底させていると考えれば理解可能である。つまり預金通貨は銀行券と同様に取引需要に応じて発行・流通しており、銀行券兌換で正貨が引き出されないのと同様に預金引き出しで正貨が引き出されない、と考える[96]。

　このようにジュグラーの考えでは、銀行通貨供給は取引需要に応じて弾力的に伸縮し、非銀行経済主体（特に商人）による投機的行動への貨幣的制約を解除する。しかし、ここで２つの問題を考えておかなければならない。第一に投機的価格上昇において、貨幣的分析を採る通貨学派やFB派とは異なり、非貨幣的分析を一貫させる銀行学派では単純に通貨供給量の弾力的増加が価格上昇を生じるとは言わない。第二に投機の崩壊に関して、ジュグラーの場合、信用拡張の弾力性のために投機は一国内的には崩壊せず、投機の崩壊には世界経済の異質性を必要としている。

　この二つの点は、経済内部の異質性を媒介に連結されて、ジュグラーの恐慌論を形成している。

2　ジュグラーの非貨幣的な恐慌論と世界経済
ⓐ通貨原理的「総体的価格上昇論」に対するフラートンの批判

　フラートンは通貨学派の貨幣的分析による投機の説明を次のように批判している。銀行券は兌換可能である限り、過剰発券はあり得ない、と論じた後に「たしかに、広範な種類の商品は時折、しばらくの間、投機によって影響を受けるかもしれないし、そのような投機は程度の差はあっても特別に容易

となった信用によって支持されることがあるのはその通りだ。しかし、銀行券は特定の形をとった信用に他ならない。信用が価格に与えるこうした間接的な作用は、通貨原理が主張する銀行券による価格への作用とは全く異なっている。通貨原理の論者によれば、単に銀行券の量が価格に影響する」Fullarton［1844］pp. 58 - 59)。これに続けて、《この見解では、銀行券の流通への追加は、金ストックの突然の増加と同じで、流通手段はそれだけ減価し、商品の総体的な価格（the general prices of commodities）は同じ比率で上昇するだろう。しかしそれは名目的なものに過ぎず、交換で与えられる貨幣価値は以前と同じで、変化は額面に過ぎない》(p.59) と説明する。他方、「しかし、信用の利用があろうとなかろうと、投機の影響によって商品の価格が上昇する場合には、(※通貨学派の見解とは—訳注) 過程も結果も全く異なっている。投機的な買い手の目的は狙った商品の一定のストックを消費から遠ざけ、利益を付けて売れるまで市場に出さないでおくことである。買い手の行動は、貨幣ではなく商品の価値を基準にしている。こうして、本来の需給関係を攪乱することによって価格上昇を引き起こす」。これは名目ではなく実質での価格上昇である。「最終的に投機家が商品を市場で売りに出したときに得る物は、支払ったものよりも、単により大きな数字で示される硬貨や銀行券ではなく、より大きな貨幣価値である」(p.59)。

　つまり通貨原理では貨幣数量説に基づき、貨幣の役割を果たす銀行券の過剰発行によって通貨（通貨学派では同時に貨幣）価値が下落し、その他の商品が通貨に対して一斉に価格上昇すると考える。フラートンはそのような総体的かつ額面的（名目的）価格上昇論を批判して、投機とは特定の商品の需給関係をゆがめて、狙った商品の価格を引き上げることで利益を得ることだとする。つまり他の商品に対する相対価格を投機商品にとって有利に変えることである。

　ⓑジュグラーの「相殺の欠如」論
　ジュグラーでは、「信用が全般的な価格上昇（un mouvement de hausse

générale）を引き起こす」（Juglar［1865］p. 145など）などという言い方が繰り返し出てくる。しかしジュグラーは明確に銀行原理的通貨理論に依拠し、通貨原理的な貨幣数量説を否定しているので、フラートンのように考えるしか銀行原理との整合性は取れない。それを踏まえてジュグラーの言い方を再検討すれば、弾力的な信用システムによって商人の投機的行動に対する貨幣的制約が解除されて投機が支持されることで、<u>投機の対象となる商品は少数の種類にとどまることがないということ</u>、つまり「全般」とは、貨幣の減価に反比例して他の商品総体の価格が上昇するという意味ではなく、<u>投機の対象となる品目と投機の程度が全般的に拡大していくという意味</u>と考えるべきであろう[97]。

　次に分析のレベルを深めて、商品総体を、個別に異質な諸商品に分解してみると「全般的」とはいえない別の問題が現れる。「この価格上昇は様々な市場や生産物によって不均等であり、売買を困難にする。取引が遅滞して為替手形が創出できなくなる。手形の不足のために新たな流通手段が必要になる」（Juglar［1865］p. 143）。

　ジュグラーは、信用手段は互いに相殺される限り無限に拡大していくと考えるので、問題なのは信用の絶対量ではなく、個別の異質な諸要素間における均衡の崩壊、直接には「相殺の欠如」となる。では「相殺の欠如」の必然性は何処にあるのか？　ジュグラーは《国内的には、銀行に補足された非銀行経済主体間の弾力的な信用拡張能力によって投機的価格上昇は続くが、信用システムの未発達な国では投機的価格上昇が同程度には進まないので相殺の欠如が生じ、正貨流出から恐慌になる》と説明する。この具体的なプロセスはジュグラーの景気循環論の特色も含めて次章で論じるが、その前に方法的反省と世界経済論の意味を検討しておく。

ⓒ方法的反省と世界経済論の意味
　ハーバラーが非貨幣的過剰投資説の代表として挙げるシュピートホフは、ジュグラーについて、「その思考方法は過剰生産を探求してきた国民経済学

者の方法というよりも、信用制度や銀行制度や証券取引所の領域に現れる狭い意味での恐慌現象の記述である。ジュグラーの先行者はシスモンディ、マルサス、J. B. セイ、マルクスではなく、トゥックというべきであろう」(Spiethoff [1923] (1955) S. 149、訳書204 - 205頁) とし、恐慌に関する諸学説には<u>過剰生産の系列</u>と<u>生産部門に依拠しない系列</u>があると整理している。シュピートホフ自身は<u>過剰生産の系列</u>であり、その後の恐慌・景気循環論ではこれが主流と言えるだろう。他方、<u>生産部門に依拠しない系列</u>とされるトゥックやジュグラーの関与した英仏通貨論争は19世紀最大の経済学論争の一つだが、通貨・信用といった流通部面へ限定される傾向にあり、資本主義的な生産様式への深い理解には至らなかった。その意味ではシュピートホフによるジュグラー(とトゥック)への批判は適切であろう。

　シュピートホフ自身は銀行学派の論理も用いて通貨学派的貨幣数量説を否定し、恐慌の原因として生産過程内部での均衡関係の喪失を挙げる。もちろん単なる「部門間不均衡」であれば資本の移動によって解消されるだろう。しかし生産過程内部で必然的に生じる不均衡がある。具体的には好況の進展に伴う労働力の不足で、追加的な労働者が農業・未開発地域から引き寄せられるようになると労賃の上昇と利潤の減少が生じることにもなる (ibid., S. 180 - 183、訳書267 - 274頁)。さらに一般的な説明として「彼(※ゾムバルト—訳注)のなした有益な貢献は、間接消費財の中でより速く生産が進むのは無機物の生産財であるのに対して、有機物の生産財は遅れるということを立証したことである。人間によって任意に増加することが容易な生産と、抵抗を伴う生産との対立によってのみ、財貨生産における比例関係の喪失が起こりうる」(ibid., S. 169、訳書246頁) と指摘した。宇野弘蔵も恐慌に至る資本の過剰について「ここで問題になっているのは資本の生産物としての商品と、資本の生産物とはいえない商品との間の不均衡であり…」(宇野 [1953] (1974) 98頁) と類似の指摘をし、恐慌の原因となる不均衡は一般的な生産物間ではあり得ず、資本の生産物ではない人間の労働力商品化との関係で生じるとしている。シュピートホフや宇野は恐慌論の核心に、資本主義的に生

産できるものとそうでないものとの違いから必然的に生じる不均衡を置いていた。その上で宇野がシュピートホフを批判したのはその方法、つまり原理的な説明方法を放棄し、経験的に所与の事実の分析に依拠する点[98]だった（同27頁注1）。もし、「抵抗を伴う生産」物、つまり非資本主義的な商品として《実際の経済過程では19世紀には綿花、20世紀には石油などが限定要因（ボトルネック）となって恐慌が発生した》と特定の商品を挙げ、個別的な説明に埋没してしまうならば、コクランやジュグラーが英国銀行学派に対して行った批判がそのまま当てはまることにもなるだろう。つまり問題は個別要因の羅列ではなく、恐慌に必然的な基底的原因である（上述、Ⅰ章Ｃ-7）。

　他方、銀行学派としてのトゥックやジュグラーは非貨幣的分析の立場であり、実物的要因による景気変動の説明には親和的で、その著作には実物的過剰投資説や過剰生産力の問題も述べている。しかしそれらは散発的にとどまっている[99]。

　ジュグラーの場合、あらゆる恐慌に共通する基底的原因を求めたが、その際、現実の経済過程では個別性を纏って現象する恐慌の実物的要因も総体的に否定し、投機的価格上昇という空疎な面を多分に持つ説明に傾いていった。しかし、ジュグラーはシュピートホフや宇野とは別の方法で均衡関係の喪失の必然性を説明した。つまり生産過程の中ではなく、信用流通における「相殺の欠如」の必然性である。この相殺の欠如の必然性は、信用システムの発達した地域と未発達な地域との間に生じる投機的価格上昇のギャップにこそあると考えた。つまり実物的要素に至らない非貨幣的分析の範囲に限られるものの、資本主義と非資本主義とのギャップに相当するものに行き着いた、とみなすことができるだろう。

　理論的に顧みれば、内生的に景気循環論を説くということは、対外関係を捨象し、あらゆるものが資本主義的に生産されても労働力だけは資本主義的に生産できない特殊な商品であり、本質的には労働力供給の限界が資本主義的生産における好況の進展に限界を画することになる、と論じることであ

る[100]。そう考えることで恣意的な与件を排除し、資本主義的でないものを労働力商品に絞り込むことで恐慌の必然性を理論的に説くことも可能となる。

　しかし原理論における「労働力商品」の位置づけを現状分析にそのまま持ち込むことはできない。純粋な原理論の中で《資本の生産物ではない労働力》というものに込められた意味は、二極化して言えば《資本主義の非資本主義に対する関係》、中間諸項を容認すれば《資本主義の部分性と不均質性》を資本主義がいかに編成していくのか、そしてその限界がどこに現れるのか、ということを示すことであった。そうであれば原理論ではない実証分析の中では、原理論における「労働力商品」の位置づけは、資本主義の部分性・不均質性として労働力以外の面にも開いていくことが必要になる。

　ジュグラーが示した《信用システムの発展度合いの違いから生じる異質な世界経済構成》が、相殺の欠如を通じていかに景気循環として現れるか、次章で世界資本主義という観点から実証的に分析を行う。

　Ⅰ章では通貨理論から論じたが、次のⅡ章ではまず景気循環論の方法からシュムペーターによるジュグラー批判の検討を通じて、ジュグラーの世界経済の設定を確認する。次に世界資本主義の不均質性が景気循環過程において金融・為替データに如何に現れているかを実証的に検討する。実物的要素に関しては、世界的な景気変動の相互規定性と統一的な運動に焦点をあてたクズネツ循環論を第Ⅲ章で検討する。

第Ⅱ章　ジュグラー景気循環論の世界経済的枠組みとその実証

はじめに

　「ジュグラー循環」とは通常、約10年周期の循環で、内的な起動力として設備投資が挙げられる。しかし前章で論じたように、ジュグラー自身は設備投資といった実物的要因を景気循環の説明要素に入れることは部分的・散発的にしか行わなかった。ジュグラーの研究の方向としては、そうした実物的要因は後景化し、商業信用の拡張による投機的価格上昇の過度の進行とその崩壊による価格の急落、として純化することになった。その際、信用システムが発達して景気が同調して進展する英仏米と、それ以外の未発達な地域との投機的価格上昇の違いから恐慌を説くことになった。

　シュムペーターは、ジュグラーを《恐慌の原因は好況自体にある》[101]という意味で、内生的景気循環論として高く評価した。それ自体は正当な評価だが、上記のように、異質な要素から構成される世界経済的連関に恐慌の前提を置くというジュグラーの方法は、シュムペーターによる評価とは異なる面がある。

　世界経済的連関における実証分析でジュグラーは、英仏の景気の同調に関してはBOEとBdFのバランスシートから示すことができた。しかし為替分析に関しては、自分の理論に反して、信用システムの発達した諸国間（ロンドンとパリなど）の為替関係を分析し、混乱が生じていた。なぜなら、為替の変動は二国間の相異なる運動の関係を示すものなので、同調が想定される二国間で為替分析を行うことには本質的に矛盾があるからである。そこで本章では、信用システムの発達した諸国と未発達の諸地域とにまず分割し、

次に信用システムの発達した諸国をさらに分割して、ロンドン、信用システムの発達した他の都市（パリ、ハンブルク）、その他の未発達の地域、の3段階に区分することで為替関係を理論的に整合的に再構成した。この枠組みに基づいて為替関係を分析する。

　19世紀の為替関係を広範囲にわたって分析しようとすると、当時、国際的に存在した複貨幣制（いわゆる「複本位制」[102]）の問題が現れる。当時、イギリスは金本位制だったが、それは世界的に見ればごく少数であり、世界の過半は銀本位制や金銀複貨幣制であった。信用システムの発達の遅れた銀本位制圏に対して、好況末期のイギリスに「相殺の欠如」が生じて金属貨幣での支払いが必要となった場合、イギリス国内から直接、銀を現送することはできない。このように不均質な世界経済においては、イギリス一国が直接に世界経済の中心となることはなかった。イギリスを基軸としつつもフランスなどを媒介とした国際的な複貨幣制の仕組みが世界経済を構成していた。また、貨幣が二つあるということは理論においても再検討が必要となる。

　本章ではまず、シュムペーターによるジュグラー評価を批判的に検討することからはじめ、次にジュグラーにおける世界経済論を確認し、さらに理論的に再構成することで実証分析の焦点を定める。続いて実際の実証分析に関して、ジュグラー自身は、信用システムの発達した諸国間の同調性は銀行のバランスシートからある程度、成功しているといえるが、発達した国と未発達な国の異質性については分析対象とさえしていない。ジュグラー以降の景気循環の実証研究でも、イギリス一国から見た研究、あるいはイギリスと仏米との関係などを含む研究はあるが、データ分析は散発的、あるいは頻度が粗く連続時系列データを用いた分析はほとんどない。ジュグラーが理論的に設定しているはずの異質性についてはさらに少ない。本章では同調性・異質性について連続時系列データを加工して用い、グラフによって直感的に理解可能な方法で明示することを試みる。本章は基本的にジュグラーが示そうとしたことを正確に再現しようとするものであるが、理論的問題とは別に、広範でより正確なデータの利用と、グラフで分かりやすく明示する方法自体の

開発にも意義があると考える。

A　実証分析の基礎としてのジュグラーの理論的再検討

1　シュムペーターの評価とその問題点

　前章では通貨理論を検討したが、本章では景気循環論の方法を検討する。
　シュムペーターはジュグラーの優れた点として、時系列データの目的意識的・体系的利用や、理論と実証の理想的な組み合わせを挙げている（Schumpeter［1954］p. 1124）が、理論的な評価としてまとめれば以下の通り。

①恐慌の原因はそれに先立つ好況自身にあるという意味で、内生的景気循環論として高く評価するが、

②景気循環をキチン・ジュグラー・コンドラチェフの3つの異なる長さの循環としてとらえる立場から、ジュグラーの「単一波動」を批判した。さらに、

③好況・恐慌・清算期というジュグラーの3局面区分の方法は「恐慌論」から「景気循環論」への過渡と見なした（Schumpeter［1954］p. 1123）。つまり、ジュグラーでは景気循環の諸局面のうち、恐慌を特に重視するという意味で非対称的な区分だが、シュムペーターは好況・不況と、両者の転換として後退と回復を入れることで対称的な4局面とする。最後に、

④景気循環諸学説の分類ではシュムペーターはジュグラーを「非貨幣的分析」の項目で取り上げている。（Schumpeter［1954］4編8章9「景気循環論の非貨幣的分析」）

　これらの評価について、その後の研究による批判が多いのは④の「非貨幣的分析」への分類の問題だが、これは前章ですでに検討した。③について

は、ジュグラーは回復期も分析したという異論（Gilman ［1991］p. 295）もあるが、この点はさほど重要ではなく、本書の論旨からも外れるのでここでは省略する（この点については、巻末の翻訳資料①の訳者解説で簡単にふれておいた）。

　その上で、本章で特に論じるのは①の「内生的」景気循環論という点である。この点はほとんどの論者が承認するが、ジュグラーは好況の限界として対外制約を説いており、一国的には内生的とは言い切れない。信用システムの発展した国では未発達な地域よりも投機的価格上昇が進んで為替が悪化し、金属貨幣が流出して恐慌が起きる、と論じている。ジュグラーには、このように《異質な要素からなる世界経済》という面があることは従来のジュグラー研究では無視されてきた[103]。

　しかし最近のジュグラー研究の中で Dangel-Hagnauer ［2010］が《ジュグラーは1860年代初頭には恐慌の説明に過剰生産力を挙げていたが、60年代後半には外国為替の研究を深め、恐慌の説明に外国為替の問題を取り入れるようになった》ことを示した。筆者の知る限りでも1865年のFBをめぐる調査会への意見書や、1868年のFBと為替に関する著作では外国為替を焦点にして論じ、ジュグラーの長年にわたる景気循環の総括とも言うべき1891年の著述では、過剰生産恐慌説を批判し、好況の限界を対外関係からの説明に絞り込んでいる。そこでジュグラーが想定した世界は、均質でもないし、イギリス一国主義でもない。その世界経済的枠組みを理解するためには上記②のようにジュグラーが仮定したとされる「単一波動」の意味を、周期の長さの問題以上に踏み込んで検討しておく必要がある。

2　「単一波動」の意味

　シュムペーターはジュグラーについて「単一の波状運動と強い仮定を置くことで景気循環を発見できた。しかし観察の精密さが増すにつれて困難が生じる」（Schumpeter ［1939］p. 163）と批判した。W. C. ミッチェルも同様の批判をした[104]。

まず、《景気循環の発見には、偶発的で不純な要素を除去し、最も基底的な運動に注目することが重要だった》という意味でシュムペーターの見解は正しい。しかしその批判の目的が周期の長さであれば、ジュグラーの意図を矮小化するもので注意が必要だ。

ジュグラーの「単一波動」には、便宜的に分ければ3つの意味がある。

①偶然性の否定、②経済総体・社会全体への影響力・同調性、③国際的同調である。

①偶然性の否定：シュムペーターは「ジュグラー循環」として10年弱の周期と図式化したが、ジュグラーの主張には周期の間隔それ自体に意味があるわけではない[105]。《周期的に恐慌が繰り返すということは、偶発的な要素が恐慌の原因ではなく内在的な必然性が存在する》という論理展開になっている（Juglar［1889］pp. 164 - 165など）。その上で、実際の景気分析では、穀物の不作などによる輸入増加が為替悪化・正貨流出を通じて恐慌の直接的なきっかけとなることもある。ジュグラーの議論は、そうした偶然的な影響は認めつつも、そのような直接的・偶然的な原因を恐慌の真の原因とする見解に対する反論に力を注いでいる。

ジュグラーは、内生的に恐慌を引き起こすことになる数年間に及ぶ<u>基底的要因</u>を prédisposition（素地、体質）、恐慌を引き起こすことになる<u>直接的きっかけや偶発的要因</u>を cause occasionnelle, accidentelle ou déterminante（偶発的または確定する原因）と呼んで区別している。素地とは恐慌に至るまでの投機の蓄積などで、これが十分に蓄積されれば、不作や内戦といった攪乱的な要素が偶発的要因となって、いつ恐慌が起きるかが決まる。逆に金融的混乱が起きていてもそれが商業恐慌かどうかは、その混乱に先行する時期に素地があったかどうかを見極める必要がある[106]。

この区別をジュグラーは医学の比喩を用いて次のように説明している。

「それなしでは、最も有力と考えられる原因も作用しないような、前提となる状態を注意深く研究する必要がある。それは医学が素地（体質：

prédisposition）と呼ぶものである。たとえば、寒さは多くの病気の原因となる。ある場合はリューマチに、また肺炎や胸膜炎になる場合もある。原因は同じでも結果は非常に異なる。どれが優勢になるかは局所的な素地によって決まる。その証拠にそうした素地がない場合、同じ人でも寒さで病気になることはない。恐慌についても同じだ。恐慌が成熟していく状況はどのようなものかということと、その後に恐慌を勃発させる原因はどのようなものかということを特定することが筆者の目標である。ここで強調したいことは、人々がその時々の必要に応じて援用する雑多な諸原因ではなく、恐慌の発生に不可欠の条件、つまり恐慌の発生時にいつでも見られる現象である」(Juglar［1889］p. 28)[107]。

②**経済総体・社会全体への影響力・同調性**：重要な経済変数は景気循環の諸局面に同調するという意味で「単一波動」であり、「単一波動」とは同調を意味する。同調とは中央銀行の割引・貸出のように正の相関もあれば、金属準備のように負の相関もある。この同調は、主要な分析対象とした中央銀行のバランスシートだけでなく、他の諸系列にも適用できる、としている（Juglar［1891］p. 650など）。たとえば Juglar［1889］第3部は「経済状態への恐慌の影響」として、諸商品価格のほか、人口移動やバスの乗客数との同調性も指摘している。

③**国際的同調**：本章で重視したいことは、ジュグラーがこの同調を国際的に広げていることである。イギリスの恐慌はフランス・アメリカの恐慌と同調する。それは恐慌の発生が同じ年というだけではなく、恐慌に伴う一群の事象、たとえば恐慌に先立つ時期における銀行の正貨準備減少や為替悪化も同調する。為替と景気の関係は一般的に「恐慌の清算期と回復初期には為替相場はいつも有利または平価。為替が不利になるのは後になってで、混乱に先立つ数年の間のみである」(Juglar［1868a］p. 310) とジュグラーは言う。

しかし、ここで疑問が生じる。ジュグラーの理論では恐慌に先立って為替悪化と金属正貨流出が起きるが、恐慌が同調するとすればすべての国で同時

第Ⅱ章　ジュグラー景気循環論の世界経済的枠組みとその実証　67

に為替悪化と金属正貨流出が生じるのか？　ジュグラーの説明は以下の通り。

　　(恐慌の前に)「注意すべきことは、為替が不利になるときは、信用の使用が最も広がっているイギリス・アメリカ・フランスで同時にそうなることだ。信用を最も豊富に受け取った諸国民は信用を乱用し、不可避的に価格が上昇する。その結果、近代的産業を発達させるすばらしい手段を同じ程度には持たない国との間で収支が不足することになる。生産物が流通しなくなるとすぐ、金を運ばなければならなくなる。生産物の価格が下落して生産物の流通が回復しなければ、世界で最も大きなこの3カ国の市場の金属準備はすべての需要に応じることはできなくなる」(Juglar [1868a] p. 316)。
　　「価格の上昇は数年かけて徐々に生じる。同時に、恐慌の勃発まで金属準備が減少し続ける。／反対に価格の下落は突然で、続いて落ち込みは底に至る。そのとき、正貨はかなりの額で流入し、2-3年で金属準備は回復する。／これらの運動はイングランド・フランス・合衆国、つまり信用の使用が最も発達した3つの国で同時に見られる。この3つの国では、混乱の原因や起源が他の国にあると互いに非難しあうことはまったくできない。なぜなら、金属資本は大量に移動するが、これらの3つの国では流出も流入も同時に見られるからである」(Juglar [1889] p. 196)。

　つまり、同調するのは英仏米で、好況末期にはこれらの国の為替が、これら以外の国に対して悪化し、金属正貨が流出するということである。ジュグラーは、英仏米のように信用システムが発達して互いに同調して恐慌が起きる諸国を恐慌分析の対象とした。以下、本章では便宜上これらの国を「中枢」と呼び、それ以外の国を「周辺」と呼ぶ。

3 異質な要素から構成される世界経済
ⓐフレームワーク：中枢―周辺関係

まずここでは世界経済が不均質なものとして、信用システムの発達した中枢的な諸国と未発達の周辺な諸国とに分割することが必要となる。ジュグラーの考えでは決済手段が【現金→銀行券→当座預金の振替】[108]と発展する信用システムの発達を前提として、中枢的な諸国では既存の金属貨幣に制約されず、取引需要の拡大に応じて信用を弾力的に拡大できるため投機が進みやすくなる。恐慌が起きるのはこうした諸国である。逆に未発達な諸国では恐慌は起きない。異なる国の間でのこのような違いを集約的に表すのは為替、と認識している。

> 「貴金属は為替相場の影響を完全に受ける。そして為替相場自体は商業の状態の最も忠実な反映である」（Juglar ［1889］p. 150)。

つまり《好況に伴う価格上昇で輸出の困難→為替悪化・金属正貨流出→利子率引き上げ→恐慌》という議論だが、為替が悪化する相手国が外国一般ではなく《信用システムの発展した資本主義国が、未発達の周辺国に対して為替が悪化する》という関係で、異質な要素から構成される世界経済の構図が見える。

ⓑジュグラーの不徹底性

英仏米は同調しているのだから、為替の変動において景気循環に即した意味があるのは中枢諸国と周辺諸国との為替関係となるはずだ。しかしジュグラーは実証分析では、為替はロンドンに対するパリ・ニューヨーク・ハンブルクの関係しか取り上げていない。しかもこれらの都市間の為替変動と恐慌とをうまく対応させられていない。たとえば、ロンドン・パリ間為替の具体的な分析では、恐慌時にポンドが上昇し、清算期にポンドが下落する（Juglar ［1868a］p. 315）とか、為替の数値の大きさ自体が問題ではなく、

金属準備の減少には平価を超えた状態がしばらく続くだけで十分だ（Juglar [1868a] pp. 315‒316）などと指摘している。こうした指摘自体は正しいが、景気変動に関して、ロンドン・パリ間の為替の変化に注目するという方法は、英仏間の同調性という主張と矛盾が生じる。

　ジュグラーによるロンドン・パリ間の為替分析の内容は、実は重要な意味があるのだが、ジュグラー自身が設定した枠組みの不徹底さのために混乱が生じている。ジュグラーの理論、つまり好況末期の為替の悪化と英仏米の同調の二つの考えを整合的に首尾一貫させるならば、好況末期に中枢が周辺に対して悪化する為替関係が基幹であって、ロンドン・パリ間のような中枢内部の関係は別のものだとしなければならない。

　つまり、ロンドン・パリ間の関係は「同質性の中の異質性」であり、それは、より大きなレベルでの異質な関係、つまり英仏米と信用システムの未発達地域との関係とは区別されるべき次元の問題だと、二重に理解されなければならない。

ⓒジュグラーの枠組みの再構成

　ここでいったんジュグラーから離れて、中枢内部の為替関係を当時の世界経済から考えれば以下のようになるだろう。イングランド銀行の割引率引き上げが金融中心地としてのロンドン市場の利子率上昇を通じて他の市場に影響し、ロンドンへの国際短資移動によってポンドが好転するという関係で、これは中枢内部においても同質ではなく、ロンドンを基軸として存在していることを意味する。そしておそらく、中枢内においては、「中枢―周辺」関係よりも活発に為替取引や正貨現送が行われ、「相殺の欠如」への調整がなされていたであろう。

　実はこの現象とその説明をジュグラーも記述している。ただしそれは理論的というよりも、金融資産運用家[109]としての実践的・経験的な記述と思われる。

　まずロンドンとイングランド銀行の特殊性について。

「1844年の法律のために、イングランド銀行は信用流通（circulation fiduciaire[110]）を、金属流通の変動にすべて強制的に従わせている。そのため、割引率はもはや貨幣利子の本当の利率ではなくなり、イングランド銀行の利率と自由市場の利率との間に乖離が生じる。頻繁に起きることだが、イングランド銀行の割引率引き上げは資本の不足を意味しているのではなく、世界の様々な市場で相殺ができなくなるため、生産物の代わりに銀行の準備にある正貨での支払いが強制される、ということを意味している。そのため正貨がもっと割高になるように防衛的な手段が取られる。／以上のことからロンドンでのみ目立つ現象の多くを説明できる。たしかに、このことは法律で信用流通が狭い範囲には限定されていない他の市場にも起き、他の市場でも銀行準備を守るために同様の手段をとることを強制される。だが他の市場では信用流通が弾力的なため、そうした手段をとることは比較的少ない。そのため、商業取引の不均衡による為替の困難を修正するために必要な割引率の変化幅は小さい。その幅は普通5％を超えない。その場合、割引率の変化は1カ国または数カ国に限られ、市場全般を混乱させることはない。しかし6％を超えて、7、8、9、10％にまで達する場合がある。その場合、為替取引が行われる大きな市場ではどこでも打撃を受ける」（Juglar [1889] p. 140）

前章での検討を踏まえれば、投機的価格上昇の不均等さから相殺の欠如が生じる。その支払いのためには投機の対象となった諸商品に対して割安で、かつ何処でも受け取られる金属正貨が用いられるが、それは銀行の準備から引き出される。銀行は割安となっていた正貨[111]の入手代価の引き上げのために割引率を引き上げる[112]。割引率引き上げがロンドンで特に明瞭となる理由として、上記の引用ではピール条例による銀行券発行の制限を挙げているが、法制度の問題だけでなく次のように別の説明もしている。

「表面的にしか見ていない人々が驚くことは、諸市場間での同調が見られるにもかかわらず、最も大きな諸中心地と比べて二次的な諸都市では割引率の変化が小さいことである。この異常さの理由を説明するには次のことを述べるだけで十分だ。つまり、求められている金属正貨が得られるのは大銀行の準備の中にしかない。そこでは大規模に為替取引が行われている。はじめに割引率の上昇が目立つのは、需要がすべて集まるこの場所である」（Juglar［1889］pp. 378‐379）。

　ここでは「最も大きな諸中心地」や「二次的な諸都市」が具体的にどの都市かは明確には述べられてはいない。それでもこの二つを傾向として考えれば、ロンドンの方がパリよりも金属準備減少が問題となり割引率が引き上げられて大きな影響を与える、と言えるだろう。つまり、単に法律上の問題ではなく、金属正貨準備と為替取引の集中するロンドンという世界経済における「極」の存在に意味がある。
　最後に、常識的なことだが、利子率の差が為替の変化や金属正貨の移動を引き起こすことについて。

　「為替の変動は様々な国の利子率にも依存する。この利率は、金属貨幣の価値や信用の状態を通じて長期の手形に影響を与えるだけでなく、一覧払いの手形にも影響を与える。なぜなら、利子の増減は資本の移動を引き起こすからである」（Juglar［1868a］p. 303）。

　以上の内容は特にジュグラー自身の理論に特有の主張というわけではなく、19世紀の国際金融の実際的な知識を述べたものだろうが、中枢内も均質ではなくロンドンを一つの極とした不均質な関係として認識していたと確認できる。このことから、中枢―周辺関係は単純な二項対立ではなく中間諸項を持つ多層構造だと分かる。つまり好況末期の「相殺の欠如」から生じる為替悪化・金属正貨の流出は最も大きな為替取引市場のロンドンで特に強く起

き、さらにイングランド銀行の信用供給の非弾力性という事情も加わり、ロンドンで利子率が特別に高騰し、ロンドンの為替が有利になる。ところが「二次的な諸都市」あるいは「中枢内周辺」ともいうべきパリやハンブルクは、ロンドンに対しては「周辺」でありながらその他の地域に関しては「中枢」になり、二面的な性格をもちうる。

　以上のようにジュグラーの混乱を修正して整合的に再構成することで定められる焦点を実証するために、以下の手順で分析を行う。まず中枢内での 同調性 を中枢諸国の銀行のバランスシートでまず確認し、次に周辺国の銀行のバランスシートから 異質性 を確認する。つづいて中枢─周辺の 二極間の相互関係 としてまずロンドンを中心とする為替関係を【中枢─周辺】として分析し、さらに 中間項を含む多層的関係 として「中枢内周辺都市」を中心とする為替分析を行う。最後に、中枢─周辺関係が貨幣制度に現れた 複合的世界経済編成 として国際複貨幣制の検討を行う。

B　実証：同調性と異質性、相互関係

　　この節から用いられる略号。£：ポンド。FF：フランス・フラン。MB：Mark Banco（ハンブルクの貨幣単位）。ルーブルはロシアの通貨単位、ペソはスペインの通貨単位。

1　同調性と異質性：銀行のバランスシート分析

　ジュグラーは景気循環の指標として、中央銀行のバランスシートの割引・貸出額と金属準備との逆相関を重視した。まず、その妥当性について英仏独米のデータを検討するⓐ。次に、ジュグラーが主張した先進国間の同調について検討するⓑ。最後に「周辺」国での中央銀行のバランスシートから異質性を検討しⓒ、次項の相互関係へと移行する。

ⓐ中枢での中央銀行のバランスシートの循環的変動

　ジュグラーは銀行の毎週のデータを用いて、その年の最小値と最大値を取り上げて時系列で並べ、ピークとトラフを見つけて景気の局面を年次で特定した。その方法自体は当時としては綿密で優れた方法だったといえる。しかし、2週間程度だとジュグラーが指摘する恐慌が、諸国で同調していたかどうかは、そうした年次の分析では正確に示せない。そのため、ここではもっと高頻度に月次の時系列データを連続的に分析する[113]。時期はジュグラーが対象とした時期に関連して第1次大戦前とする。

　ここで中枢諸国として取り上げるのは、イングランド銀行、フランス銀行、ライヒスバンク、中央銀行のない場合には主要な発券銀行(アメリカのニューヨーク手形交換所加盟銀行、1875年以前のドイツの発券銀行24行)。グレーの部分は Burns and Mitchell［1946］(pp.78‐79、訳書126‐127頁)が判断した不況の時期[114]である。バーンズ・ミッチェルの不況と、ジュグラーの恐慌・清算期とは概念が異なるので単純には比較できないが、参考までに利用する。ただし時代を遡るとデータ不足のため、バーンズ・ミッチェルによる不況の特定がなくなるが、不況がないという意味ではない。

　分析の焦点は、①金属準備と手形・貸出の逆相関、②恐慌との対応、③バーンズ・ミッチェルの好況・不況と対応、つまり不況の開始に貸出のピーク・準備のトラフ、好況の開始にその逆という対応関係があるかどうか、である。

i) イギリス

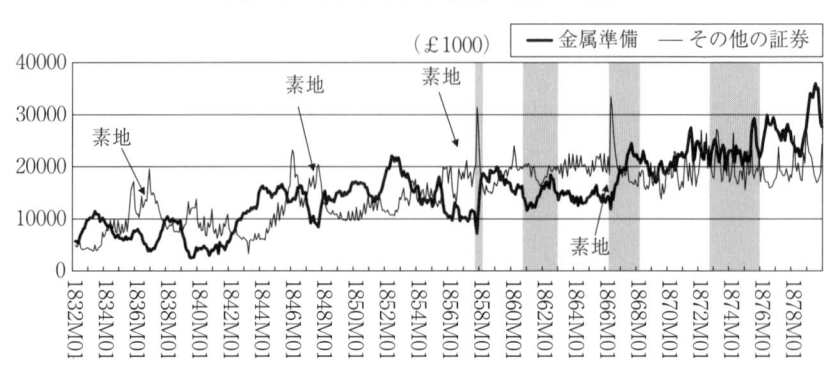

図2-1 イングランド銀行 1832―1879

1870年代からは季節変動が大きくなってくるので、次の期間では季節調整を行った（X12 - ARIMA による）。

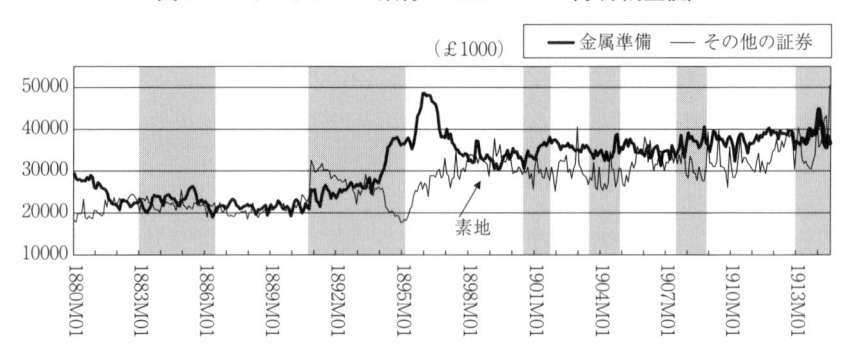

図2-2 イングランド銀行 1880―1914（季節調整値）

「その他の証券」とは政府以外への割引・貸付のこと。イギリスでの恐慌は、ジュグラーによれば1836―1839、47、57、64―66、82年。その後は一般に90、1900、07年とされる。図で「素地」と示したのは恐慌に先立って「その他の証券」の漸増と準備の漸減が見られる箇所である。

図2-1では、60年代まではジュグラーが観察したように、恐慌まで「その他の証券」が漸増し、恐慌の月には飛び上がる。他方、金属準備は漸減しな

がら恐慌に達し、その時点から上昇を開始するのが明瞭である。しかし図2－2では、70年代以降は時折「その他の証券」が飛び上がるが、2つの系列の景気循環の波長での運動は不鮮明である。90年代後半は例外的に2系列の逆相関がよく分かる。この時期はⅢ章で検討するが、1880年代以降では例外的に大きなイギリス国内ブームによる好況であった。

ⅱ) フランス

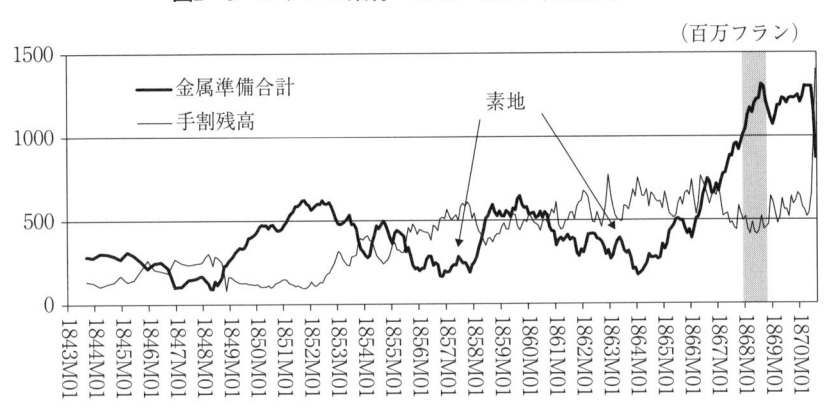

図2－3　フランス銀行　1843—1870（未加工）[115]

フランスでの恐慌は、ジュグラーによれば1857、64、82年。他の研究では1857、64、73、81—82、1900、1907、1913年ともされる。

図2－3では、60年代までは未加工のデータでも逆相関は分かる。しかしその後は金属準備の増加が不釣合いに大きく、季節変動も目立つのでデータを以下の方法で加工した。

【データ加工法】
(1)季節調整。X12－ARIMA で季節調整を行った[116]。
(2)GDPトレンド比。対象とする系列の上昇トレンドを除去して循環運動を見やすくするが、その際、GDPの原数値で割ると分母のGDPの変動が現れてしまうことがある。GDPで割る意味は、純粋に対GDP比の数値に意味があるというよりも、対象となる変数の上昇トレンドを除去することである。

そのため分母はトレンド[117]を用いた[118]。

(3)月次 GDP。銀行の数値が月次なので GDP も月次の値が必要となる。GDP トレンドの年次の値からスプライン補間で求めた。トレンドはもともと滑らかなので補間法としては適切であろう。

(4)平滑化。ジュグラーの言う素地を見るためには適度の平滑化は妥当であろう。銀行の数値にピーク・トラフの位置がずれにくい二項フィルタ[119]を用いた。

以上の(1)—(4)の操作によってピークやトラフの位置がずれる可能性はある。実際には平滑化とトレンド比ではほとんどずれないが、季節調整では1、2カ月の幅でよくずれる。しかしジュグラーの方法では恐慌に近づいていく「素地」として金属準備の漸減と割引・貸出の漸増の確認が重要なので1、2カ月のずれがあっても季節変動を除去して傾向を析出させる方が有益だろう。

以上の加工を行い、さらに準備と手形の目盛りを左右に分けたグラフが次のグラフである。

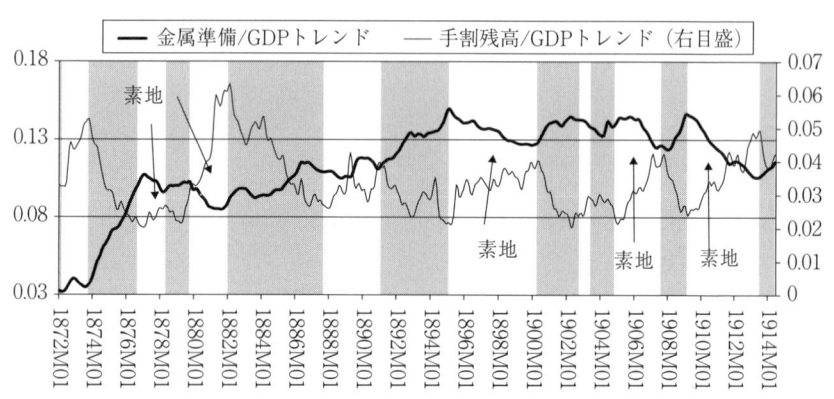

図2-4　フランス銀行　1872—1914（季節調整、GDP トレンド比、5期二項フィルタ平滑化）

バーンズ・ミッチェルの判断による不況の開始のときに、準備の最小値と手形の最大値がほぼ対応していることが分かる。同じく不況の終わりのとき

にも、準備の最大値と手形の最小値がほぼ対応する。

iii）ドイツ

図2-5　ドイツ発券24行　1847—1875（季節調整、GDP トレンド比、5 期二項フィルタ平滑化）

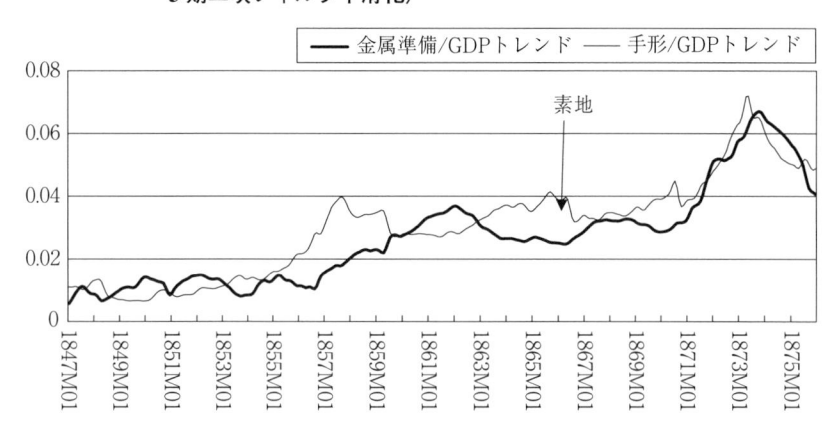

図2-6　ライヒスバンク　1876—1914（季節調整、GDP トレンド比、5 期二項フィルタ平滑化）

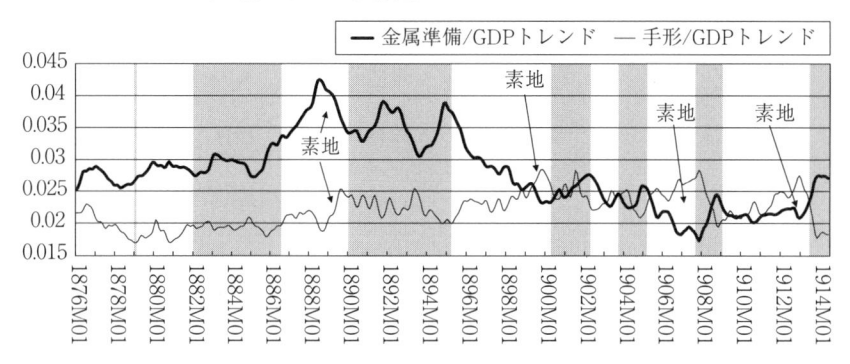

ドイツでの恐慌は、一般に47年、57年、66年、73年、1900年、07年、13年などとされる。フランスと同じように加工すると、同様の変動が現れる。1876年の全国中央銀行ライヒスバンク設立以降、景気循環に即した準備と手

形の逆相関が明瞭なのは英仏の例からも容易に理解できる。それ以前には全国的中銀はないが、71-73年（普仏戦争による多額の金を入手の影響）を除き、逆相関はある程度は識別できる。ドイツ内最大国のプロイセンでプロイセン銀行が中銀的な作用をしていたためと思われる。本当に中銀がなかったニューヨークではかなり状況は異なる。

iv）アメリカ

図2-7　ニューヨーク手形交換所加盟銀行　1853―1879（季節調整、GDPトレンド比、5期二項フィルタ平滑化）

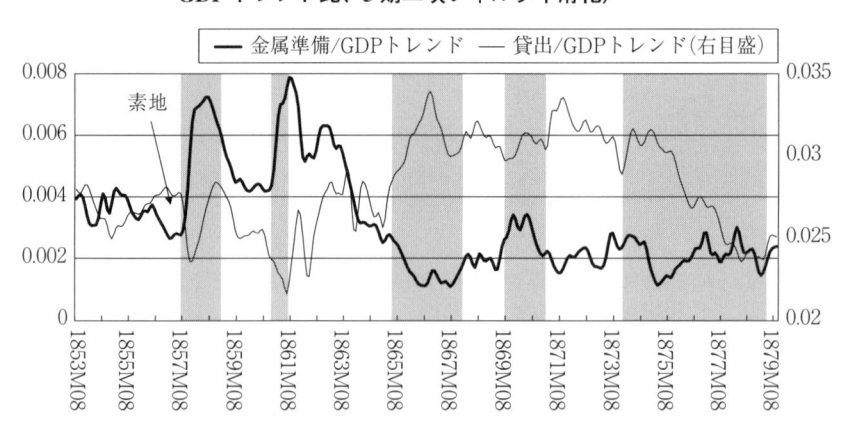

図2-8　ニューヨーク手形交換所加盟銀行　1879―1914（季節調整、GDPトレンド比、5期二項フィルタ平滑化）

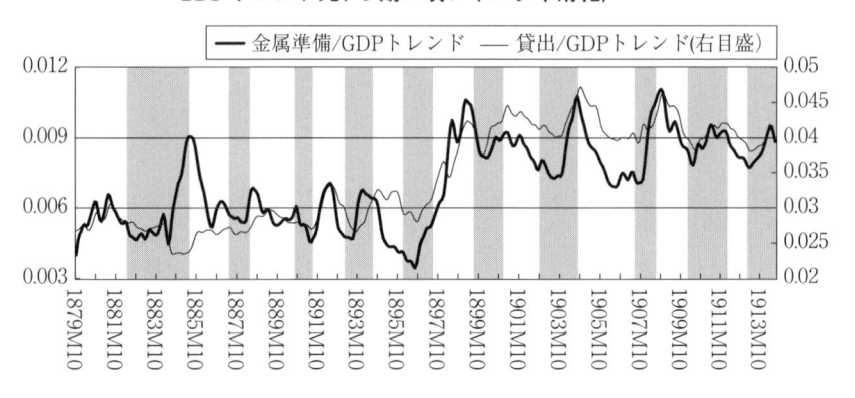

アメリカでの恐慌は、ジュグラーによれば1857、73、84年。その後は一般に93、1903、07年とされる。

ニューヨーク手形交換所加盟銀行データ[120]は未加工のグラフでは関係が分かりにくく、加工すると明らかになるが、銀行制度が異なるので上記3カ国とは様相が異なる。金属準備に関しては、他国の中銀に見られるような《好況末期に向けて減少し不況期に上昇する》という一般的関係が見られるが、貸出がかなり異なる。

図2-7、2-8で、恐慌へ至る素地（準備減・貸出増）が分かるのは57年恐慌だけ[121]で、その後はそうした素地はなくなり、清算期の特徴（準備増・貸出減）のみが見える。

90年頃からは準備と貸出が正の相関で同調する。これは中央銀行のない当時のアメリカの金融構造が原因であろう。つまり、《地方の銀行がニューヨークの銀行に正貨準備を置くとニューヨークの銀行自身の正貨準備が増え、証券市場への貸出増加が可能になる》という関係を反映していると思われる。20世紀に入ると不況の終わりをピークとして準備と貸出が同調した波動を示す安定的なパターンとなる。

ジュグラーが実証分析の対象とした準備と貸出の逆相関は、中銀のある国と違って、ニューヨークの銀行では検出できない。その上で、この正の相関はジュグラーの方法を完全に否定するものではない。79年末の兌換再開後では、次項の図2-10【手形・貸出／準備】のグラフでわかるように、準備に対する貸出の比率が恐慌まで上昇（あるいは高止まり）してその後、急落しており、ジュグラーの指摘（準備減・貸出増）と同質と言えるからである。

ⓑ　中枢内の国際的同調

ⅰ）銀行バランスシート

ジュグラーは恐慌の国際的同調が銀行のバランスシートにも反映されると強調する。その関係を見るために、先に見た中央銀行の項目を全て季節調整し、5期二項フィルタで平滑化して比較する。まず、準備と手形・貸出の逆

相関というジュグラーの主張を生かして【手形・貸出／準備】の比を示す[122]。ジュグラーの説によればこの値が漸増するときが恐慌に向かう素地で、漸減するときが清算期となる（初期は BOE しかないので、1869年までオランダ銀行を付加した。BdF は1848年までは四半期データ。ニューヨークは比がかなり大きいので右目盛で分離した）。

図2-9　手形・貸出／金属準備の比率　1832—1879
（季節調整・5期二項フィルタ平滑化）

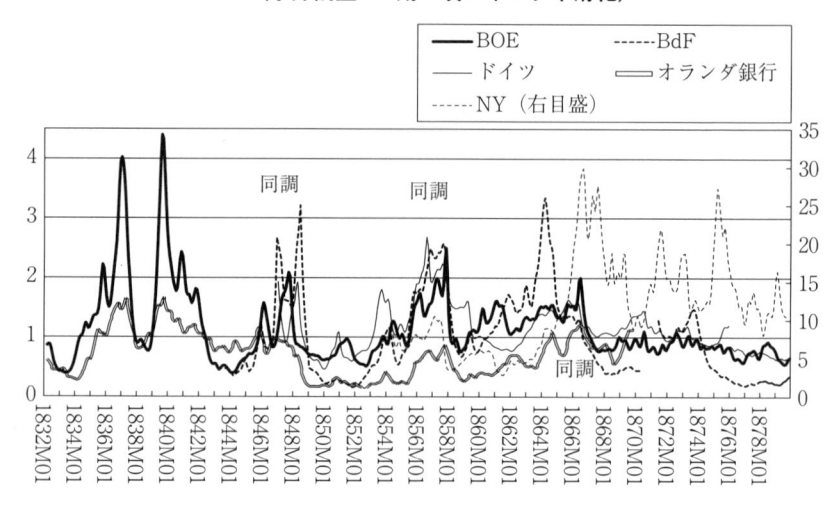

図2-10 手形・貸出／金属準備の比率　1876―1914
（季節調整・5期二項フィルタ平滑化）

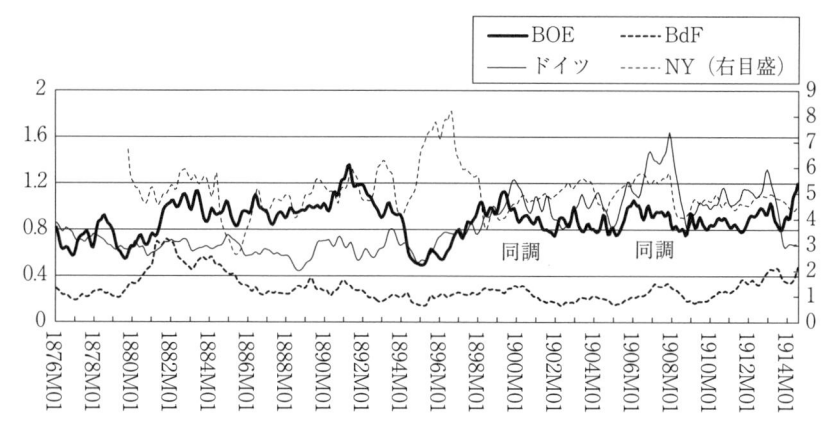

図2-9では60年代までは明瞭で、36―39年、47年、57年、64年と66年の二つに分かれた恐慌でほぼ同調している。しかし70年代以降は不明瞭になる。図2-10では82―84年恐慌の英仏米、1900年恐慌の英独、1907年恐慌の独仏米で若干ラグを含みながらほぼ同時期に山を描いていることが分かる。91年にもイギリスの山と仏米の小さい山が見えるが、このときのイギリスは図2-2では恐慌に先立つ素地としての準備減少がない。ベアリング恐慌という海外に起因する恐慌で国内では素地の形成が乏しかったのかもしれない。

次の図は各国の中央銀行または発券銀行の金属準備をポンドに換算し、季節調整をしたもの。縦線はロンドンでの恐慌（すぐ後で説明）。初期のデータにはBOEしかないのでオランダ銀行の数値を加えた。

図2-11 各国中央銀行金属準備

(ただしドイツは発券銀行24行、NYはニューヨーク手形交換所加盟銀行。季節調整値、平滑化なし)

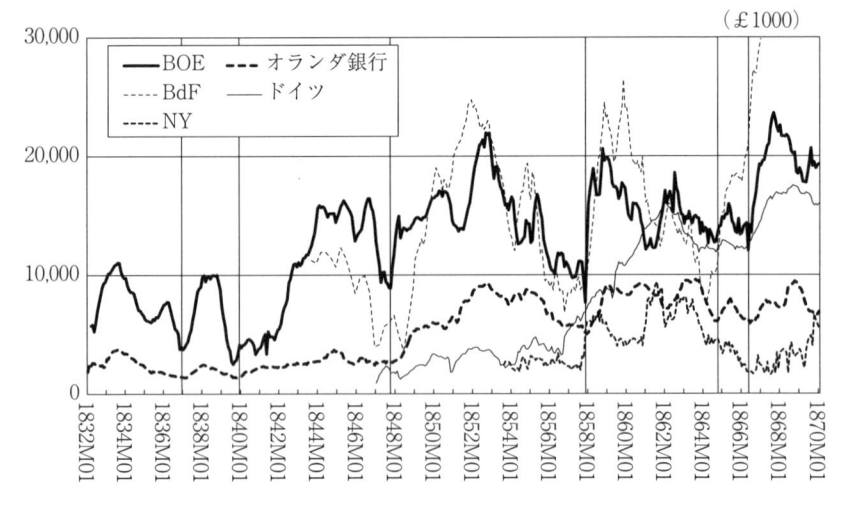

中央銀行ではないドイツやニューヨークでは恐慌期に金属準備が増加する場合があるが、英仏蘭の3つの中央銀行はほとんど同調している。

■恐慌の年月の特定

恐慌の年月の特定の仕方は、原則はジュグラーに倣って中央銀行の貸出ピークと準備トラフを恐慌とする。例外としては、イギリスでは64年には「その他の証券」にピークはないが、BOE金属準備は64年4月がトラフで、その後いったん上昇した後7月から10月まで低い水準を続け、11月から急増する。こうした金属準備の動きからも、64年に恐慌を特定するなら10月が適切と思われる。それ以前の1825年恐慌については四半期データしかなく、BOE金属準備は1826Q1が底となるが、一般に言われる1825年12月を恐慌とした。70年代以降はBOEの「その他の証券」にピークが見られなくなるので、BOEの割引率がピークとなる月とした。次項で用いるハンブルクについては、ハンブルクの市場利子率が最も高くなる年月を恐慌とした。ただし

ピークが連続する場合、最終的に高利率状態が終了する最後のピークを恐慌とする。フランスに関してはBdFのデータをBOEと同じ手順で特定した。ただし30年代はBdFのデータがないのでパリ市場利子率（推定、詳細は後述）を用いてハンブルクの場合と同様に判断した。その結果、恐慌の年月は次の表のようになる。

表2-1　恐慌の年月

イギリス	1825M12	1836M12	1839M12	1847M10	1857M11	1864M10	1866M05
ハンブルク		1836M12	1839M08	1847M10	1857M12	1865M09	1867M06
フランス		1836M12	1839M09	1848M2	1857M11	1864M1	1866M1

70年代以降はイギリス恐慌のみ用いた。

イギリス	1873M11	1878M12	1890M11	1899M12	1907M12

ⅱ）割引率

ジュグラーが「相殺の欠如」を示すものとしたのは、銀行の金属準備とともに、割引率だった。中央銀行の毎月末の割引率を取ると次のグラフになる。周辺国の中央銀行としてノルウェイ銀行の数値も入れた。

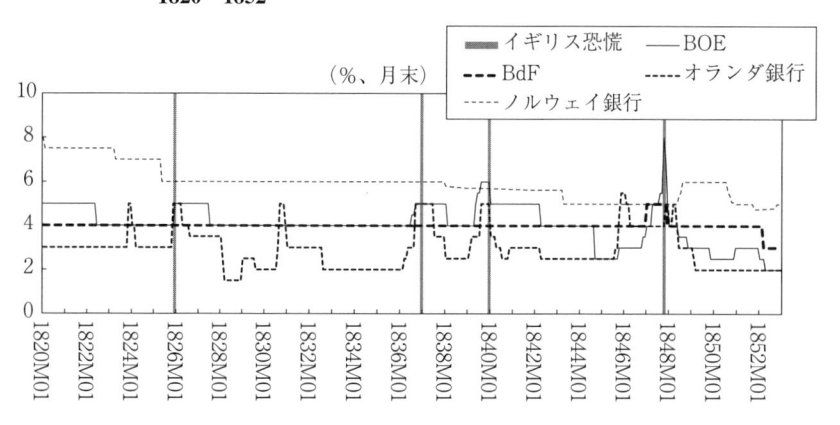

図2-12　中銀割引率比較　BOE、BdF、オランダ銀行、ノルウェイ銀行
　　　　1820—1852

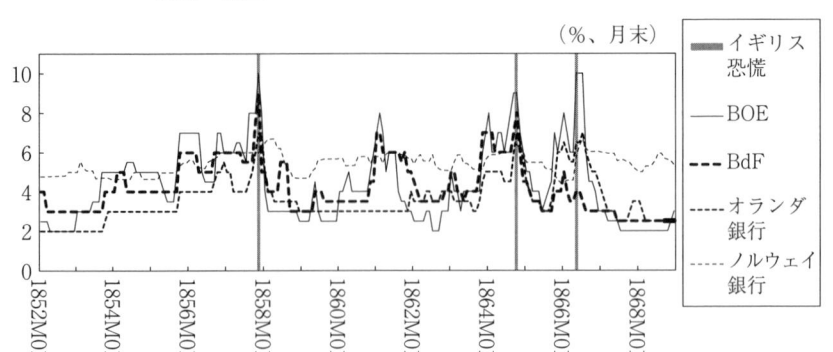

図2-13 中銀割引率比較 BOE、BdF、オランダ銀行、ノルウェイ銀行
1852―1868

(%、月末)
イギリス恐慌
――― BOE
― ― BdF
オランダ銀行
ノルウェイ銀行

　19世紀前半は高利禁止法のために割引率が不変のことが多いが、47年恐慌から割引率変動政策が目立ち始め、57年恐慌から本格化し、3つの中銀で同調する。つまりイギリスの好況末期に引き上げられ、恐慌をピークにすぐに大幅に引き下げられる。ただしアメリカ内戦（南北戦争）危機による60―61年ではBOEとBdFは同調して引き上げられるがオランダ銀行は遅れて少し反応するのみである。この点でも60―61年は商業恐慌とは言えないというジュグラーの主張には説得力がある。
　ところで、周辺国のノルウェイ銀行は異質な動きを見せる。イギリスの好況末期にノルウェイ銀行では割引率の引き上げがなく（66年恐慌前にはむしろ引き下げている）、恐慌後に他の中銀が引き下げるのと入れ違いに引き上げている。ただし64年恐慌の前後は比較的、他の中銀と同調している。次にノルウェイ銀行のバランスシートを見る。

ⓒ周辺国の中央銀行バランスシート
　周辺国でも欧州内では19世紀までには、多くの国で中央銀行が存在しているが、月次データのバランスシートはほとんど利用できない。筆者が現在までに唯一、利用できたのがノルウェイ銀行の1850年からの月次データである。

まず1850—1875年までの主要項目の季節調整値を挙げると図2-14になる。19世紀末以降、上昇トレンドが現れるので、季節調整値をGDPトレンド（月次）で割ってさらに5期二項フィルタで平滑化したものが図2-15である。金属準備は72年までは銀、その後は金。「対外債権」とは《外国銀行への預金と、手形や債権の形での外国証券保有額》である。「対外準備」は「金属準備」と「対外債権」の合計。

図2-14　ノルウェイ銀行主要項目　1850—1875（季節調整値、平滑化なし）

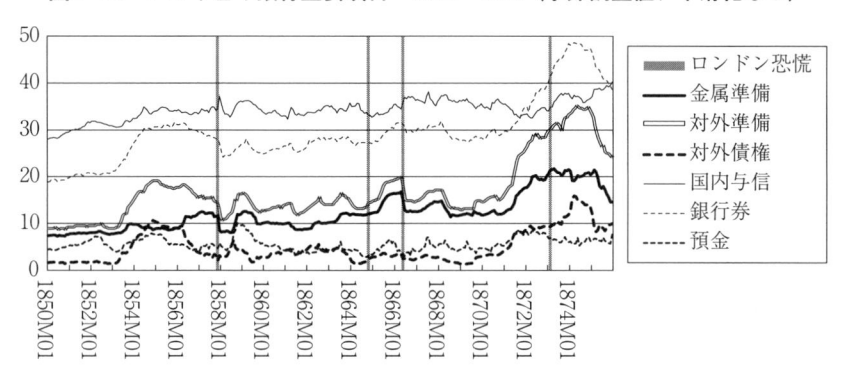

図2-15　ノルウェイ銀行主要項目　1875—1914（季節調整値、GDPトレンド比、5期二項フィルタ）

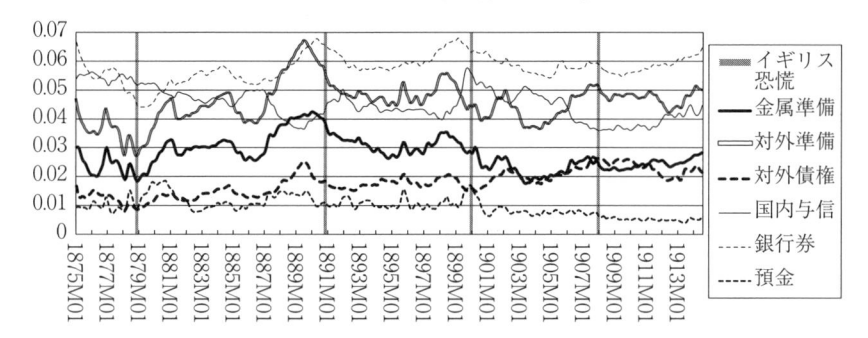

まず金属準備を見ると中枢諸国とは逆で、《イギリス恐慌の前に金属準備増加》と《恐慌を経て減少》の2つがセットで見られる場合が多い。ただ73年や99年のようにどちらか片方だけという場合もある。《恐慌前に準備減少、

恐慌を経て増加》という他の中銀に似たパターンは78年のみだが、78年はBOEの割引率がピークとなるものの、あまり恐慌らしくなくジュグラーも恐慌とはみなしていない。

　国内与信は70年代まではほとんど変動せず[123]、80年代から金属準備との逆相関が見えるようになる。イギリスの恐慌との同調（つまりイギリス恐慌の前に与信の増加）があるかどうかに注意すると、99年は同調しているが、90年と1907年はイギリスの恐慌前に金属準備と対外債権が増加し、それらと同調して銀行券も増加する。つまり銀行券は金属準備に対する発券と（／または）対外債権の割引（または担保）による発券が行われることが多かったと思われる[124]。

　ノルウェイ銀行と中枢諸国の銀行の金属準備を重ねて見ると次のようになる（データは季節調整値[125]、3期二項フィルタ）。縦線はイギリスでの恐慌。図2-16はBOE、オランダ銀行、ノルウェイ銀行の比較。1850年以降ではオランダとノルウェイは銀本位制で、両国とも1870年代前半に金本位制に移行する。図2-17はBOE、ライヒスバンク、ノルウェイ銀行の比較。

図2-16　中銀金属準備比較　BOE、オランダ銀行、ノルウェイ銀行　1850—1875

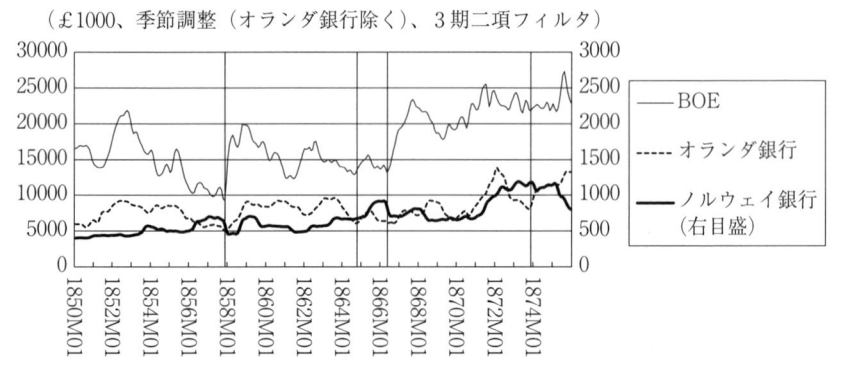

（£1000、季節調整（オランダ銀行除く）、3期二項フィルタ）

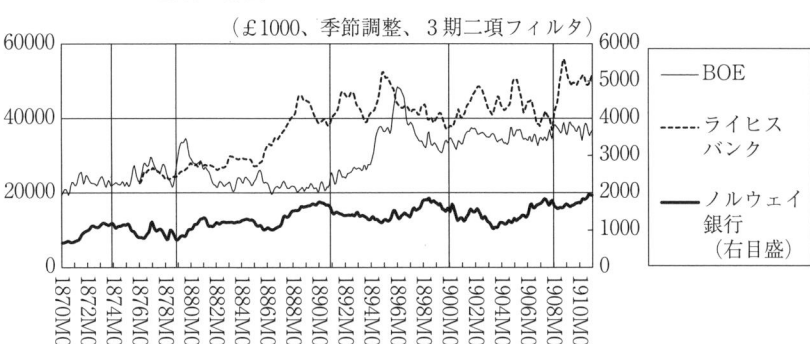

**図2-17 中銀金属準備比較　BOE、ライヒスバンク、ノルウェイ銀行
1870―1910**

（£1000、季節調整、3期二項フィルタ）

ノルウェイ銀行の金属準備をBOE・オランダ銀行・ライヒスバンクと比較すると、特に恐慌前後で逆の動きをすることが分かる。

上述のように、ジュグラーの説明では好況末期に信用システムの発達した地域から未発達な地域への金属正貨の流出が恐慌を引き起こす直接の原因[126]となる。一国内の金属貨幣は全て中銀準備に入るわけではない[127]が、中枢諸国の中銀金属準備とノルウェイ銀行金属準備との逆相関はジュグラーの説明と整合的である。

ここで想定される「中枢」の同調性と「周辺」との異質性について、中枢での同調性は明瞭に示されたが、周辺の側では利用可能なデータが乏しく、中枢と周辺との異質な関係はノルウェイの中央銀行でのみ示すことができた。信用システムの未発達な地域としてジュグラーの挙げるロシアやスペインは、銀行のバランスシートでは示すことができない。そのため次項ではロシアやスペインといった周辺地域の中枢に対する逆相関を、外国為替相場によって検討する。

2　相互関係：為替分析

ジュグラーは、恐慌論の前提として、同調して恐慌が起きるのはイギリス・フランス・アメリカと、ハンブルクなどドイツの一部、と指摘し、逆に

信用システムが未発達で恐慌が起きない地域としてスペインとロシアを挙げた（Juglar［1891］p. 648）。他方で、経験的な叙述の仕方だが、《中枢内におけるロンドンの特殊な位置とその性格》、つまり《「相殺の欠如」による金属正貨流出がロンドンで集中的に表れる》こと、そして《対策としての利子率の大きな引き上げがロンドンでもっと強く現れる》ことを指摘している。こうした見方を世界経済の枠組みとして首尾一貫させれば、為替関係は理論的基幹としての中枢—周辺の関係とともに、中枢内におけるロンドン以外の「二次的な都市」あるいは「中枢内周辺」都市を独立した項としたより具体的関係という2つの次元に区分する必要が生じる。

　都市の分類として、中枢内で基軸となるロンドン、「中枢内周辺」都市としてパリとハンブルク、周辺都市としてマドリードとペテルスブルク、リヴォルノ（英名レグホーン）、ナポリ、ストックホルム、オスロを取り上げる。

　ところでアメリカは、イギリスに次いで信用システムが発達し、イギリスと同調して恐慌の起きた国とされる。アメリカの恐慌の激しさや英米の恐慌における相互影響はよく指摘されるところだが、アメリカは国内に中枢とともに周辺というべき地域を含んでおり、一国全体を中枢としては分析できないので本章では除外する[128)]。

　以下、まずロンドン宛の各都市の為替相場の分析を行い、全ての都市に対してロンドンが中枢的な位置を占めることを確認し、次に「二次的な都市」あるいは「中枢内周辺」都市としてのハンブルク宛とパリ宛の各都市からの為替相場をそれぞれ分析し、「中枢内周辺」都市が二面的な性格を持つことを明らかにする。最後にこれらの都市の関係は貨幣金属制度の違いという、さらに大きな枠組みの中に再設定される。

ⓐロンドンを中心とした為替関係

　為替相場は国際的な支払い関係、つまり「相殺の欠如」の程度を示すものであるが、長期の手形には支払いまでの利子を含む。また一覧払いでも貨幣金属が異なれば、異なる金属間の価格比も含む。貨幣金属の違いは次節で検

討し、この項では一覧払いとして同質のものとして取り扱う。

　一覧払い相場の作成：ロンドン・パリ間などは一覧払い相場が直接得られるが、ペテルスブルクなど遠方では長期手形の相場しか得られない。利子の大きさを調整しなければならないが、この時期で利子率がわかるのはロンドンとハンブルクくらいなので、この項では各都市からロンドン宛に振り出される手形の相場を検討対象とする[129]。

　パリとハンブルク振出の手形は一覧払いの相場が得られるので、そのまま用い、マドリードとペテルスブルクは以下の方法で利子分を調整する。

【一覧払い相場＝nカ月手形／$(1-$利子率$\times(n/12))$】

　二つの都市間の平価は貨幣金属が同じならば額面硬貨の貨幣金属含有量によって決まるが、貨幣金属が異なる（金本位制、銀本位制、複貨幣制）、あるいは兌換が完全でない場合には、金属含有量による平価決定は困難である。そのため中央値を平価の代用とした。ただし、1850年頃にカリフォルニアやオーストラリアからの低コストの金が大量に欧州に流入し、金銀比価が金安に非連続的に変化した[130]。その影響が鮮明にわかるロンドン・ハンブルク間の為替[131]は50年と51年の間で分割して中央値を計算した。そのためハンブルクからの相場には非連続な箇所がある。それ以外にも通貨制度の変更でマドリードやペテルスブルクなどにいくつか非連続な箇所がある。またデータの欠落でグラフが切れている場合もある[132]。

　数値は、FF／£のように1£あたりの現地通貨額で示される相場を、各系列の中央値（平価の代用）で割ったもの。したがって、グラフの上方がポンド高・外国通貨安、下方がポンド安・外国通貨高になる。縦線はイギリスの恐慌。以下、為替のデータはその月で最初に得られる日の数値である。

図2-18　各地からのロンドン宛為替相場　1824—1845

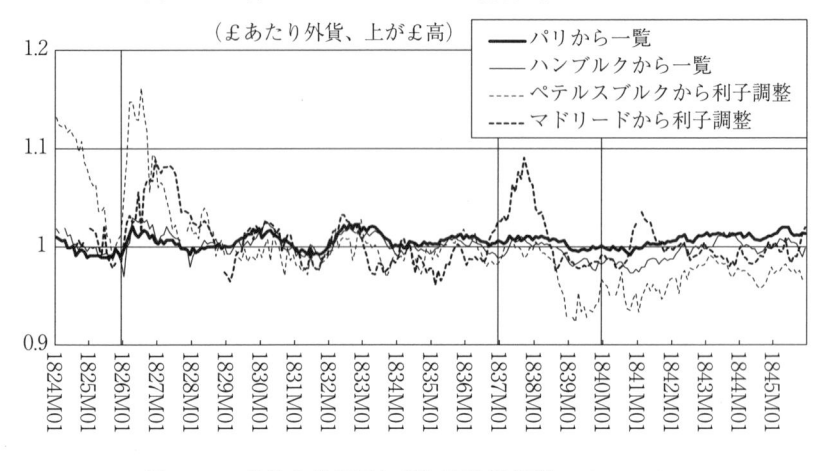

（£あたり外貨、上が£高）
- パリから一覧
- ハンブルクから一覧
- ペテルスブルクから利子調整
- マドリードから利子調整

図2-19　各地からのロンドン宛為替相場　1845—1867

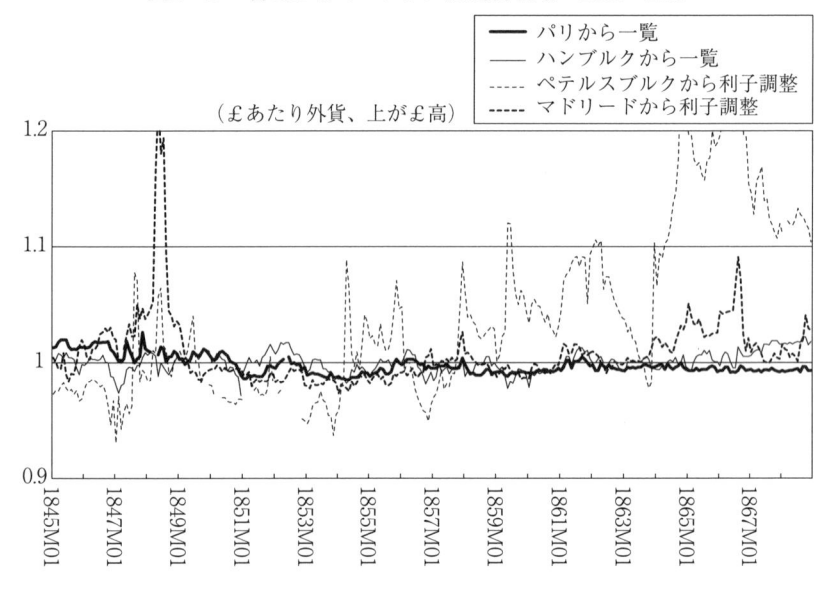

（£あたり外貨、上が£高）
- パリから一覧
- ハンブルクから一覧
- ペテルスブルクから利子調整
- マドリードから利子調整

　一般的に、恐慌の前にポンドが下落し、恐慌を経てポンドが急騰することが多い[133]。反転のタイミングは恐慌の前になることも多いが、それは中銀の割引率引き上げが数カ月かけて行われることを考えれば不整合なことでは

ない。

　恐慌前後の為替の反転は、25年、36―39年、47年の各恐慌には、程度の差はあれ、ほぼ全ての都市に対して見られる。39年恐慌の後はポンドの本格的な好転が40年後半と遅いが、BOEの金属準備の増加も遅い（1841年末から本格的増加）。57年恐慌はマドリード以外の都市、64年にはペテルスブルクに対してのみに為替の反転が目立つ。

　一般に兌換停止の都市では金属現送による為替の変動抑制が効かないので、「相殺の欠如」が為替の変動にはっきりと現れる。1850年代以降、恐慌前後の過程での為替の反転運動が不明瞭になる。これは、50年代初頭から低コストの金が欧州へ大量に流入して国際金銀移動が大規模になり、相殺の欠如が為替変動ではなく金銀の現送で処理されることが多くなって、兌換停止にならない限り為替の変動範囲が限定されるようになったからである。国際金銀移動は次節の国際複貨幣制で分析する。

■補論：各国貨幣金属制度について

　為替分析、また次節の複貨幣制分析の前提として、各国の貨幣金属について簡単に触れておく。

イギリス

　もともと複貨幣制だったが、1717年、当時の造幣局長官アイザック・ニュートンが金銀比価を過剰に銀高に設定したため、流通は金貨のみになりイギリスは事実上の金本位制になった。それでもイギリスで銀は貨幣として認識されなかったとも言い切れない。インドなど東洋諸国が銀本位制で、そうした銀本位制圏と相殺の欠如が生じた場合は、支払いのために銀が必要となり、場合によってはかなりの額になったようである。銀需要に対してBOEは関与しないので直接に銀市場に影響する。

フランス

　1803年に複貨幣制の金銀比価が15.5：1に法定された。フランスでは銀行システムはイギリスよりも発達が遅れており、他方、経済規模は比較的大き

かったこともあり、大量の金銀硬貨が流通していた。そのため金あるいは銀の価格あるいは量の急激な変動のショックを吸収するバッファーの役割を果たしていた、と言われる（詳しくは後述、II章C）。

1850年頃まで金銀地金市場では、法定の15.5：1に比べて銀安だったので国内流通は事実上の銀本位制だったと言われる。しかし50年以降、低コストの金の欧州への大量流入によって、フランスでは金流入と銀流出が大量に生じ、国内流通硬貨は金貨の比率が増加し、銀貨が減少した。金銀地金市場での価格比も、以前より法定の15.5：1の付近に近づいた（後掲、図2-36）。真の意味でのフランスの複貨幣制は1848—1873年ともいわれる（Flandreau [2004]）。70年代半ばから段階的にフランスは金単一本位制に移行する[134]。

ハンブルク [135]

ドイツでは商業・金融中心地ハンブルクをはじめ銀本位制が多いものの、都市・地域ごとに通貨が異なっていた。ハンブルクでは通貨の混乱を避けるために、ハンブルク銀行への債権としての Mark Banco（本章では MB と略記）が計算貨幣の単位として用いられた。具体的には、顧客がハンブルク銀行に対して銀を販売あるいは担保として預託して MB という通貨単位の債権を得る。銀行券は発行されず、顧客はハンブルク銀行宛に為替手形を振り出し、これが流通手段の役割を果たした。預金は銀で償還された。そのためハンブルクでの銀価格はかなり安定していた。その上で、1846年までは銀の流出を抑えるため、ハンブルク銀行からの銀の引出価格は受入価格に対して約2.8％割高に設定されおり、その範囲で銀価格が変動する可能性があったが、46年に受入価格が引出価格に統一され銀価格は完全に固定された。

1876年にドイツ全体の中央銀行としてライヒスバンクが営業を開始し、同時に金単一本位制へと移行する。

ロシア [136]

1）1839年までの兌換停止の時代。もともと、銀貨流通の複貨幣制（金銀比価15：1）だったが、1768年から政府紙幣のバンコ・ルーブルが国家の信用手段として発行される。しかし1786年から政府紙幣の兌換が停止

され、銀ルーブルに対する打歩（agio）が増大した。この事態に対して、政府は1812年に、バンコ・ルーブル紙幣と銀ルーブルとの比価を1：3とする強制相場を導入した。そのとき、実勢レートは1：4だったので、これでバンコ・ルーブルは本来の国内通貨になった。当時、欧州では国内流通通貨と貿易取引用の通貨が分化し、両者の間に打歩を発生することはよくあった（Tarkka［2007］など）。形式的には複貨幣制だが、事実上、金あるいは銀の単一本位制というのもよくあることで、ロシアは1870年代まで公式には複貨幣制だが実質上の銀本位制だった。ただし貿易用には金硬貨も用いられたので金銀比価には意味があった。

2）<u>1839—1843年、銀ルーブルによる事実上の銀本位制の時代</u>。政府は1839年までに引き締め政策でバンコ・ルーブルを240百万ルーブル回収し、1839年7月1日に銀本位制を宣言する。バンコ・ルーブルは銀ルーブルに対して1：3.5の比価で補助通貨に決められた。金銀比価は15.45：1に変更され、フランスの比価に近づく。ロンドン宛為替相場は39年まで急速にルーブル高になる。これは引締政策の効果と、イギリスの好況末期に共通するポンド下落の効果をともに含んだ結果だろう。その後はルーブルの傾向的下落となっている。

3）<u>1843年から53年まで比較的安定した時代</u>。バンコ・ルーブルは1：3.5の比価で Kreditbillets（信用手形）に交換。Kreditbillets は銀（または金）に兌換可能だった。

4）<u>クリミア戦争（1853—56）から兌換停止の時代</u>。政府紙幣の価値が下落し、再び兌換停止、強制相場になる。クリミア戦争中はルーブルが下落し、戦後は上昇する。戦後の上昇は戦前の状態への復帰かもしれないが、イギリスの好況末期に共通するポンド下落の効果の方もあるだろう。その後、銀ルーブルへの復帰が試みられながら成功せず、国際的な銀価格下落を経て、1870年代から段階的に金本位制へ移行した。

以上のロシアにおける通貨体制の変遷は兌換の有無に応じて、為替相場の変動幅の大小として明瞭に示される。

スペイン 137)

概観すると、形式的には複貨幣制で、実質上は銀本位制だったが、1854年以降、実質上の金本位制に近づく。詳しく見ると以下の通り。

1) 1848年通貨改革以前の混乱。銀含有量でスペイン硬貨が額面上、過小評価されており、スペイン銀貨が輸出され外国硬貨が輸入される関係だった。
2) 1848年通貨改革以後、銀本位制基軸に。銀硬貨で価値の統一。金銀比価は15.771：1。
3) 1851年以降、銀単一本位制。欧州への低コスト金の大量流入を受けて、金貨鋳造停止、事実上の銀単一本位制へ移行した（同様の理由で、オランダなども複貨幣制から銀単一本位制へと移行した）。
4) 1854年以降、複貨幣への復帰と事実上の金単一本位制への移行開始。金本位イギリス通貨に対する銀本位自国通貨上昇による輸出困難から複貨幣制に復帰。英仏との貿易と資本の取引では、金で支払いが行われるようになった（Denzel [1991a] S. 60）。同様の理由でポルトガルは1854年に金単一本位制へと移行した。スペインでも銀本位制から、複貨幣制復帰にとどまらず、1859年から銀貨鋳造停止、1861年小額金貨鋳造開始と、金本位制への移行が進んでいた。しかし、64年恐慌で兌換停止（66年末に再開）となり、この間、外国為替ではスペイン通貨ペソが大幅に急落する。

1870年代、銀価格下落138)によってスペイン国内へのフランス銀貨大量流入を受け、1876年に金単一本位制への移行を決定した。

リヴォルノ・ナポリ　リヴォルノは複貨幣制だが、国内流通は銀貨幣、貿易は金貨幣という棲み分けがあった。法定の金銀比価は14.576：1とフランスとはかなり違う。とはいえ、この比価は相場では固定されず変動していた。他方、ナポリは銀本位制だった。

1861年にイタリアが統一されるが、貨幣制度も複貨幣制として全国的に統一された。法定の金銀比価はフランスと同じく15.5：1となった。貿易・資本取引の大国である英仏から借入を容易にするために、英仏金融市場に接続できる金貨幣制の実施がイタリアの国家政策となったと言われる（Denzel [1991b] S. 97‐98）。1865年にフランスを基軸とするラテン通貨同盟が結成され、イタリアもはじめから参加した。ただ、地方では60年代後半まで旧来の諸国家の硬貨が流通し、それらを表す相場も立っていた。70年代に金単一本位制へ移行した。

ストックホルム・オスロ　もともと銀単一本位制だったが、70年代半ばまでに金単一本位制へ移行した。

ⓑハンブルクを中心とした為替関係

各都市から振り出されたハンブルク宛為替相場は1834年から利用できる。ただし、ロンドンでのハンブルク宛為替相場が見つからなかったので、この相場のみ例外として、ハンブルク振出のロンドン宛手形の相場を用いた。

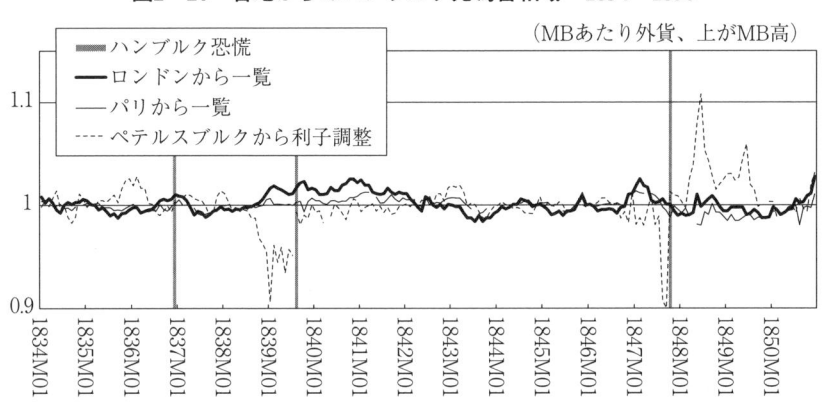

図2‐20　各地からのハンブルク宛為替相場　1834—1850

（MBあたり外貨、上がMB高）

凡例：
- ハンブルク恐慌
- ロンドンから一覧
- パリから一覧
- ペテルスブルクから利子調整

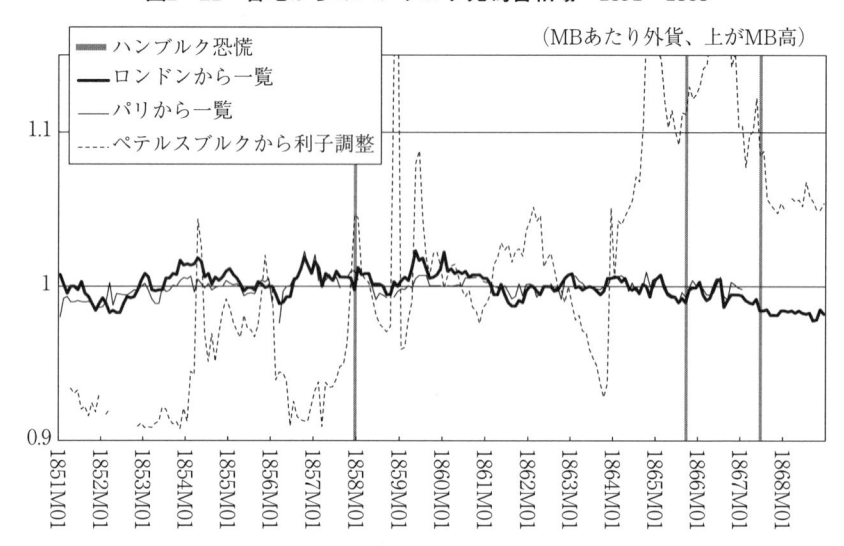

図2-21 各地からのハンブルク宛為替相場 1851—1868

(MBあたり外貨、上がMB高)

- ハンブルク恐慌
- ロンドンから一覧
- パリから一覧
- ペテルスブルクから利子調整

　36—39年恐慌では恐慌前にルーブルに対してMBが下落し、ポンドとFFに対してはMBが上昇する。そして恐慌を経て逆方向への反転（ルーブルに対して上昇、ポンドとFFに対して下落）となる。47年恐慌、57年恐慌では為替の反転は恐慌よりも早い時期に起きた。また。64年はルーブルに関してのみ上記の運動が見られる。

　以上のことから、ハンブルクは、ロンドンとパリに対しては1857年恐慌までは「周辺」的な動き、ペテルスブルクに対しては64年恐慌も含めて「中枢」的な動きを示しているとわかる。

　つまり一般化すれば、「周辺的中枢」あるいは「二次的都市」は、好況末期には「中枢」の通貨に対して自国通貨が上昇し、「周辺」に対しては自国通貨が下落する。そして中枢国の金属準備減少への対応として割引率が引き上げられ恐慌が発生すると、為替の動きは反転し、「中枢」の通貨に対して自国通貨が急落するとともに「周辺」に対して自国通貨は回復する。「中枢」に対する為替と「周辺」に対する為替は逆の動きとなる。

　もちろん上記の関係は、ペテルスブルクが兌換停止していたために、金属

正貨の流出入としても表現される相殺の欠如の状態が、為替のみの分析でも明瞭に示すことができた、ということを意味する。

このような兌換停止による大きな為替変動は北欧諸国でも見ることができる。ストックホルムでは1809—1834年に兌換停止、オスロでは1841年まで兌換停止だった[139]。両都市からハンブルク宛の相場は次のようになる（先のグラフと同様に下のグラフの「ロンドン」は、ハンブルクからロンドン宛の為替相場を用いた。1833年まではハンブルクの恐慌時期が分からないので代わりにイギリス恐慌の年月を用いた）。

図2－22　北欧諸国からのハンブルク宛為替相場　1820—1834

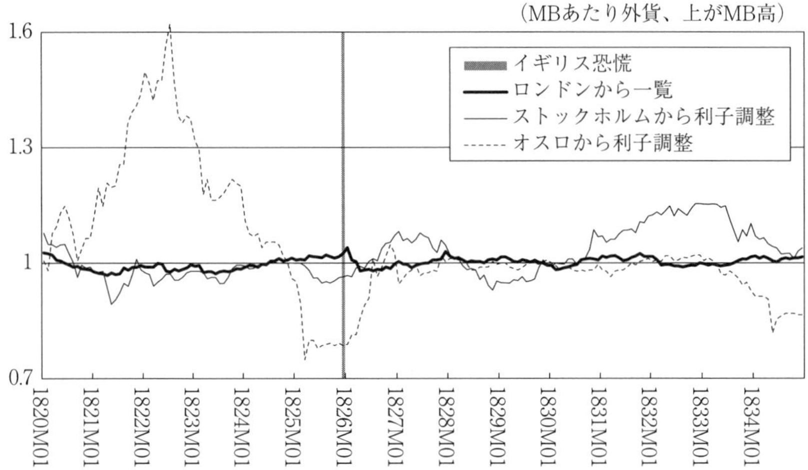

（MBあたり外貨、上がMB高）

凡例：
- イギリス恐慌
- ロンドンから一覧
- ストックホルムから利子調整
- オスロから利子調整

1825年恐慌の前にポンドに対するMBの上昇、ストックホルムとオスロの通貨に対するMBの下落、そして恐慌を転機とする反転が見える。

1834年以降は以下の通り。オスロは兌換再開などで平価の大幅な変更があるため、1834—1840年、1841—52年、1853—68年の3つの区間に分割して中央値を求め、その比を示した。

図2-23 北欧諸国からのハンブルク宛為替相場 1834—1852

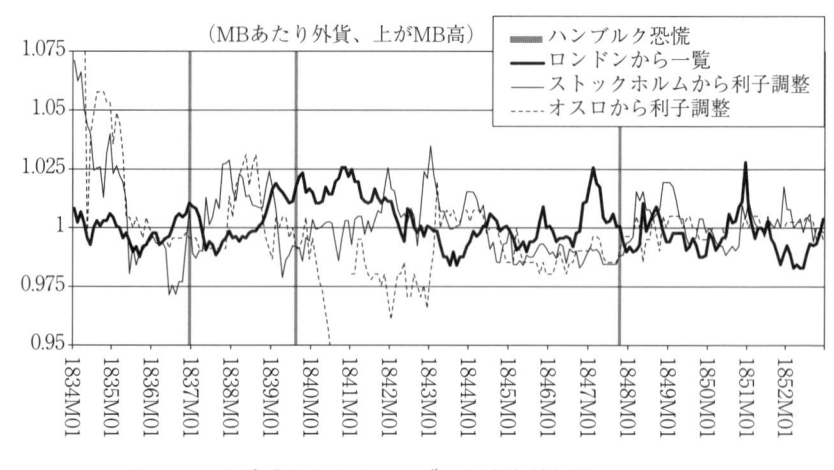

(MBあたり外貨、上がMB高)

凡例: ハンブルク恐慌／ロンドンから一覧／ストックホルムから利子調整／オスロから利子調整

図2-24 北欧諸国からのハンブルク宛為替相場 1853—1868

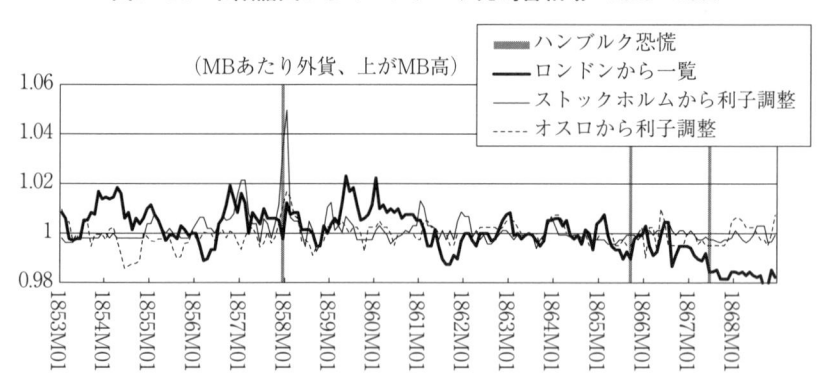

(MBあたり外貨、上がMB高)

凡例: ハンブルク恐慌／ロンドンから一覧／ストックホルムから利子調整／オスロから利子調整

　36年と39年恐慌に関しては、ストックホルムとロンドンに関して上記と同様の関係が見られる。しかしそれ以外は明瞭に見られないが、47年恐慌に関しては、長期で見れば、44―47年に北欧通貨に対するMB低位の時期が、47年恐慌を経てMB高位に転換したようにも見える。57年恐慌では、恐慌の瞬間(57年12月)のみ、ポンドに対するMBの急落と、北欧二国の通貨に対するMBの急騰という逆相関が見られる。

ⓒパリを中心とした為替関係

　各都市から振り出されたパリ宛為替相場も1834年から利用できるが、一覧払いの相場はロンドンなど少数に限られる。長期の相場しかないデータから一覧相場を算出するにはパリの市場利子率が必要だが、パリ市場利子率のデータは現在のところ、Levy-Leboyer and Bourguignon［1990］の年利率しかない。そこで以下の方法でパリ市場利子率を推定する。

■パリ市場利子率の推計

　ロンドンとアムステルダムからのパリ宛の短期・長期の為替相場の差を用いてパリ市場利子率を推計する。具体的には一覧払い手形とnカ月手形との差から利子率を「影利率（rate of implicit interest）」として次の式を用いて推計する[140]。

　【影利率 = $(12/n)$ ×（一覧手形価格 $-n$ カ月手形価格）／ n カ月手形価格】。

　なお、この時期の貨幣金属は、ロンドンは金、パリは複貨幣、アムステルダムは50年まで複貨幣、その後、銀単本位制である。

　影利率はかなり変動が激しいのでそのままでは使えない。そこでまずパリ市場利率はロンドンやハンブルクよりも低く、変動は少ないと仮定する。ロンドンとハンブルクの市場利率の月次最大変動幅は以下の通り（表2-2）なので、小さい方をパリの最大変動とする。つまり上昇は3.09％、下落は−3.88％以内とする。

表2-2

	ロンドン	ハンブルク
月次最大上昇	3.09％	4.88％
月次最大下落	−4.52％	−3.88％

　利率がマイナス値となった場合は０％とする。データ欠落分は線形補間し、その後、３期２項フィルタで平滑化する。こうして得られたロンドンとアムステルダムからの影利率の平均値を推定パリ市場利率とする。結果は次

のようになる。まず推計値とその基礎データとなった影利率との比較

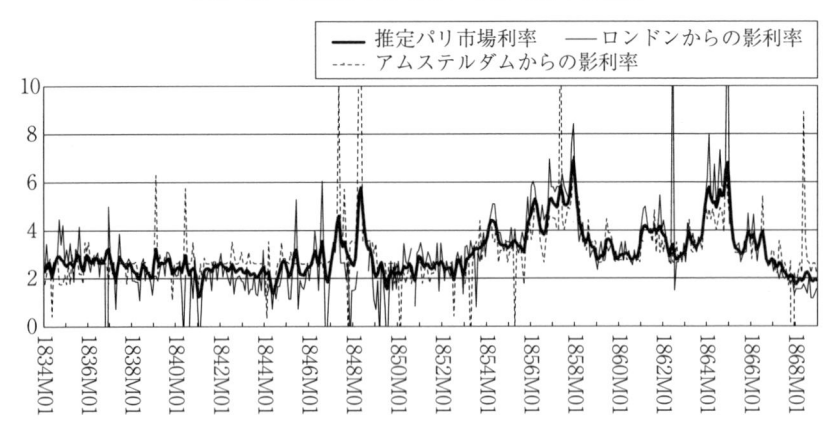

図2-25 為替相場からのパリ市場利率の推計

凡例：推定パリ市場利率／ロンドンからの影利率／アムステルダムからの影利率

時折、外れ値のように大きな値やマイナス値があるが、上記の手法で変動幅を抑えた。

ロンドンからの影利率とアムステルダムからの影利率は、裁定取引が完全ならば一致するはずであり、実際に、平時には両者は（外れ値を除けば）ほぼ近い。しかし恐慌時にはロンドンからの影利率の方が大きく急騰する傾向がある。また、アムステルダムからの影利率からは、1840年代前半には長期手形に含まれる利子率を一定にする傾向もあったこともわかる[141]。

次にBdFの割引率（毎月10日の利率）と、国際比較としてロンドンとハンブルクの市場利率との比較を行う。

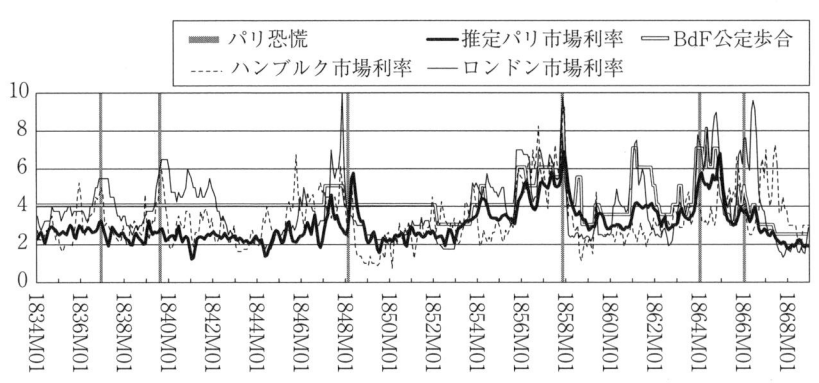

図2-26 パリ市場利率の推計　他の市場との比較

　1845年頃までの推定パリ市場利子率は、ロンドンやハンブルク市場と比べてかなり低いが、BdFの「不動の4％」の下ではありうる状況だと思われる[142]。その後、特に、BdFの割引率変更政策の開始以降、推定パリ市場利子率は、ロンドンやハンブルク市場、BdF公定歩合とかなり連動する。

　推定の精度として気になるのは、推定パリ市場利子率は47年後半にかなり利率が下落することだ。ここはロンドンやハンブルク市場と全く逆相関であり、5％に維持されたBdF公定歩合とも整合性がない。為替相場が混乱して相場がうまく機能しなかったようだ。ただし、本章で問題なのはパリの市場利率そのものよりも、長短相場の差に含まれる利率である。ロンドンからの影利率もアムステルダムからの影利率も、図2-25ではほぼ同じ動きをしているため、他の都市との為替に関しても、ここで推定した利率が使えるものとする。

　この推計利率を用いて、マドリードとペテルスブルクからの相場に加えて、イタリアのリヴォルノとナポリからの相場について、パリ宛長期手形を一覧相場に転換する。データの利用可能性の問題で1834—1840年はリヴォルノ、1841—1868年はナポリを用いる[143]。

図2-27 各地からのパリ宛為替相場 1834—1850

(FFあたり外貨、上がFF高)

凡例: パリ恐慌／ロンドンから一覧／マドリードから利子調整／ペテルスブルクから利子調整／リヴォルノ/ナポリから利子調整

(1834—1840年はリヴォルノ、1841—1868年はナポリで分割)

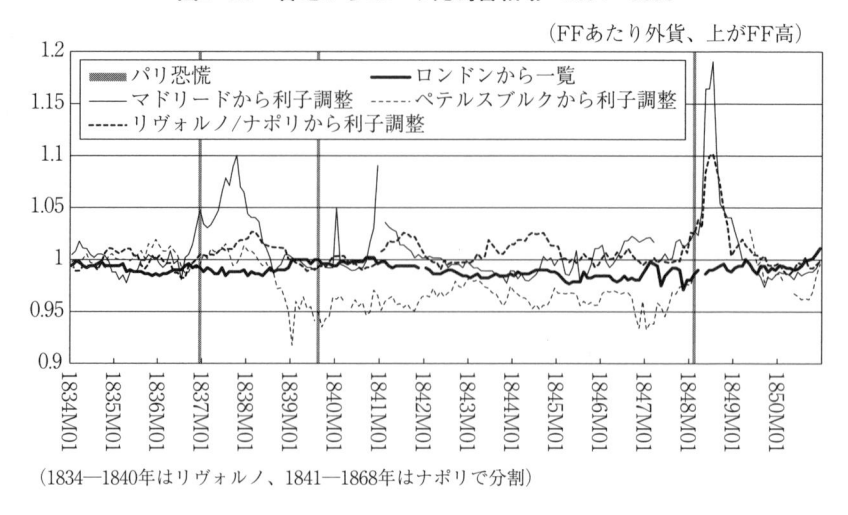

図2-28 各地からのパリ宛為替相場 1851—1868

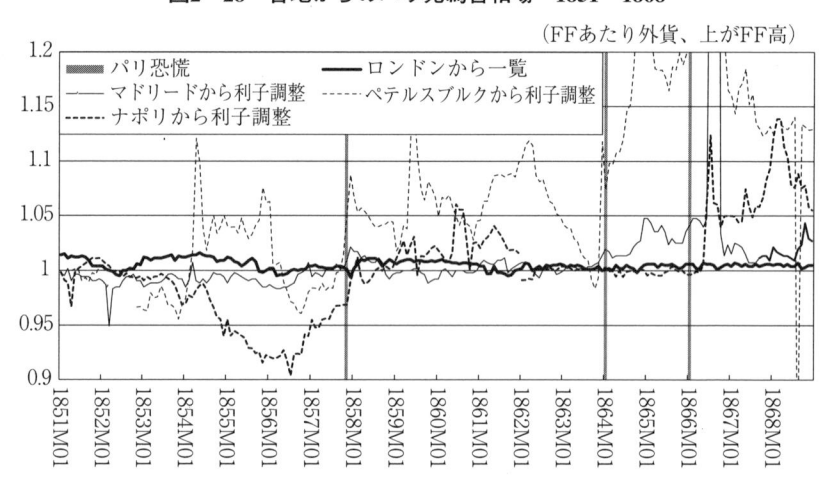

(FFあたり外貨、上がFF高)

凡例: パリ恐慌／ロンドンから一覧／マドリードから利子調整／ペテルスブルクから利子調整／ナポリから利子調整

　36年、39年恐慌の前には、ペテルスブルク・マドリード・リヴォルノに対してFFが下落し、逆にポンドに対しては上昇した後、恐慌に少し先立って、逆の動きへと反転する(若干、不鮮明な部分もある)。47年恐慌はスペインの通貨制度の変更もあり、マドリードに対してはよく分からないが、ナ

ポリに対しては46年にFFが下落し、同年後半にはペテルスブルクに対してFFの下落、同年末にはポンドに対してFF上昇となる。こうした動きが明確に逆方向へと進むのは47年半ばから年末となる。パリの恐慌は2月革命の時なので為替の動きは若干、早いが、BdFの金属準備は図2 - 11にあるように46年4Qに急減している。「原因」を二つに区分するジュグラーの方法を使えば、2月革命はすでに進行していた恐慌のprédisposition（基底的要因）を最後的に恐慌へと進めたcause déterminante（確定する原因）ということになる。

57年恐慌の前では55—56年にかけてマドリード、ナポリ、ペテルスブルクに対して順番にFFが下落する時期が交替していく。図2 - 3でわかるようにBdFの準備が減少するのはこの時期である。他方、こうした「周辺」の動きに対するロンドンの逆相関は見えない。ただし、ちょうど恐慌の瞬間にあたる57年11—12月には、為替相場が周辺都市とロンドンで正反対の動きへとなる。64年はペテルスブルクに対するFFの動きが以前通りの動きを示し、マドリードとナポリに対しては恐慌でのFF急騰、というよりもマドリードとナポリの通貨の崩壊、のみ鮮明である。ペソはこの恐慌で兌換停止となり為替が急落する。

为替分析のまとめ

ハンブルクを中心とした為替関係と、パリを中心とした為替関係とを比較すると、ハンブルクでの逆相関が明瞭である。

兌換を停止したルーブルでは、パリでもハンブルクでも恐慌前後に規則的な変動が見られるが、ハンブルクとパリで大きく異なるのはロンドンに対する為替の動きが、パリでは比較的安定し、「中枢内周辺」としての逆相関が不明瞭になりがちなのに対して、ハンブルクはロンドンに対する為替がより大きく変動し、「中枢内周辺」における逆相関がより明瞭となる。これは貨幣金属のためである。ポイントは二つあり、一つはロンドンの金本位制とハンブルクの銀本位制という貨幣金属の違い自体、もう一つは銀本位制圏には大きな「周辺」地域が含まれ、ハンブルクとロンドンとの為替はロンドンに

とっての「周辺」に対する為替関係を代表することになっているからである。他方、パリでは複貨幣制も一因となってロンドンとの相場の変動が、ハンブルク・ロンドン間の相場よりも狭く抑えられた。ここで問題は「中枢」「周辺」という両極関係だけでなく、金本位制と銀本位制圏との関係、あるいは複貨幣制国の占める位置の問題となり、金属正貨の移動の検討が必要となる。

つづいて、為替の問題から金属正貨の移動の問題へと移るが、まずロンドンでの銀の需給バランスは、ハンブルクに対する為替相場と一体で変動していたことを確認する。つまりハンブルクでのロンドン宛為替相場とロンドン市場での銀価格は以下のようにほとんど重なる（縦線はイギリスでの恐慌）。

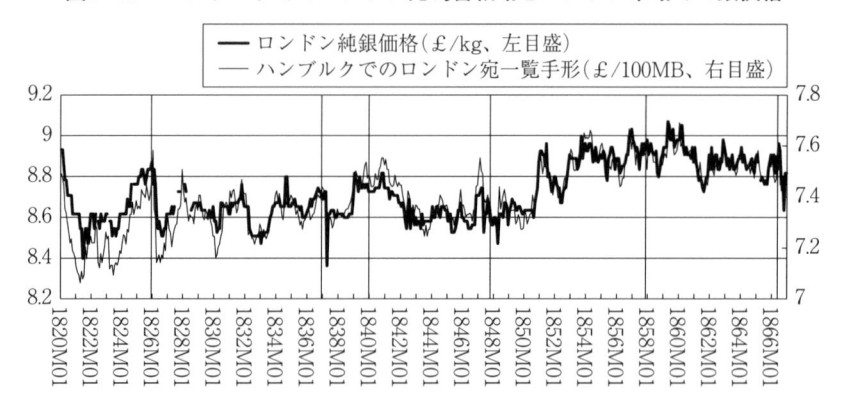

図2－29　ハンブルクでのロンドン宛為替相場とロンドン市場での銀価格

厳格な金本位制国イギリスのロンドンでは金価格はほぼ固定されており、他方、ハンブルクは厳格な銀本位制で銀価格がほぼ固定されていたので、金銀取引が自由であればハンブルク・ロンドン間の為替相場はロンドン銀市場価格と一致することになる。

こうした金銀比価の変動の背後には、金銀の国際移動が存在する。為替分析では1850年代以降、中枢―周辺関係が明瞭には見えなくなるが、それは次節に示すように、50年代から国際金銀移動が活発に始まり相殺の欠如を決済

するようになったからである。国際金銀移動が、二つの異なる貨幣金属の存在する世界経済を如何に編成していたのか、次節で検討する。

C　19世紀国際通貨体制としての国際複貨幣制

1　複貨幣制の機構

ⓐ「好況末期のイギリスからの金流出」とは？

一般に19世紀イギリスでは好況末期に金が流出し、銀行準備防衛のための割引率引き上げが恐慌の引き金を引いたといわれる。しかし1860年代に入るとそうした金の対外流出は目立たなくなった。イギリスの金銀貿易のデータがそろうのは年次で1858年、月次は1860年ころからなので、好況末期の金流出を正確に確認するのは不可能である。ただし Imlah［1958］がイギリスへの金銀純流入を推計しており、以下のグラフになる。

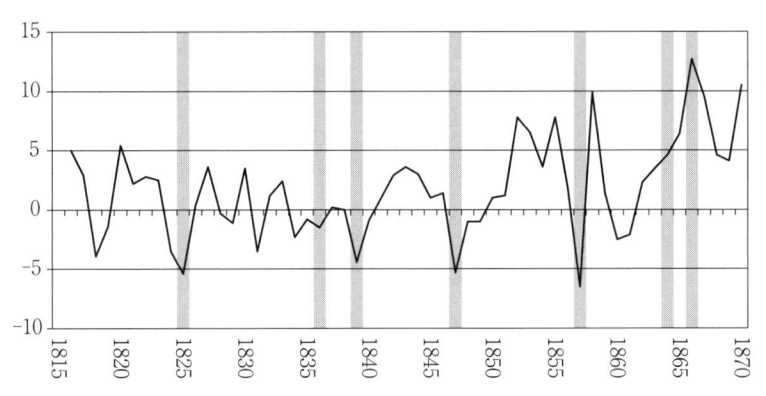

図2-30　イギリス金銀純流入（年次推計値、百万ポンド）

金銀複貨幣制の下にいたジュグラーは金と銀とを区別し、1857年と1864—66年の恐慌について、フランスでの銀価格上昇と東洋世界（Orient）への銀流出が生じていたことに注意を促している。1857年恐慌では、好況末期・恐慌前に東洋への支払いのために銀プレミアムが増加し、その後の清算期に銀

プレミアムは減少したこと、1860年代前半にはアメリカ内戦の影響で東洋諸国からの代替輸入が増加したが、代わりの輸出ができなかったので1864—66年恐慌まで銀流出と銀プレミアムが増加したこと、を指摘している144)（Juglar［1874］p. 203, 205, 207）。

　好況末期の「金属正貨流出」といえば、イギリス一国主義的に見ると「金流出」となるかもしれないが、1870年代まで金銀複貨幣制だったフランスで見れば「金属正貨」とは金と銀である。他の世界については、金本位制は欧州ではイギリス、ブレーメン、54年以降のポルトガル、それ以外はカナダ、チリ、オーストラリア、エジプト145)で、国・地域の数でいえば複貨幣制や銀本位制の方が多かった146)。ただしこれは形式的な区分で、複貨幣制の場合、貿易連関や法定の金銀比価の設定の仕方などにより、実質的に金あるいは銀単本位制になることがあり、または国内は銀単本位制でも、対外取引には金貨も使われるという「棲み分け」的な複貨幣もあった。もちろん、たとえば東洋世界（インド・中国）など、銀しか受け取らないような地域には、相殺の欠如が生じた場合、銀を現送しなければならない。

　国際金銀移動について概観を得るために、年次データだがイギリスからの金と銀の輸出・輸入を見ると以下のようになる。

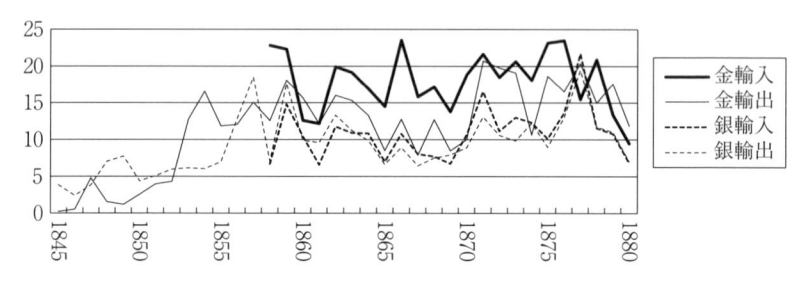

図2-31　イギリス金銀グロス輸出入（百万ポンド）

時期によるが、グロスでは金に匹敵する規模で銀の輸出入があることが分かる。ネットでは銀の純輸出入はかなり小さい。特に欧州で銀が貨幣金属としての地位を喪失する70年代半ばからはネットでの輸出入がほとんど0にな

っている。かなりの銀輸出入が中継貿易としてイギリスを通過したことを示している。ロンドンが世界の銀市場の中心地になっていたという事情もあるが、相殺の欠如に対する銀の支払い方法の問題もあるだろう。つまりイギリス国内では銀は公式には貨幣ではなく、銀を国内に大量に準備することはあり得ないため、相殺の欠如に対する対外的な支払いのために銀は国外から調達し、支払いのために輸出されるという関係を示していると思われる。他方、金は国内の準備正貨になるのでネットの輸出入が銀よりも大きくなっている。

イギリスの好況末期に生じる相殺の欠如による為替悪化によって、イギリス国内から金属正貨が流出するといった場合、それはもちろん金である。その金の出所は周知のように主にBOEからである。次の図はBOEの金属準備の前月からの変化額と、イギリスへの金の純輸入額を重ねたもので、両者はほぼ重なる。

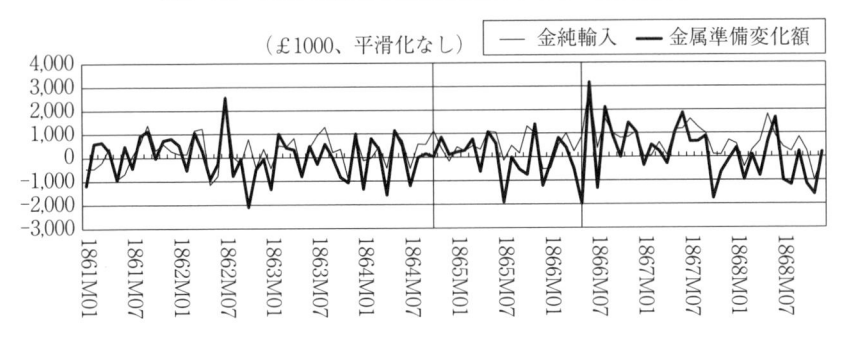

図2-32　BOEの金属準備変化額とイギリス金純輸入

イギリスの月次の金（と銀）の貿易統計は1861年2月からしかないが、1840年代の通貨論争でも、金準備はBOEに集中し、金流出はBOEから生じることが前提にされていたので、1860年以前も同様であろう。BOEの金属準備はほぼ金である。しかし「イギリスからの対外金流出」といった場合、銀は関係ないとも言えない。

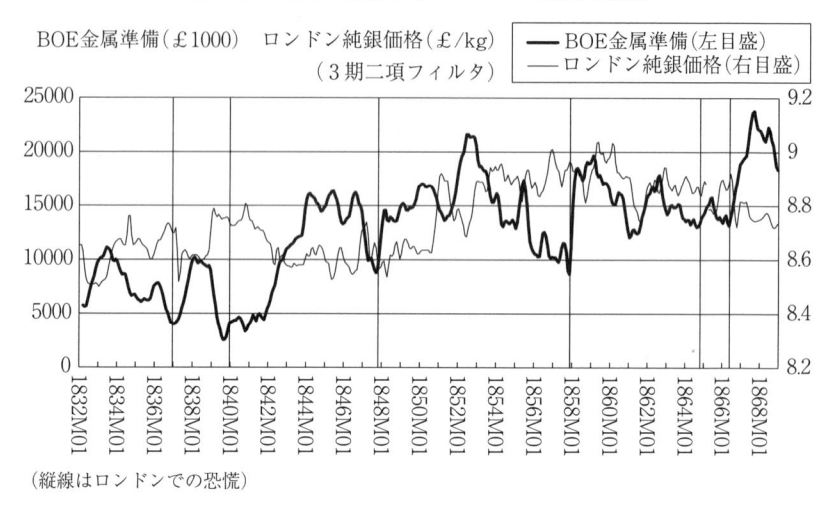

図2-33 BOE金属準備とロンドン銀市場価格

(縦線はロンドンでの恐慌)

　BOE金属準備とロンドン銀市場価格との関係は、1860—61年のアメリカ内戦危機の金融恐慌の時期以外は、逆相関になっていることが分かる。つまり、BOEから（海外へ）金が流出するときには、銀価格も上昇しておりイギリスでの銀需要も増加していたと思われる。しかしイギリス国内向けの需要とは思えないから、イギリスから銀本位制地域への支払い需要の増加のためだろう[147]。景気変動に即してみれば19世紀前半には好況末期・恐慌前に銀価格の上昇がある。1825年恐慌の前にも銀価格が大きく上昇する（前掲図2-29）。

　この特徴は1850年以降、弱くなっていくが、実は、イギリスで消滅した好況末期の銀価格上昇は、フランスに引き継がれる。

　下の図はパリ地金市場における金と銀の価格について、公定価格に対する市場価格のプレミアムを示したものである。縦線はフランスでの恐慌（ただし1825年12月はイギリスの恐慌）。

図2－34　パリ地金市場における金と銀のプレミアム

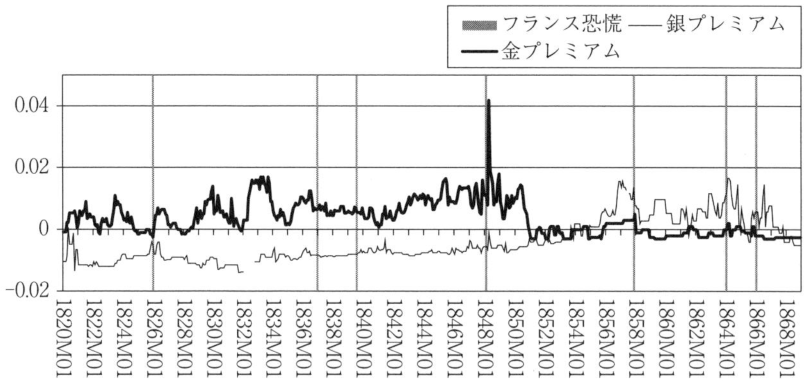
フランス恐慌
銀プレミアム
金プレミアム
0.04
0.02
0
−0.02
1820M01
1822M01
1824M01
1826M01
1828M01
1830M01
1832M01
1834M01
1836M01
1838M01
1840M01
1842M01
1844M01
1846M01
1848M01
1850M01
1852M01
1854M01
1856M01
1858M01
1860M01
1862M01
1864M01
1866M01
1868M01

19世紀前半フランスでは、金価格は大きく変動し、景気変動との連動は特に見当たらない148)。他方、銀価格は1825年恐慌にのみ上昇が見られる149)。しかし19世紀後半には、57年恐慌の前に大きな銀価格上昇があり、64年と66年恐慌ではその前後に大きく上昇し、恐慌あるいは好況末期と銀価格変動との関連が見られる。

このような銀価格変動と、金属正貨の国際的移動との関連を分析する前に、国際複貨幣制の意義と通貨理論について確認しておく。

ⓑ国際複貨幣制の意義と通貨理論

第１次大戦前の国際金本位制の安定性はよく引き合いに出されるが、de Cecco［1996］は《国際金本位制は、金本位制のみならず、複貨幣と銀本位制も含めて構成され、金本位制が維持されるためにはその周囲に複貨幣制が存在することが必要だ》と指摘した（p.65）150)。

de Cecco の具体的な指摘を見ると、まず、イギリスは金融システムの発達で相対的に少量の金をベースに大量の金融取引が行われたが、それは、金融危機時に金の流出によって金融システムが脆弱となる可能性を意味していた。この危機への対処のために、19世紀半ばには英仏間の金融協力が重要だった。フランスでは大量の金貨が国内で流通しており、BOE の利率引き上

げを通じて金をイギリスに引き寄せることができた。de Ceccoの記述を越えてもう少し正確に言えば、イギリスの対外支払い用の金の逼迫とBOEの利率引き上げによって両国間での利子率や地金市場のバランスが傾き、金がフランスからイギリスへと移動するが、フランスでは金銀複貨幣制ゆえに貨幣金属としての銀を支払準備として維持することができ、イギリスへの金供給が可能だった、ということになる[151]。

ここでは、フランスがイギリスと銀本位制世界をつなぐ環としての役割を果たしていた。このことは金本位制のイギリスが国際取引を行うためには、複貨幣制や銀本位制における発達した金融システムを必要としたことを意味する。de Ceccoは金での支払いという観点から、19世紀中葉にはフランスが、その後はインドがバッファーになったとする。言い換えれば、国際金本位制は世界的には金本位制ではないからこそ存在できる、ということになる。ただしde Ceccoの視角は《少量の金が本位貨幣となることの危険性》に置かれており、銀はあくまでも金を支える存在とされている。そのため、de Ceccoの方法は、1870—1914年の国際金本位制の時代から逆投射して19世紀複貨幣制を見ているようにも思われる。

しかし最近、銀の支払いそれ自体の重要性を認める観点も現れている。FlandreauやBoyer-Xambeuらが、19世紀中葉の国際複貨幣制を実証分析する方法を示すとともに、フランスの複貨幣制が英国の金本位制とその他の銀本位制諸国を接続し、国際通貨体制の安定に寄与した、と論じた[152]。つまり欧州外への銀現送のために銀が不足して欧州内で銀地金価格が上昇すれば、まず裁定取引でフランス内の銀貨が鋳潰されて輸出され、続いて不足する貨幣金属の需要の高まりに対してフランス国内で相対的に割安となった金が地金から硬貨に鋳造され、フランス国内で金地金が不足すれば金地金が輸入される。この場合、フランス国内で銀貨・金貨がともに大量に流通していれば、それらがバッファーとなって欧州外への銀流出の影響を軽減した、ということだ。この内容を詳述する前に通貨理論の分類から整理しておく。

複貨幣制の理論、あるいはそれを要求する運動について、歴史的に有名な

のは、1870年代前半の金本位制の国際的な普及に伴う銀価格下落と、19世紀末の大不況を背景に、銀を貨幣として取り込むことでインフレを起こそうというものであった。とくにアメリカでは「自由銀運動[153]」として大きな力を持った。

こうしたインフレ運動とは違って、複貨幣制の安定性を主張する「科学的」複貨幣制論[154]は、銀価格下落前の1860年代に Wolowski から始まり、ワルラス、I. フィッシャーへと至る。これは《貨幣が複数ある方が、貨幣の価値は安定する可能性が高い》ことを示すものだった。

そのうえで、インフレ主義者も「科学的」複貨幣制論者も含めて、19世紀末の複貨幣主義者は一般に貨幣数量説を理論的核心に据えていた、と言われる（Laidler［2001］p. 14, 16)。

インフレ主義者ではない「科学的」複貨幣制論者 Wolowski も、貨幣理論では通貨原理と貨幣数量説だった。正貨流出に関しても《金属貨幣と銀行券を含む貨幣総量の増加は、貨幣の価値を下落させ、金属正貨を流出させる》という PSFM（price-specie-flow mechanism）の考えだった。Wolowski にとっては《不安定化しうる貨幣の価値を安定させる》というのが一貫した目的で、複貨幣制の議論でも《貨幣の価値の変動を抑制するには単貨幣制よりも複貨幣制の方が優れている》と繰り返し主張した。

他方、GPM（gold points mechanism）では、為替取引のバランスが崩れ相殺の欠如が生じ、為替相場が平価の上下にある現送点を超えると、支払手段として正貨が輸出されると考える。貨幣金属の価値自体は、正貨移動の直接的な原因にはならない。関係するとすれば、貨幣金属の二国間の価格の変動によって現送点自体が騰落するという関係を通じて、となる[155]。この考えから複貨幣制地域間の取引を見ると、対外支払いは通常、信用手段としての為替手形で行われるが、対外支払いが対外受け取りを超過して外国為替相場が高くなると（現送コストを考慮したうえで）金銀の内、より安い貨幣金属を現送すれば安上がりに支払いができる。通常の取引は信用手段で行われるが、その取引量と、金属貨幣の数量とは何の関係もない。GPM は銀行原

理に親和的である。

　ところで、GPM と銀行原理に依拠するフラートンもジュグラーも、市場での金銀比価が不断に変動することを理由に複貨幣制に否定的である（Fullarton [1844] pp. 233‐234, Juglar [1868a] pp. 289‐290）。他方、PSFM に基づく発券独占派 Wolowski が複貨幣制を擁護している[156]。大まかに言えばフランスでの論争では、【通貨原理＝PSFM＝複貨幣制支持】と、【銀行原理＝GPM＝単本位制支持】という流れが読み取れる。

　世界経済の観点から見れば、複貨幣制が理論的に成立しうるか、それとも中世の遺物[157]か、どちらで考えるかによって19世紀の複合的世界経済の評価が異なってくる。複貨幣制の成立を理論的に認めれば、複貨幣制地域が媒介となって金本位制世界と銀本位制世界が接続された複合的世界経済が想定されうる。逆に複貨幣制が不安定なものだとすれば、19世紀複貨幣制は19世紀末に成立する国際金本位制に到るまでの過渡的で不完全な存在だとみなすことになる。従来の研究は1870‐1914年の国際金本位制の安定性を賛美し、19世紀は金本位制のイギリス中心という一国主義的な見方から複貨幣制を不完全な存在とみなす立場が主流だった。たとえば、本章B‐2‐ⓐでスペイン、イタリア諸都市の為替について参考にした Denzel [1991a, b] の説明は《元々銀が主の複貨幣制だった周辺地域スペイン・イタリアはイギリスの金本位制に同化させられていく》という基調となっている。

　これに対して、Flandreau や Boyer-Xambeu らの研究では、複貨幣制を積極的に肯定しているが、国際間の貨幣取引に関しては貨幣数量説ではなく GPM が用いられている。こうした研究を踏まえ、次項では GPM に加えてさらに銀行原理に即した複貨幣制の説明を行う。

ⓒ国際複貨幣制の仕組み

　まず「平価」と「比価」の用語の説明をする。

　金属正貨を貨幣金属とする国内市場（同一通貨圏）では、1通貨単位の純金含有量あるいは純銀含有量が法律で決められており、その金属の単位重量

あたりの通貨額をそれぞれの 貨幣金属の法定価格 、そこから算出される貨幣としての金硬貨と銀硬貨との交換比率を 公定比価 、商品としての地金形態での金地金と銀地金の市場価格の比率を 市場比価 と呼ぶ。

厳格な単一本位制の場合、国内では、貨幣金属の地金価格は造幣局や（兌換のある）銀行の作用でほぼ一定に保たれる。具体的には、法定価格よりも地金価格が上がると銀行から金属貨幣が引き出され溶解され地金にされて、地金価格に上限が付けられる。下がると造幣局で硬貨に鋳造され、地金価格に下限が付けられる[158]。また、ハンブルク銀行やBOEなどの銀行が固定価格で地金を買い入れることで、地金価格に下限が付くこともあった。

しかし複貨幣制の場合、貨幣金属の地金価格の下落は造幣局の作用で下限が付けられるが、上限は銀行では付かない。なぜなら複貨幣制の場合、支払う側が金か銀かを選べるが、受け取る側は選べないので、銀行は自行の銀行通貨の支払いに対して相対的に減価している（つまり地金価格が上昇していない）方の金属貨幣で支払うからである。そのためパリ地金市場では金と銀がそれぞれの法定価格から乖離し[159]、さらに金銀の市場比価も公定比価から乖離した。

こうしてみると複貨幣制は不合理のように見えるが、銀行原理で考えれば通常の取引は信用流通で行われ、その差額決済が必要に応じて硬貨で支払われ、金貨と銀貨の価値比率は公定比価で固定されていたので国内ではさほど問題は生じないように見える。次に、対外支払いについて。

外国為替相場では、2国の通貨1単位当たりの貨幣金属の法定含有量の比に基づく平価を 公定平価 と呼び、金公定平価と銀公定平価がある。他方、地金市場価格に基づく平価を 市場平価 と呼び、金市場平価と銀市場平価がある。「市場平価」という用語はあまり使われないと思われるので、Flandreauらの説明に依拠して詳述しておく。

先に 公定平価 を確認しておくと、各通貨単位に含まれる公定の純金（あるいは純銀）成分の比率からたとえば25.44FF／£等と示される。この方法の難点は、本位制度が同じでかつ兌換を堅持した国の間でしか使えないこと

である。複貨幣制では金銀とも地金の市場価格は変動し、さらに両者の比価も変動する。この場合《金属正貨現送が為替相場の変動の幅を抑制する》という核心を活かせば、現送の基準となる金属平価は公定価格ではなく、市場価格を用いればよい。つまりロンドン市場で金が L_G 〔£／kg〕でパリ市場が P_G 〔FF／kg〕であれば後者を前者で割ると $P_G／L_G$ 〔FF／£〕として金市場平価 が算出される。同様に 銀市場平価 が算出される。

　次に通貨理論として以下のことを前提とする。《支払約束（信用貨幣あるいは銀行通貨などと呼ばれるもの）とその相殺が流通手段の大半を占め、金属正貨はその差額に関して約束された支払いを行う支払手段としてのみ利用され、しかも手形や銀行券といった支払約束の流通に比べて金属正貨の流通にはコスト（管理・運搬・品質の鑑定など）がかかる[160]》。

　さらに《金属貨幣には金と銀があり、硬貨に鋳造された場合、それぞれ額面価格が固定され、公定比価は（たとえばフランスでは15.5：1に）固定されるが、地金での市場比価はその上下で変動する》とする。

　以上を前提にまず、支払約束あるいは外国為替による取引において相殺の欠如が生じた場合の支払いの仕方について、

㋐複貨幣制国が他の複貨幣制国との間で相殺の欠如が生じる場合と、
㋑複貨幣制国が単本位制国との間で相殺の欠如が生じる場合

とに分けて説明する。

　以下の説明では裁定取引の基本は Flandreau［2004］や Wolowski に依拠しているが、Flandreau らの方法とは異なる筆者の方法として、個別経済主体の行動動機や信用手段（支払約束としての手形や銀行通貨など）の利用を追加した。

㋐複貨幣制国が他の複貨幣制国との間で相殺の欠如が生じる場合

　複貨幣制国間では、安い方の金属で支払うことができる。

説明の便宜上、ロンドン銀市場の流動性が高く銀はいつでも市場で売れるものとして事実上、ロンドンでも銀が貨幣として受け取られると仮定する。

ロンドンとパリの間の相場が FF／£ で示されているとすると、ある時点での両都市間の金市場平価を G、銀市場平価を S、その時の為替レートを FX とする。便宜上、平価から現送点までの幅を二つの金属、さらに上下ともに同じとして a で表現する。ロンドンから見た場合、金の輸入点・輸出点はそれぞれ $G+a$、$G-a$ となる。同様に銀の輸入点・輸出点はそれぞれ $S+a$、$S-a$ となる。

ⅰ）範囲 [$G+a$、$G-a$] と範囲 [$S+a$、$S-a$] が一部重なっている場合、たとえば大小関係が【$G+a>S+a>FX>G-a>S-a$】となっていると、ロンドン市場の金属貨幣の輸入点は $S+a$、輸出点は $G-a$ になり、その幅は【$2a-G+S:(G>S)$】となる。二つの範囲が少しでも重なっていれば一般的に両現送点間の距離は【$2a-|S-G|$】となって、単本位制の場合の両現送点間の距離 $2a$ よりも小さくなる。つまり、複貨幣制の方が単本位制の場合よりも為替変動の幅が小さくなる。

ⅱ）2つの範囲が完全に離れている場合、つまり【$|S-G|>2a$】ならば、金銀比価が両国で大きく異なっているということなので、市場平価で金が低く評価されている国から金が高く評価されている国へ金が輸出され、そこで金地金が販売され、その代価の資金（具体的には商業手形や銀行通貨の形をとる）で銀地金を購入し、元の国へ輸入して銀地金を販売すれば裁定利益を得ることができる。この裁定取引が進めば S と G との乖離が小さくなり、【$|S-G|<2a$】内に収まる。そうして、国際複貨幣制は安定を取り戻し、為替変動幅は再び単本位制よりも狭い範囲に収まる。この裁定取引は貨幣の価値変動を想定した PSFM ではない。その理由の第一は、この場合【$G+a>G-a>FX>S+a>S-a$】となっているので、ロンドンからみた場合、為替相場は金輸出点と銀輸入点の間にあり、ロンドンからのパリへの支払いはいつでも金輸出、逆にロンドンの受け取りは銀輸入が有利ということを示しているからである。裁定取引が作用できるのはこの GPM に基づく金

銀地金の輸出入が根拠になる。第二の理由は、裁定取引では一国内では金と銀が入れ替わっているだけなので国内での貨幣量は影響を受けていない。また貨幣と他の商品総体との価値関係も影響を受けない。

以上は両国ともに金地金と銀地金が容易に入手可能な場合だが、片方の国が単本位制であれば若干、別の事情を考慮する必要がある。

④複貨幣制国が、単本位制国との間で相殺の欠如が生じる場合

たとえば、複貨幣制国で銀単本位制国に対して相殺の欠如が生じ、銀での支払いの必要のために銀地金価格が上昇し、地金市場での金銀比価が大きく銀高に振れる場合について考えてみる[161]。

まず裁定業者の側では、支払約束によって創出した資金[162]で銀硬貨を集め、銀硬貨を鋳潰して銀地金で販売し、買い手宛の手形を振り出してその手形で自己宛の支払約束を相殺する、あるいは手形を銀行で割り引かせて銀行通貨に転換して自己宛の支払約束を相殺する。銀地金の販売価格と銀硬貨の額面価格との差が裁定コストを上回っていれば利益を得ることができる。流通する銀硬貨を集めるのはパリのような取引中心地では比較的容易だが、中心地で集めつくして地方に散在[163]する銀硬貨を集めなければならなくなると運搬など物的コストが大きくなる（Flandreau [2004] pp. 35‐36）。こうして裁定コストが増加することによって裁定取引は終了するが、裁定取引の結果として流通する銀硬貨が減少する。以上のように通常は「流通」から銀硬貨を集めるとされるが、そうしたマクロ的概念ではなく、Flandreau らの方法とは異なる筆者の方法として、当事者である経済主体の行動に可能な限り即して考察を追加してみると以下のようになる

銀硬貨が吸収される流通の側から見ると、「流通」といっても銀硬貨が自立的に存在することはなく、ある一時点で見ると、銀硬貨は特定の経済主体（銀行も含む）のバランスシートで支払準備として存在していることになる。もちろん支払準備の内、一部分は銀行通貨で保有されているが、残りの一部は銀行通貨ではできない支払いのための準備として金属正貨で保有される。

以下では、金属正貨で必要な支払準備を考察の中心にする。

　複貨幣制では、支払準備にある金と銀の構成比率は各主体によって異なるだろうが、経済主体総体では金と銀がともに支払準備として存在している。個別の経済主体にとって支払準備の必要額自体は変動するが、効率的な経営のためにはある一時点では一定の額が必要である。しかし複貨幣制では金銀とも支払手段として認められているため、総額が同じでも金貨と銀貨の構成比率を自由に変えることができる。裁定業者が銀貨を集めるためにプレミアム付き（つまり額面価格以上）で他の経済主体から銀貨を手形あるいは銀行通貨で購入すれば、他の経済主体はその手形あるいは銀行通貨を用いて平価で金貨を補充して、支払準備総額を変更することなくその構成を銀貨から金貨に置き換えることで特別の利益を得ることができる。もともとの銀の価格上昇が大きく、銀硬貨が大量に裁定業者に吸収され、金属正貨での支払準備が不足した場合、補充のために、銀に比して割安の金が地金市場から調達されて金硬貨に鋳造されて支払準備として供給される[164]。金地金の調達の際に金地金の価格が上昇し始めるが、その上昇がある程度以上に進めば、特別の利益が消滅して一連の裁定取引が止まるか、あるいは金を貨幣金属とする国から金が、次に述べるGPMの論理で、流入する。

　ここで言うGPMによる金流入とは、まず当該の複貨幣制国で金地金価格が上昇すると、金本位制国の側では金市場平価でみると、自国通貨の平価上昇と同じ効果が生じ、金輸出点が上昇して為替相場が金輸出点を超える場合が多くなる。そのため、当該複貨幣制国への支払いは為替ではなく金輸出の方が有利になる場合が多くなる。こうして当該複貨幣制国には金が流入する傾向が生じる。例を挙げて説明すれば以下の通り。

　説明のため便宜上、ここではロンドンを金単本位制としてFF／£で為替相場が示されているとすると、通常【$G+a>FX>G-a$：金輸入点 $G+a$、金輸出点 $G-a$】となっているが、パリで ΔP_G だけ金地金価格が高くなると金市場平価は $(P_G+\Delta P_G)/L_G$〔FF/£〕となって大きな数値になる。この金市場平価を $G+\Delta G$ と示す。ΔG がある程度以上大きくなると【$G+\Delta G$

$+a>G+\Delta G-a>FX$】となる、つまり為替相場が金輸出点を超える可能性が高くなる[165]。

ただし、PSFM とは違い、GPM で考えた場合、ΔG がある程度大きくなっても貿易収支など支払いバランスの状況次第では、為替相場が変動し金属正貨が流入するとは限らない。つまり当該の複貨幣制国の対外支払いバランスが極度に赤字になっていれば金流入は起きない。GPM で言えることは、対外支払いバランスが極度に偏倚しなければ相手国での金輸出点の下落で当該複貨幣制国に金が流入しやすくなることである。

こうした裁定取引の一連の運動が始動するかどうかは、銀本位制国との相殺の欠如による銀地金需要の大きさ次第である。銀の対外支払いから生じる裁定取引が大きくなり、それに応じた金流入も大きくなれば国内に存在する銀貨のほとんどが金貨に交換されてしまうこともありうる。そうなると貨幣となりうる国内の銀は輸出され尽くし、実質的な金本位制となる。

以上のケース以外の場合、たとえば金単一本位制国に相殺の欠如から金が流出する場合は、上記の説明の銀を金に置き換えればよい。

上述の仕組みは貨幣価値と他の商品総体との価値関係をいう貨幣数量説ではない。二国間の貨幣金属の価値の違いによる PSFM の説明でもない。貨幣を取り扱うためのコストによる裁定コスト[166]を前提として、相殺の欠如を支払うために信用手段としての為替を使うか、金属正貨を使うか、後者の場合なら金を使うか銀を使うかという選択の問題によって生じる一連の事態である。

次に、国際複貨幣制の基礎をなす国内複貨幣制の安定の条件についてまとめておく。

金銀の市場比価と公定比価との乖離が一定の幅を超えて進めば裁定取引が起こり、流通する金銀硬貨の構成比率が変動するが、裁定取引にはコストがかかり、市場での価格差があればいつでも裁定取引が起きるわけではない。公定比価から裁定コストによって決まる一定の幅の中で、市場比価は任意の

値をとることができる。というよりも正確には市場比価の上下一定の幅の中に公定比価を設定すれば複貨幣制は安定的に維持できる。逆に言えば、市場で決まるのは、その中で安定的に公定比価が存在しうる一定の範囲ということだけなので、その範囲内で公定比価がどこになるかは、市場の外にいる公的当局が決めるしかない。

しかし公定比価と市場比価との乖離が一定の幅を超えると、裁定取引が起こり、相対的に減価した金属の硬貨が流通[167]に占める比率が増加する。つまり公定比価と市場比価の乖離の方向と度合いが、流通における金銀硬貨の量的構成比率の変化と連動する。金銀硬貨の量的構成比率の変化は市場比価の変化によっても起きるし、公定比価の決め方によっても起きる。市場比価から離れすぎたところに公定比価が決められると裁定取引が大規模に生じ、国内に存在する銀貨あるいは金貨の全てがもう片方の硬貨に転換されて単一本位制になる。このように複貨幣制を安定させるためには公的当局が市場比価に近いところに公定比価を決める必要がある。さらに言えば貨幣としての金銀比価は市場では一意に決まらないという、一見、自由市場経済と矛盾するのが複貨幣制の論理である。経済学においては自由主義全盛の時代であった19世紀中葉のフランスでは、公的権力による経済過程への関与についてFBを焦点とする論争が1865年にピークを越えた後、複貨幣制をめぐる論争へと焦点が移行した。

2 複貨幣制論争と通貨論争との理論的一体性

複貨幣制に関して理論的な理解は通常、ワルラス（Walras [1874] 訳書352頁）や山口 [1985]（49頁）などにあるように、事実上の交代本位制である。相対的に減価した貨幣が流通し、他方の貨幣は流通から引き上げられる。しかし、真正複貨幣制支持者が主張するのはこうした交代本位制ではなく、二つの貨幣の同時存在である。たしかに傾向としては2つの貨幣の内、減価した貨幣が流通で増える傾向にあるが、前項で説明したように、適切な公定比価や貨幣を取り扱うためのコストなど条件がそろえば、もう一つの貨

幣を完全には駆逐せず、二つの貨幣が共存する。これはフランス複貨幣論争当時の Wolowski や BdF 総裁 Rouland の主張だった168)。

次のグラフは、フランス国内の金銀別貨幣ストックの推計トレンド値である（Flandreau［2004］p. 262－263の表による）。

図2－35　フランス金属硬貨ストック推計トレンド

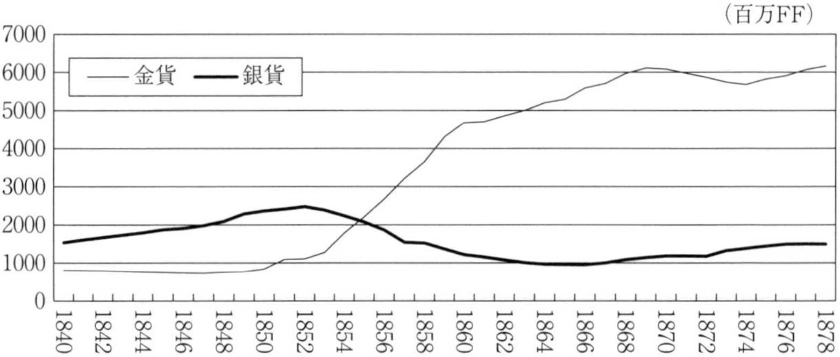
（百万FF）
7000
6000
5000
4000
3000
2000
1000
0
金貨
銀貨
1840
1842
1844
1846
1848
1850
1852
1854
1856
1858
1860
1862
1864
1866
1868
1870
1872
1874
1876
1878

1850年ころから低コストの金が大量に欧州に輸入されて、金銀の構成比率が逆転するが、一方が他方を完全に駆逐することはなかった。

こうした現象の理由の一つは「パラシュート効果」と呼ばれるもので、《貨幣が一つの場合にはその金属が大量に流入すれば貨幣価値が下落する。しかし貨幣が二つあれば一方の金属が大量に流入しても、他方の金属貨幣に置き換わる形で、流入した金属貨幣の使用が増加すれば、流入した貨幣金属量の増加の影響を緩和し、貨幣価値の下落を抑えることができる169)》からであった。この効果は複貨幣支持者のみならず、単一本位制支持者もこの効果を認めた。

このようなパラシュート効果や金属貨幣の取り扱い上のコストの問題、さらには金属貨幣の確保の必要など、理論的には割り切れない問題が残っていた。そのため、論争が複雑になり、FB 論争と複貨幣論争との対応関係も錯綜させている。

そのため、FB 論争と複貨幣論争との関係について現在の研究では、たとえば Breton［1991］に見られるように通常、二つの論争は切り離されて論

じられている。しかし実際には、両論争[170]は時間的に継続しており、論者も同じ場合も多いので、主観的にせよ、理論的に一貫性のある立場で論者たちが自己の見解を論じていたとするならば、両論争は無関係とは言えず、論理的な首尾一貫性を探る必要があるだろう。しかし、その際に問題となるのは、有力な銀行原理FB派の中に単本位制支持者と複貨幣制支持者の両方がいることだ[171]。

Silvant [2006] はこの2系列について、《通貨原理（発券独占派と通貨原理FB派）＝複貨幣制支持》、《銀行原理（FB派と銀行学派）＝単一本位制支持》と区分することで理論的に見やすくした。しかし、FB派（銀行原理）の中にもコクランやガルニエのように複貨幣制支持者がいるという問題を切り捨ててしまっている。

ところで、アメリカの19世紀末複貨幣論争に関してはLaidler [2001] が、《貨幣数量説に依拠する複貨幣制論》と、《銀行学派の反貨幣数量説による内生的貨幣供給理論》との対立関係を示している（特に p.14、30参照）。こうした理論的分岐の一貫性を、複貨幣制の中心地フランスでの論争にも読み取ってみよう。

銀行原理かつ複貨幣制支持という一見、錯綜した立場のコクランやガルニエの見解をよく読むと、実は計算単位としては銀に基づくフラン（つまり純度0.900の銀5gが1フラン）が法定貨幣として決められ、金は銀との固定レートを持たない貨幣とすべき、という主張となっている。これでは銀単本位制のように見えるが、金と銀をともに《債務を最終的に弁済する手段》として認めるので両者ともに「貨幣」とされた。両金属を貨幣とする理由は、まず《金銀は本来の貨幣だから》ということだが、実務的には金属貨幣量を十分に維持するためであった。こうした可変レート複貨幣制支持者は、固定レートを主張する真正複貨幣論者とは根本的に異なり、本位制度としては（銀）単本位制支持[172]と同じと見なすべきだろう。この問題は「貨幣」と「本位制」とを区分する必要があることを意味している。

コクランやガルニエのような可変レート複貨幣制支持者も含めて分類し直

すと以下のようになる。

		真正複貨幣制支持	可変レート複貨幣制支持	単本位制支持
通貨原理	発券独占派	Wolowski d'Eichtal		
通貨原理	通貨原理FB派	Cernuschi		
銀行原理	銀行学派	BdF173)		Coullet Juglar
銀行原理	FB派		Coquelin Garnier Horn	Chevalier Du Puynode Mannequin

■「複貨幣制」という用語法について

「複貨幣制」とは本来 double étalon（英語では double standard）であったが、「standard が二つあるのはおかしい」という批判に対し、1860年代、真正複貨幣制支持の Wolowski は《たしかに standard が二つあるのはおかしい。実際には standard は一つもない。あるのはフランという計算（貨幣）単位。債務を弁済する貨幣として金と銀があり、このフランに一定量の金、一定量の銀が割り当てられてきた。double standard ではなく double legal money だ》と、「貨幣」と「本位」とを区分して反論した（Wolowski [1870] XIX, XXII, XXVII - XXVIII, 207, 220 など）。フランという支払い義務に対し、弁済能力のある貨幣が二つある、という見解である。この Wolowski の説のためか、あるいはダブル・スタンダードという語感が悪いせいか、1860年代以降の論争を経て、複貨幣派の用語法では bimétallisme（英語では bimetallism）が主流になった174)。

bimetallism は直訳すれば「両金属制」となるが、bimetallism を bimetallic standard の意味でとれば175) 従来通り「複本位制」が正しい訳となる。Flandreau も "double standard" を用いている。

ところで、Rastel [1935] によれば、bimetallism（と対としての monometallism）という言葉は、それまで使われていた "double standard" では《価値尺度が二つある》という誤解と非難を生むため、それを避けるために

Cernuschi が1869年に作り出したそうである（Rastel［1935］p. 128）。Coll.［1869］にある Cernuschi の発言要旨では"monnaie bimétallique"（英語では bimetallic money）となっている（Coll.［1869］p. 144）[176]。以上のことを考慮すれば、1860年代以降のフランス bimetallism の考えでは bimetallism とは、「複本位制」bimetallic standard ではなく、「複貨幣制」bimetallic money が正しい理解とされるべきである。

　以上を要約すると、本書で「複本位制」ではなく「複貨幣制」という用語を用いる理由はまず、①19世紀後半の論争の中で double standard ではなく bimetallism が使われるようになったという歴史的背景、次に、②フランで形成された債権・債務関係が互いに相殺されながら最終的な債務を弁済するために金属貨幣が登場するという論理を生かせば、価値の基準（本位）となるのは直接にはフランで、貨幣が価値の基準となるのは債務の最終的な弁済という間接的な形であるから。最後に、③上記のように可変レート複貨幣制支持者の場合、《「本位」は銀、「貨幣」は金と銀》というように、二つあるのは「本位」ではなく「貨幣」だからである。

　ところで、発券独占派かつ真正複貨幣制支持の Wolowski は《そもそも貨幣の内在的な価値は存在せず、銀行券は貨幣と等位であり、貨幣の価値はその数量（金属貨幣＋銀行券）に応じて変動するため市場に任せると貨幣価値は安定しない》と考えた。そして銀行券発行を自由競争の対象ではなく自由競争の前提を成す公共財とみなし、公的性格を持つフランス銀行が独占してその数量調整から貨幣の価値を安定させることによってはじめて発券以外の銀行業務の自由競争が成立すると主張した。その論理からすれば、銀行券の量的調整による貨幣価値の安定を背景に、公的機関が金銀取引の前提となる金銀硬貨の公定比価を与えれば、自由競争に基づく市場が流通における金銀硬貨の量的比率を決める、と考えるのは論理的に首尾一貫しているといえるだろう。

　逆にジュグラーたち銀行原理の論者は、金銀市場比価の絶えざる変動を理

由に複貨幣制に否定的だった。その論理を整合的に理解しようとすればおそらく以下のようになるだろう。《銀行通貨の量は需要に応じて弾力的に増減し、貨幣の価値は信用手段である銀行通貨の量に応じて変化することはない。金属貨幣はそれ自体内在的価値を持ち、金銀比価を公定比価として人為的に決めることはできない。市場比価が絶えず変動して公定比価は無効にされ、相殺の欠如に際して支払われるべき貨幣量が金か銀かによって異なり、不断に混乱を引き起こす》ということになるだろう。

　FB論争と複貨幣制論争を、19世紀の現実にとらわれた実際的な議論、と狭くとらえるのではなく、《「貨幣とは何か」という根本的な立場の違いが、二つの論争に具体的に発現していた》という観点から、根本的な違いが意味するものをさらに検討していく必要がある。もちろん上記の説明で筆者が十分に論じつくしたわけではなく、今後の課題として残されている。

3　国際複貨幣制の分析

　真の意味での複貨幣制が成立するのは、上記のように一方の貨幣が他方を完全には駆逐しない場合である。この意味での複貨幣制は1848—1873年にはフランス国内にその条件があった、とFlandreauは述べている。

　実際のフランスの状況を見るために、パリでの金銀の市場比価と公定比価（15.5：1）を示すと以下のようになる。縦線はフランスでの恐慌（ただし1825年12月はイギリスの恐慌）。

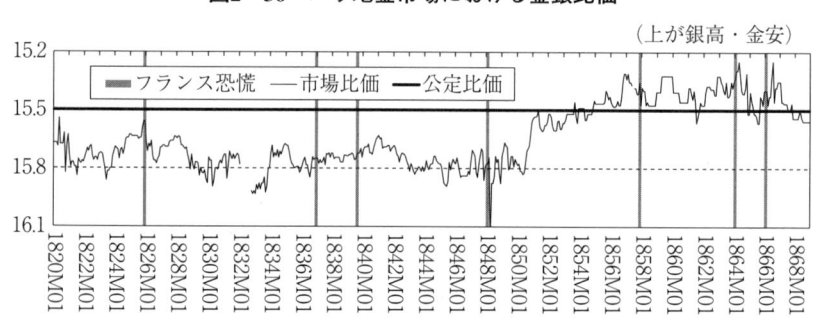

図2-36　パリ地金市場における金銀比価

（上が銀高・金安）

1850年までは市場比価が公定比価に比べてかなり銀安で推移しており、このときは割安な銀が硬貨に鋳造されて流通し、金は地金に融解されて貨幣としての利用は少なく、実質上の銀単本位制に近かった。50年以降は低コストの金の大量流入により市場比価が公定比価の付近に移動し、名実ともに複貨幣制として機能した。

以上、複貨幣制が一定の条件の下でそれ自体として存在しうる通貨体制だということを確認して英仏に関する金銀国際移動の状況を見る。

ⓐイギリスを中心とする国際金銀移動

イギリスの月次の金銀輸出入と取引先のデータは1861年から *The Economist* 誌で利用できる。行き先は最終目的地とは限らないが、このデータを使って分析する。

まず金銀輸出入は次のグラフになる。

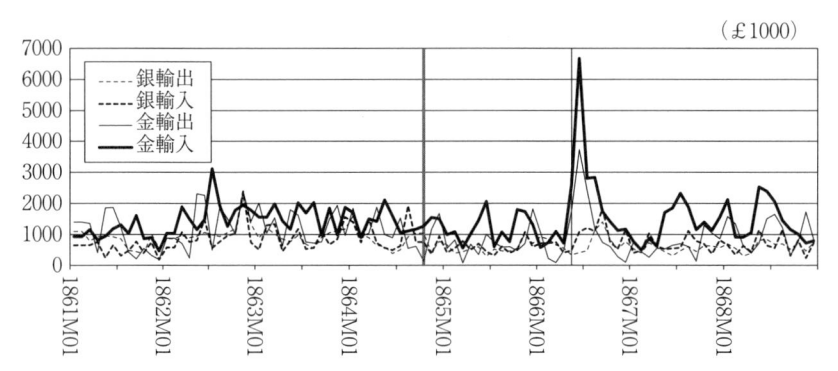

図2-37　イギリス金銀グロス輸出入（月次データ、平滑化なし）

先の Imlah [1958] による年次の金銀純流入推計値では、57年恐慌までは恐慌の起きた年に大量の金銀純流出が生じたが、66年恐慌[177]では純流入になっていた。

BOEの金属準備のデータ（前掲図2-32）と突き合わせてみれば、66年5月にBOEから国内に向けて大量の金流出が起こり、6月に外国から大量の

流入と流出が起きたことになる。

66年6月の大量の金移動では、たしかにネットでは流入になっているがグロスでは流出も大量にある。これはイギリスが国際金移動において世界的な結節点となっていることを意味するが、この関係はネットで見ると過度に抽象化され消滅してしまう[178]。それに対して、図2-37はグロスで見るという利点があるが、しかしそれでも、このグラフはイギリスが取引を行う全世界を均質にとらえた数値であって、本章のように世界経済の異質性を踏まえたものではない。取引先別に見ることによって世界経済の異質性とそれを媒介するイギリスの基軸性の意味が示される。

そこで地域別へと分析を進める。

下の図2-38はグロスの金輸出入の取引先別の分析で、上（プラス値）がイギリスへの輸入、下（マイナス値）がイギリスからの輸出である。平時にもジグザグな運動があるので3期二項フィルタで平滑化した。「他の産金国」とはオーストラリアと中南米（アメリカ（USA）とは異なり、恐慌に即した変動がないので一括した）、欧州周辺部とはロシア・スペイン・ポルトガル。他の国（ドイツ等）は額が少ないので省略した。同じ国に対してもグロスで輸出と輸入がある場合は上下にグラフが現れる（当然ながら上がイギリスへの輸入で、下がイギリスからの輸出である）。

図2-38 イギリス金輸出入 1861—1868（月次データ）

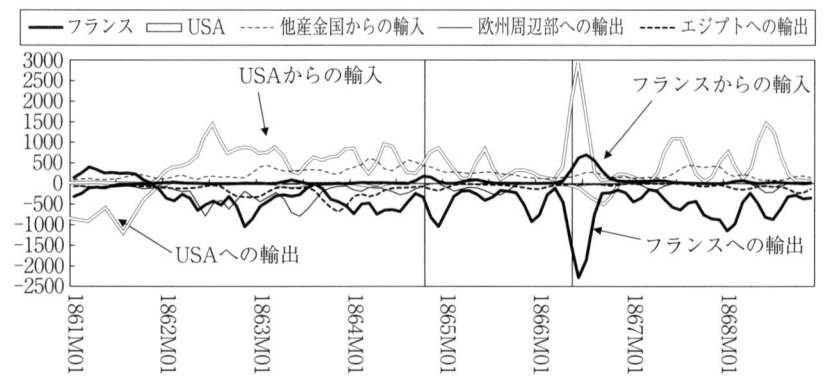

（£1000、上が輸入、下が輸出、3期二項フィルタ）

66年の恐慌は直接にはフランスへの金流出で、アメリカから金を吸収したことが分かる。恐慌期以外にも恒常的に、金がアメリカからイギリスを経由してフランスへ、という流れがあったことが分かる。これは割安となった金が、本章C-1-ⓒで述べた仕組みによって、複貨幣制フランスへ流入したものと思われる。

同様に銀のグラフを作ると以下のようになる。ここでの「中南米」は統計の項目では「ブラジルを除く」だが、ブラジルとの取引は少ない。エジプトへの輸出のほとんどはおそらくインドへの経由と思われる。「ドイツ等」はドイツ・オランダ・ベルギーの合計。

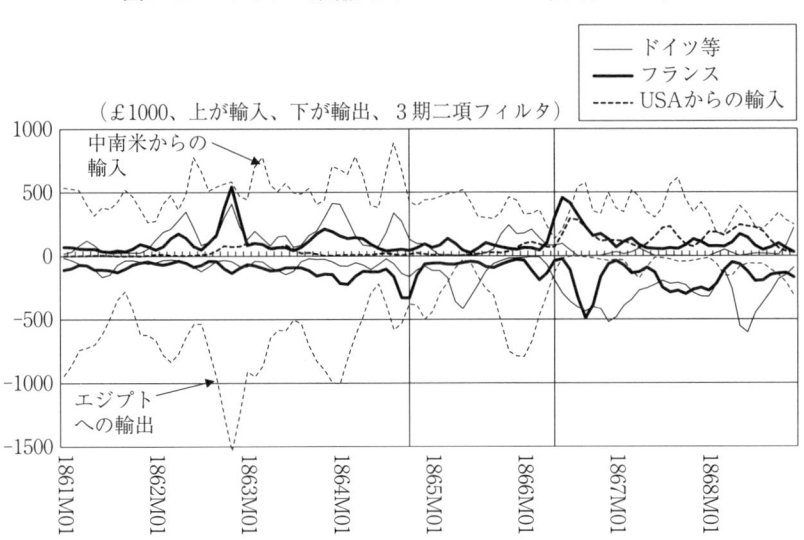

図2-39　イギリス銀輸出入　1861—1868（月次データ）

（£1000、上が輸入、下が輸出、3期二項フィルタ）
凡例：ドイツ等／フランス／USAからの輸入／中南米からの輸入／エジプトへの輸出

銀の採掘としては中南米が多いのは当然で、中南米から銀が、巨大な銀本位制圏である東洋に流れるという基礎的な動きがあったと思われる[179]。

短期的な変動を見ると、エジプト（おそらく最終的にはインド）への銀輸出が増加したとき、ドイツとフランスからイギリスへの銀輸入増加が目立つ。もちろんイギリスの銀輸入は絶対額としては中南米からが基本である

が、輸入増加の限界的部分はドイツとフランスからの輸入と対応している。

イギリスからの銀輸出のピークは1862年11月、1864年1月、1866年1月で、これらの時期はイギリスの恐慌とは関係ないように見えるが、実は1864年1月、1866年1月は、先にBdFのバランスシートから判断したパリの恐慌とちょうど一致している。しかももう一つのピーク62年11月についても、先にあげた図2-3のBdFのバランスシートでは手形のピークが62年12月、金属準備のトラフが63年1月と、近い位置にある[180]。つまり<u>イギリスからエジプト（を経てインドへ）銀が流出するときと、BdFの金属準備減と手形増加という恐慌的な事態が重なる</u>という関係が想定できる[181]。

次に、月次のデータのない1860年以前については年次のデータを見る。

恐慌の前には正貨が流出し、その後は正貨が流入するが、恐慌はジュグラーが主張するように2週間ほどしか続かないので、年次のデータで見ると、恐慌期の変動は、恐慌以外の時期の動きに埋没して見えなくなる。全体としてその年のいつかは分からないが、何らかの額の輸出あるいは輸入があったことが分かるのみである。その点を踏まえた上で年次データの取引先別データを分析する。

イギリスの年次データは、輸出は1845年から、輸入は1858年から存在する。フランスのデータはそれ以前から存在するので1857年以前のフランスからイギリスへの輸入額はフランスのデータから補足する。

図2-40 イギリス金グロス輸出入 1845—1869

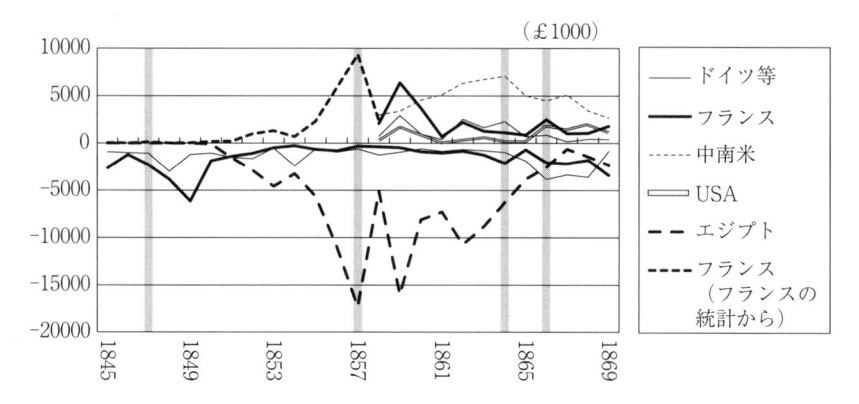

(£1000)

凡例:
― ドイツ等
― フランス
---- オーストラリア
･･･ 中南米
― USA
---- フランス（フランスの統計から）

図2-41 イギリス銀グロス輸出入 1845—1869

(£1000)

凡例:
― ドイツ等
― フランス
･･･ 中南米
― USA
---- エジプト
---- フランス（フランスの統計から）

　恐慌前後の精密な分析はできないので傾向としてみると、1850年ころから始まる欧州への金の大量流入以降、フランスへの大量の金輸出と、フランスから大量の銀輸入、エジプト（おそらくインド）へ大量の銀輸出が生じたことが分かる。

　恐慌のあった年についてみると、47年にはUSAへの金流出、57年にはフランスへの金流出とフランスからの銀流入、そしてエジプト（おそらくインド）への銀流出（ただしこれらは景気循環ではなく傾向的なものも含む）、64年と66年の恐慌ではフランスへの金流出が増え、それと対称的な金流入は

中南米、USA、オーストラリアから増えている。

ⓑ**フランスを中心とする国際金銀移動**

次にフランスの金銀輸出入の年次データについて。同質と思われる諸国は一括した。

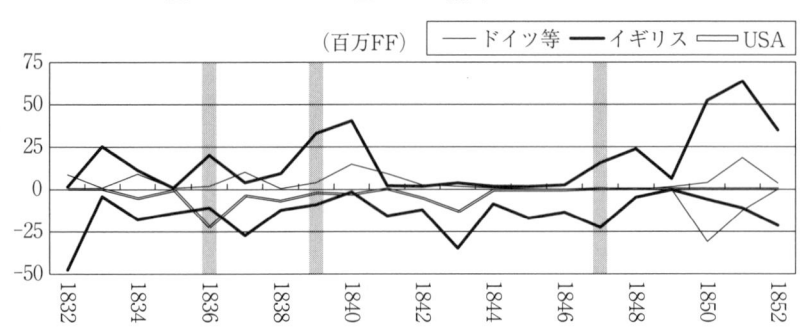

図2-42　フランス金グロス輸出入　1832—1852

53年からイギリスへの大量の金輸出がある。それ以前を拡大すると次のグラフになる。

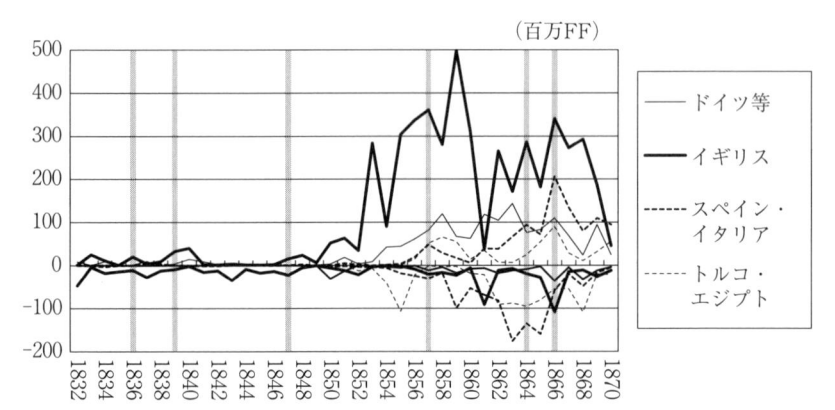

図2-43　フランス金グロス輸出入　1832—1870

欧州への金の大量流入以前（1850年頃まで）は、恐慌の年にイギリスからフランスへ金が移動する傾向がある。

de Cecco の指摘、つまりイギリスの恐慌に際してフランスから金が流入して金準備の逼迫を緩和したという説については、この年次データでは1847年には可能性があるが、その他の年にはその可能性は検出できない。ただし、当然ながら、年次データでは、短期間に変動する恐慌の動きを検出することはできない。月次以上の高頻度データが必要となる。

他の特徴としては1836年恐慌にアメリカへの金流出が目立つ（図2-42）。同じようなことは、1847年恐慌にイギリスからアメリカへの金流出として生じていた（前掲図2-40）。この二つはかなり特徴的な事態である。

次に銀について。1852年までと50年からの二つに分割して表示する。

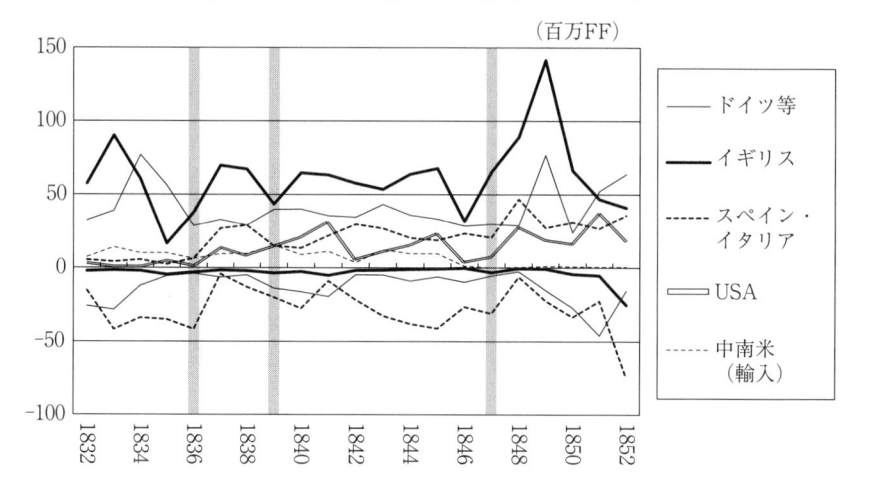

図2-44　フランス銀グロス輸出入　1832—1852

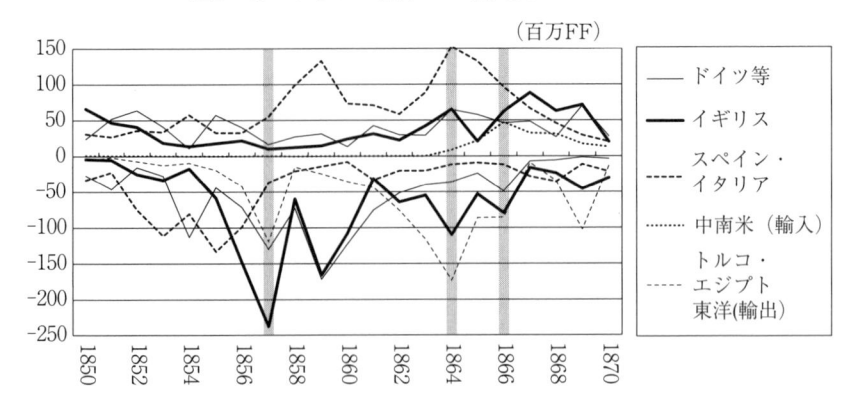

図2-45 フランス銀グロス輸出入 1850—1870

(百万FF)

凡例:
- ドイツ等
- イギリス
- スペイン・イタリア
- 中南米(輸入)
- トルコ・エジプト
- 東洋(輸出)

　最も目に付くのは57年、59年、64年の大量の銀流出である。流出した銀の出所は57年には国内の銀貨と金貨の入れ替わりである。つまりイギリスから大量に金貨が流入し、フランス国内での流通が金貨に入れ替わりそれまで流通していた銀貨が輸出された。

　57年の大量の銀流出では、最大の輸出先はイギリスで、同時にイギリスからは銀が東洋世界へ大量に輸出されている。64年にはイギリスの媒介が減り、フランスから東洋へ直接の銀流出が増えた。フランスの場合、中南米からの輸入は、66年頃には一定程度の額に増えるが、それ以前は少ない。

　59年、64年の大量の銀流出では、59年はイギリス(から東洋へ転送)とドイツ(を経由して一部はイギリスへ[182])、64年には上述のようにイギリスと東洋世界へ向かった。それと対称的に、59年と64年ともにスペイン・イタリアからフランスへの銀輸入が増えていた。つまり、イギリスより小規模ながら、フランスは銀の国際移動に関して、【南欧→フランス→(イギリス)→東洋】という媒介機能を担ったようである。

　ジュグラーが重視した東洋世界との関係について、参考までにインドへのグロス銀輸入と英仏からの東洋世界への銀輸出の大きさを比較すると次のようになる。

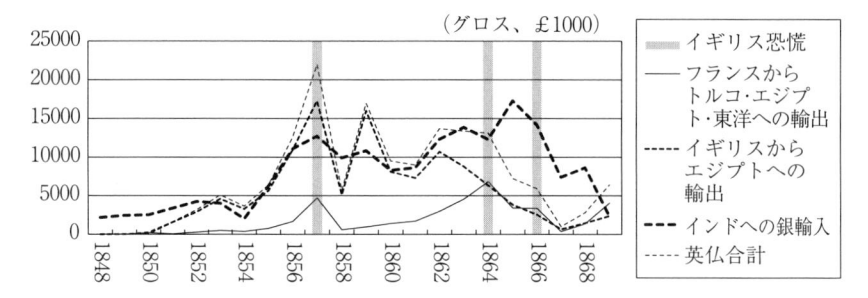

図2-46　インド銀輸入と英仏からの東洋世界への銀輸出

（グロス、£1000）

凡例：
- イギリス恐慌
- フランスからトルコ・エジプト・東洋への輸出
- イギリスからエジプトへの輸出
- インドへの銀輸入
- 英仏合計

統計誤差や、そもそも最終目的地が不明なことを考えれば、両者は大体、対応していると言えるだろう。ただし1865年と66年には大きな乖離がある。

【まとめ】

1850年代以降の国際金銀移動についてまとめると、米豪大陸産金国から低コストの金の大量流入で金が豊富になったため、相殺の欠如が生じた場合、金属正貨での支払いが容易になり、為替変動が小さくなる傾向が生じた。欧州へ大量に流入した金はいったんイギリスに入り、そこからフランスに流れ、フランスで金と銀が入れ替わってイギリスに銀として戻り、イギリスから東洋世界へ銀が流れた。60年代半ばには、東洋への銀流出は、直接フランスから行われるようにもなった。

このようなフランスを一つの極とした金銀の転換は、単に、低コストの金が銀に置き換わったという構造的な事態だけではなく、好況末期に銀本位圏に対して相殺の欠如が生じて、大量に銀が流出するという景気循環のプロセスを通じて行われた。

以上、本章で検討した為替変動と国際金銀移動をジュグラーの方法で見れば、《信用システムの発達した先進国で投機的価格上昇が過剰に進み、発達の遅れた後進国に対して相殺の欠如が生じ、先進国の為替の悪化、銀行からの金属正貨の流出、恐慌へと進む》ということになり、その際、銀本位制の後進諸国への支払いが必要な場合、金と銀との転換という媒介も必要となる。

比較までにシュピートホフの過剰投資論の方法を適用するならば、《好況の限界は、人為的な生産拡大が困難な生産要素に対する、資本主義的に生産可能な生産要素の過剰投資》ということなので、国際経済関係から見れば、《後進国は非資本主義的な生産、先進国は資本主義的な生産を代表する》と読むことになるだろう。

　こうした相殺の欠如、あるいは資本主義的な過剰投資の世界的表現は、時代の進行に伴って表現が変化していた。1820年のイギリス兌換再開後から見ると、兌換停止の地域に対しては景気変動に伴う為替変動が明確に現れ、兌換を行う地域では中央銀行の金属貨幣準備に景気循環に伴う運動が現れた。ここまではジュグラーが景気循環論として指摘していたことである。さらに50年代以降、大量の国際金銀移動が可能となった時代では、金と銀それぞれの国際移動の仕方には、景気循環に伴う運動の中に、フランスを中心とした金銀の交換という構造的な運動も現れた。

　好況末期のイギリスからの金流出とは、複合的な世界経済の運動の一部分にすぎない。世界資本主義としての運動総体としてとらえる必要があるだろう。

小括：世界資本主義としてのジュグラー景気循環論とクズネツ循環

　シュムペーターが批判したジュグラーの「単一波動」とは、ジュグラーの論理にとって分析の不十分さというよりも、《景気循環というものは偶然性を許さず、あらゆるものをその運動の中に巻き込み同調させる内的な起動力を持った運動》という意味であった。この同調性が国際的に延長されたとき、「相殺の欠如」を媒介として反同調性を生み出す。同調性と反同調性との相互の連関から世界経済の運動が形成される。ジュグラーでは信用システムの発達・未発達という区分における相互関係であったが、一般化して言えば資本主義の発展の不均質性と理解することも可能である。

経済学原理論の中では労働力として集約的に表現される非資本主義的要素は、実証分析の分野では特定の一次産品や、資本主義的には合理的に計算できない分野などとして焦点を定めて分析することが可能であろう。そうした焦点はいくつか可能だろうが、ジュグラーでは信用システムの未発達な地域として設定されていたとみなすことができるだろう。

　本章ではジュグラーの設定した世界経済論、あるいは資本主義の国際的な不均質性を整理し、そこに景気循環が如何に表現されているかを実証的に検討した。ジュグラーが《景気のバロメーター》と述べた銀行のバランスシートは、景気動向と中枢諸国の景気の同調性を明瞭に示したが、さらに周辺国の銀行のバランスシートでは中枢に対する異質性あるいは反同調性が表現されていた。

　為替分析に関してはジュグラーの混乱を正して再構成し、中枢―周辺という異質な要素の相互関係を示した。為替分析は1850年代以降には不明確になるが、50年代初頭の欧州への大量の金流入に伴い、相殺の欠如が国際金銀移動で決済されるようになったためである。ジュグラーも読み替えているように、兌換停止下の『地金報告』で重視される為替相場は、兌換再開後は中銀の金属準備、特に、移動できる金銀が豊富になった後には金属準備とともに貨幣金属の輸出入へと分析の焦点を移行させる必要がある。月次の行先別の金銀貿易データの解析は、1861年以降のイギリスに限られたが、世界経済の連結とその運動を示した。年次データで期間と対象国を拡大して補完した結果、示されたことは、イギリスを媒介とした金と銀の複合的な関係、フランスを媒介とした銀の国際的移転関係、さらに東洋の銀本位世界への銀の大きな動きだった。金本位がごく少数の地域に限られていた19世紀には、銀は世界経済を連結し編成していくためには不可欠の貨幣だった。

　差し当たり中世世界から引き継がれた複貨幣制という通貨制度を、イギリス金本位に収斂していく過渡的で不完全なものとする見方は、旧来の《イギリス好況末期の金流出》という一国主義的な観点に対応するものだった。本章では最近の研究を踏まえて、複貨幣制を、それ自体に根拠を持つ通貨体制

とみなした。

　I章で検討したジュグラーの銀行学派的な通貨理論では、各自が自分の信用手形を振り出し、銀行信用の援助も受けながら、相互に相殺し合い、相殺の欠如を金属貨幣で決済するということだった。貨幣数量説が入り込む余地がないこの理論では、金属正貨の国際移動はGPMの考えになる。

　他方、通貨原理と貨幣数量説に依拠していたWolowskiらは、貨幣金属量の増減による貨幣価値の変動がもたらす困難を回避するために、複貨幣制を支持した。つまり一つの貨幣金属の量の増加がもたらす貨幣の価値変動を、貨幣総量における二つの金属の構成比率の変化として受け止めることで、一つの貨幣金属量の増減が貨幣総体の価値に対して与える変動作用を緩和させようとした。

　以上の二つの議論に対して本章では、FlandreauやBoyer-Xambeuらの議論は銀行原理に依拠しても複貨幣制の仕組みを説明できるのではないかと考えた。

　相殺の欠如を決済する際の金属貨幣の選択について、金と銀という商品貨幣が、貨幣数量説ではなく、それ自体の生産コスト（あるいは投下労働量）で価値が決まれば、相殺の欠如を決済する手段として金と銀から好都合なものを選べることになる。それに加えて貨幣を取り扱うためのコストの存在、支払準備として各経済主体（銀行も含む）が金と銀の合計を一定量、保有するという条件を加えれば金銀複貨幣制は可能であるという考え方を本章では示した。こうした条件が純粋理論で許容されるかどうかはここでは検討できないが、少なくとも本来の複貨幣制の時代と言われる1850―1875年頃にはそれ自体に根拠を持つシステムとして複貨幣制が成立していたと考えられる。

　ところで、世界経済を構成する異質な構成要素が同調や逆相関によって連結される世界的な景気循環の仕組みを論じたのは、ジュグラーの景気循環論だけではない。もう一つ、重要な景気循環のタイプとされるクズネツ循環でもこうした景気循環の世界的な構造が論じられていた。本書全体の目的は、通常は一国的に理解される景気循環論を、異質な要素から構成される世界的

な連関の中に読み替えることである。本章では金融・貨幣的側面を分析したが、次章では実体経済に焦点を置く。後発資本主義国が資本主義経済の存立根拠を形成しつつ経済発展を行い、旧来の先進資本主義国がその反作用を受け、両者の相互関係から全体として世界的な景気循環の形態を生み出すものとしてクズネッツ循環を論じる。

II章のデータ出所

銀行のバランスシート
イングランド銀行：*The Economist*（London）、イギリス議会資料。
フランス銀行：*Journal des économistes*、NBER *Macrohistory Database*。
1848年以前の四半期データは Coullet, M. P.-J.［1865］*Études sur la circulation monétaire: la banque et le credit*, Paris, Guillaumin による
ドイツ発券銀行24行：Spiethoff, A.［1955］.
ライヒスバンク：*Verwaltungs-Bericht der Reichsbank*.
ニューヨーク手形交換所加盟銀行：*Hunt's merchants' magazine and commercial review, Commercial and financial chronicle, The Bankers' magazine and statistical register*（New York）.
オランダ銀行：De Jong, A. M.［1930］*De Nederlandsche Bank van 1814 tot 1864*, Haarlem, Enschedè. *De Economist*（Amsterdam）.
ノルウェイ銀行：同銀行のウェブサイトにある歴史データから。
　各数値は原則、月末の週に含まれる日のもの。ただし1865年までのフランス銀行は毎月10日前後。またデータの利用可能性の問題で若干前後にずれるときもある。データが得られない少数の月ではスプライン補間で推定した（BdF の1849M01、1850M08、1852M11）。

名目GDP
イギリス：Mitchell, B. R.［1988］.
フランス：Levy-Leboyer, M. and Bourguignon, F.［1990］.
ドイツ：Hoffmann, W. G.［1965］。1850年以降しかないので、それ以前（1847—1849年）についてはデータの差分値から AR モデルを作って逆向きに予測値を求めた。厳密な方法ではないが、実際に用いるのは滑らかなトレンド線なのでさほど問題は生じないと判断した。
アメリカ：*Historical Statistics of the United States*.

外国為替相場、地金価格
Schneider, J. und Schwarzer, O.［1990］.
Schneider, J., Schwarzer, O. und Zellfelder, F.［1991］.
Schneider, J., Schwarzer, O. und Schnelzer, P.［1993］.
　月初めの数値。
　ただし、ロンドンとパリの地金市場、ロンドン・パリ間の為替相場は Boyer-Xambeu et al.［2007］に添付された Excel データを利用。元データは週2回データなので、本章では

月初めの数値に転換して利用した。オスロはノルウェイ銀行、ストックホルムはスウェーデン銀行のウェブサイトから。

ノルウェイ銀行のデータは、長期手形相場の一覧払相場への換算の際、1854—58年のみハンブルク市場割引率を用い、残りは5％に固定して換算したものをウェブサイトに掲載している。おそらくデータが入手できなかったためと思われるが、整合性を欠く方法なので全てハンブルク市場割引率で換算し直した。

金銀貿易

イギリスは Statistical abstract for the United Kingdom.

フランスは Tableau décennal du commerce de la France avec ses colonies et les puissances étrangères, Tableau général du commerce de la France avec ses colonies et les puissances étrangères.

インドの金銀輸入 The Digital South Asia Library のウェブサイトにあるグロスの数値（元データはイギリスの議会文書）を利用した。このデータでは1年の区切りは1866年までは4月30日までの1年間で、それ以降は3月31日までの1年間である。この数値を国際的な暦年に変換した。つまり、たとえばグラフの「1850」年は元データの「1849—1850」の約1／4と「1850—1851」の約3／4の合計値である。ただし、1年の区切りが変化する境目の1866—1867年の数値は11カ月分しかない。そのため、暦年に変換した際に1866年が過小評価されるので、12カ月分に換算した。単純に暦年に変換すると季節変動があれば問題が生じるが、そもそも年次データである以上、精密な分析は不可能なのでその問題は考慮していない。

市場利子率

ハンブルクは Schneider, J. und Schwarzer, O. [1990]、ロンドンは NBER *Macrohistory Database*.

第Ⅲ章　世界資本主義としてのクズネツ循環論

はじめに

　本章では実体経済における景気循環の世界的連関を対象とする。
　クズネツ循環は現在、建築や技術革新を基礎とし、通常の景気循環の2倍の約20年周期の循環とされることが普通である。
　しかし1950—60年代のクズネツ循環研究では、建築投資とその他の投資の関係、国内建築投資と外国投資・移民の関係、技術革新が世界経済編成に与える影響、さらには建築の英米逆相関とそれを手がかりとした「大西洋経済」の議論など、クズネツ循環の機構や波及が様々に論じられていた。狭い意味での「建築循環」とは建築に関する指標が長期循環を持つことだが、広い意味での「クズネツ循環」とはGDPのような総合系列の長期循環を意味する。
　本章は、投資の交替を核とするクズネツ循環の研究を復権し、現代的意義を再検討することを目的とする。その際、住宅に焦点を置く。理由はまず、通常、産業用建築よりも住宅の投資額の方が大きいこと、次に産業建築は産業投資との連関を持ち、狭い意味での建築循環に適合的だが、住宅は産業投資との技術的連関が少なく、後述のように広く社会経済基盤や経済金融構造と関連してクズネツ循環の意味に、より適するからである[183]。
　以下では、Ⅰ・Ⅱ章と同様の手順で、まずA節では世界経済的連関という観点からクズネツ循環を検討した諸学説を論理的に整理し、B節では諸学説が対象とした第1次大戦前について、投資の交替という分析方法が実証に堪えうるか検討する。最後にC節で現代のクズネツ循環の復活の可能性と歴史

的意義を論じる。

A　理論：クズネツ循環に関する諸学説の整理と検討

　この節ではまず、手がかりとして W. W. ロストウが挙げるクズネツ循環論者の3つのタイプを紹介し、ロストウ自身のイノベーション説をみる。ロストウの説は、リーディングセクターの技術革新から始まり、産業・農業における生産と貿易の世界的な再編成を論じている。次に世界経済の構成要素である各国に焦点をあてた諸説の検討に移る。まず新興開発国（以下、新興国）の代表アメリカでのクズネツ循環論、続いてその反作用を受けた基軸国イギリスでのクズネツ循環の議論を検討する。最後にこれら国ごとの分析の個別的自立性を否定し、相互関係から世界経済編成へと再構築した「大西洋経済」[184]を主張する説をみる。クズネツ循環をめぐる議論の焦点は、周期の長さだけでなく、建築の英米逆相関の原因を移民と外国投資に求めるものでもあり、そのことは最終的には、世界的な連関における景気循環の把握を要請するものだった。

1　ロストウの学説整理とイノベーション論
　1950―60年代に行われたクズネツ循環に関する議論を総括する立場から、1975年にロストウは以下の3つのタイプを挙げた（Rostow [1975]）。（※名称・用語は便宜上、筆者が付けた）

①人口的な要素を強調するもの（ライフサイクル説）：終戦などで外生的にベビーブームが生じると彼らの成人時に住宅や都市インフラ建設にブームが生じる。

②資本の輸出入と貿易収支を重視するもの（投資切替説）：輸出と外国投資の多い好況の循環と、輸入と国内投資の多い好況の循環とが交互に現れる。この説の「工業中心地による実際の、または期待される一次産品

第Ⅲ章　世界資本主義としてのクズネツ循環論　141

の需要拡大が資本輸出を刺激した」という主張を敷衍してロストウは「資本移動の原因を探れば食料・原料供給の問題に突き当たる」として彼自身の積極的な主張を示す。

③<u>断続的に発生する主要産業のイノベーションが資本・産出比率の波動を生み出す（イノベーション説）</u>：まずイノベーションによる新しいリーディングセクターの成長が一次産品の需要増加と価格上昇をもたらす。しかし一次産品の生産増加には新しい地域の開発が必要で、開発のために住宅とインフラ建設などが行われる。これらの因果関係はラグを伴いながら進行し、世界経済システムにおける動的調整過程となる。これが長期循環を生む、とロストウは論じた。

次に、この「新しい地域の開発」のされ方が<u>米国クズネツ循環</u>論の焦点となる。

2　米国クズネツ循環論

《生産能力に限界のある新興国では、移民に伴うインフラ投資と産業投資が同時に行われず、交替して行われることで長期循環が生まれる》という議論が1960年代前後のアメリカ NBER でのクズネツ循環研究の主流だった。ここではクズネツとアブラモヴィッツの説をみる。

ⓐクズネツの投資交替説

Kuznets［1961］は《<u>アメリカの長期循環は「人口感応投資」とそれ以外の固定投資の交替で生じた</u>》と論じる。投資の交替を核として次の2つの系列が交替する（ibid., p. 424 - 426）。

《人口的系列》：人口的要素（総人口増加数、移民純流入数、人口自然増、
　　　　　　　　国内生まれの国内純移民数）、「人口感応投資」（非農業住
　　　　　　　　宅、鉄道投資[185]）

《その他の系列》：「その他の投資」（在庫の純変動、対外債権の純変化額、非住宅民間建築、耐久生産財）、消費者一人あたりへの財のフロー[186]、労働力供給[187]

この2系列の交替で長期波動が発生すると説く。

しかし、クズネツは《この2系列の逆相関は1920年代以降、正の相関へと変化し長期循環は消滅した》と主張する。その理由として次の3つが挙げられている（ibid., p. 349）。

1）移民の制限。
2）二つの大戦が系列の交替のタイミングを変化させた。
3）20年代まではアメリカ国内では資本供給と生産力で制約が強く、好況期に人口感応投資とその他の投資を同時に拡大できなかったが、それ以降は制約が緩和した。国際資本市場では借り手から貸し手に変わり、生産力も過剰能力が累積し、供給能力の制約が緩和していた。

以上の諸点を歴史的にみれば、クズネツ循環の終了は、労働力と生産能力の不足を伴う新しい地域の発展段階が終わったためと言える。

ⓑアブラモヴィッツのクズネツ循環論

Abramovitz [1968] は景気循環の過程に即して、クズネツ循環を①比較的急速な回復期（約3年）、②定常成長期（7—11年、途中に小さな不況を含む）、③不況と停滞期（4—7年）の3つの局面に分ける。各局面の特徴は以下の通り（ibid., pp. 351‐358）。

①回復期には、それまで低かった生産要素の稼働率が高まり、急速に生産増加。
②定常成長期には、労働力が逼迫してくるが、賃金上昇によって、高い移

民費用の障壁を越えて移民を引き寄せ、移民による労働力供給で長い成長期が続くことが一つの特徴である。もう一つの特徴は投資切替で、耐久生産財から住宅・鉄道・その他建築への交替である。

③不況開始は、以前の不況に留め置かれていた欧州からの移民の波が減少し、それまで増加していた住宅や鉄道が過剰投資となって生じる。それまで位相がずれていた住宅・鉄道と諸産業の景気動向が不況に同調化する。

アブラモヴィッツの議論の要点は、移民の流入による好況の持続と投資切替である。移民の源泉は欧州の農村だが、それはアメリカ資本主義にとって単なる外部的与件ではない。アメリカの不況時には欧州農村からの移民が抑制され、ここで圧力を増した過剰労働力が、アメリカの好況が十分に発展した時に移民として引き出される、という考えで、移民の動向はあくまでもアメリカ資本主義の蓄積の度合いに応じる。

ここでは、資本が引き出しうる労働力のプールが二段階に想定されている。第一段階は、アメリカ国内に住居を持ち常駐する労働力、第二段階は、アメリカ国内に新たに住居をつくる必要のある移民である[188]。

以上の米国クズネッ循環論は、人口の希薄な地に資本と労働が移動して新しい資本主義的な生産を形成する過程に歴史的な根拠を持つ。旧来の資本主義国では、労働力の存在基盤は前資本主義社会から引き継ぐが、新興経済圏では、労働力の存在基盤形成のために「人口感応投資」を行う必要がある。しかし生産能力の限界のため、そして２つの労働力プールからの段階的吸収のため、この種の投資と他の産業投資とは交替で行われることになり、「産業生産の増大→必要な労働力移入とその基盤投資」の繰り返しが米国クズネッ循環論の特徴になる。そのため《移民の減少による人口動態の安定化でこの循環は消滅する》という議論は論理的に必然である。

ところで、第１次大戦前、アメリカなど新興経済圏の経済成長の規模は大きく、旧来の資本主義国にも反作用を与えた。クズネッ循環論はもともとア

メリカの循環としての議論だが、この反作用が当時の世界経済の基軸国イギリスに与える影響も議論された。それが「偽ジュグラー循環」説である。

また、実体経済では新興国に比べて低成長のイギリスでは、国際金融センターの地位ともあいまって、投資先の幅広い選択可能性と、既存投資の流動的な転換可能性が増加し、投資切替の可能性が増えた。そこから景気循環における産業投資と住宅建築の逆相関（住宅建築の反循環性）の発生を説明したのがハバカク説である。

3 イギリスに関するクズネツ循環の議論

第1次大戦前のイギリス景気循環は、GDPに匹敵するような総合系列では約8年の周期の通常の循環[189]を示す。ただ、1860年代以前は比較的、通常の循環が不明瞭で、70年代から明瞭になる。しかし70年代以降、国内投資や外国投資など重要な系列は通常の循環の約2倍の長期循環となっている[190]。この事実に対する評価が焦点となり、議論が2つに分かれる。一つは《通常の景気循環こそが本質で、長期循環のように見えるとすれば住宅建築の反循環性や偶発的な要因による非本質的なものに過ぎない》というハバカク説で、もう一つは《長期循環こそが本質で、通常の循環（いわゆる「ジュグラー循環」）が見せかけ》という「偽ジュグラー（pseudo-Juglar）循環説」である。

ⓐ偽ジュグラー循環説

Coppock［1959］は米英の産業産出量の指数関数トレンドからの偏差[191]を用いて、次の二つを主張した。

①1860—1914年のアメリカ、そして1870年までのイギリスは、約20年周期の大きな波動と2—4年の小さな波動しかなく、「ジュグラー循環」が存在しない（pp.190-191）。

②1870—1914年のイギリスでは、8—9年の明瞭な「ジュグラー循環」が

見られる[192]が、それは見かけに過ぎない。その理由は70年代以降、アメリカの輸送・建築投資によって生じた長期循環がイギリスに大きな影響を与え、イギリスでは国内建築における約20年の長期循環に対して、輸出における約20年長期循環が半周期ずれて生じ、それぞれの半分の周期（約10年）の「ジュグラー循環」が見かけ上現れたため、とする（p. 191, pp. 195‒197）。

以上の「偽ジュグラー循環」は、長期循環の要因を一国内のみに求めるには限界があり、英米間の「大西洋経済」という視角が必要なことを示している。

ⓑ景気循環における住宅建築の反循環性の発生

他方、Habakkuk［1962］は、長期循環を否定するが、その根拠として、1870年以降の住宅建築の反循環性と、1890年代の偶発的な国内ブームによる攪乱的影響を挙げる。

住宅建築に関して、まず実物面では、19世紀前半の好況期には建築に有利な面（労働者の都市への移住増加、所得増加による住宅需要増加等）が、不利な面（建築コスト上昇、資金需要での他産業との競合）を上回っていた（p. 240）。しかし19世紀末には労働者の国内移住が減少し、都市への移住は中産階級が中心となった。中産階級の場合、好況期には、有利な刺激よりもコスト上昇などの不利な影響を強く受け、逆に不況期には、建築にとって有利な面が増えて建築の反循環的な傾向が発生した（pp. 243‒244）。

次に金融の面では、19世紀後半に金融システムが統合[193]されて以前よりも慎重な経営となり、ブーム期の通貨供給の弾力性が減少した。また資本市場が発展し、かつては建築・モーゲージに投資するには地元しかなかった地方の資金が、他の場所（海外など）に向けられるようになった。また、モーゲージ金融の利率は産業・商業での信用の利率よりも安定しており、不況期にはモーゲージ金融の利率が相対的に高くなるため資金調達が有利になり、

反循環的性質を帯びるようになった (p.245)。こうして不況期にはモーゲージに資金が移動した。さらに景気循環が変容し、1866年を最後にパニックがなくなる。そのためイギリスでは、以前には恐慌から不況開始にかけて生じていた流動性逼迫が緩和され、全般的な信用収縮ではなく、コンソルやモーゲージへの投資の交替が起きるようになった (p.246)。他方、イギリスからの外国投資先では金融恐慌が70年代以降も起き続け、恐慌時には安全性を求めてイギリス国内モーゲージへと投資先を転換することもあった。こうして外国投資と国内建築投資との切替が起きた (pp.257-259)。

このように、1870年代以降、住宅建築の反循環性の発生で、通常の景気循環の波長が崩れ、さらに偶然、90年代に起きた鉄道電化による大きな国内投資・建築ブームもあって長期循環のように見えただけであり、建築活動の英米逆相関も電化の時期が偶然、英米でずれて前後しただけで必然性はない、とハバカクは説明する (pp.263-264)。

ハバカク説の金融の面、つまり《流動的な金融市場の成立と資本移動の制約の解除によって不況時に住宅建築が増える》という説は2000年代アメリカでも適用可能だろう（後述Ⅲ章C-2）。

こうした投資交替の考えをさらに拡張すれば、ハバカクが偶然という1890年代のイギリス国内投資ブームも、その前提を探ると、それ以前の1880年代の外国投資ブームの崩壊に伴う投資切替にも見える。この内外投資の交替をもグローバルな資本主義の内生的な運動に取り込んだのがトーマスの「大西洋経済」である。

4 トーマス「大西洋経済」

Thomas [1972] は、イギリスまたはアメリカ一国内を重視する説を批判し (pp.5-16)、「大西洋経済」としての景気循環・長期循環を示す。長期循環の要因には都市中心の国内投資ブームを挙げるが、そのブームの客観的根拠として、英米関係=「大西洋経済」を同時に論じることがこの説の特徴である。

この説では、アメリカでは人口感応投資とその他の投資の逆相関、イギリスでは国内投資と外国投資の逆相関を前提に、二種類の異なるタイプのブームを持つ循環が相前後して繰り返される、と設定され、各国内の経時的な因果関係と、各国間の同時的な相関関係も検討される。図式化すると以下の通り[194]。

表3-1 トーマス「大西洋経済」の景気循環交替図式

	好況A；要因	切替 a	好況B；要因	切替 β
イギリス 先進国	輸出・外国投資 移民流出	恐慌 a	国内投資 （建築など）	恐慌 β
	↕		↕	
アメリカ など 新興国	人口感応投資 移民流入 資本輸入 生産基盤増強	大きな 恐慌 a	産業投資 輸出 生産力発現	小さな 恐慌 β

　各国の数年に及ぶ好況は実体経済の面から説明され、国際的に景気を同調化する恐慌は金融の面から説明される。

　好況は２種類ある。まず表3-1の左上に位置するイギリスの外国投資・輸出ブーム（好況A）の初期には、イギリス国内の建築業はまだ停滞しており未稼働の生産要素が十分にあるので、生産が弾力的に増加し輸出量も増加する。海外では投資ブームとなり建築が増加する。しかし、好況が進むと英国での供給条件の制約のため価格が上昇し、好況は永続的には続かない（pp.69-70）。

　次に、表3-1の右上にあたる英国の国内投資ブーム（好況B）では、英国への輸入が増加するが、それは新興国で増加した生産力に基づく輸出増加が対応する。しかしブームの進行に伴い、英国での高いインフラ投資、失業率低下の底への到達、新興国からの輸入品の価格上昇などのため、英国内での投資が続かなくなる（p.101）。

2種類の好況で共に供給条件が制約となるが、《その供給条件が形成されるのはそれ以前の循環における好況の過程》として分析視角を深め、国内建築ブームの循環と輸出ブームの循環の相互関係を以下のようにまとめる(p.71)。

1）ある時期の各国の輸出能力は、先行する時期にその国で行われた建築に関連する。
2）先進工業国における建築拡大の能力は、新興国からの一次産品の輸入増加に基づく。
3）アメリカなど新興国での一次産品供給地の開発には移民とインフラ投資が必要で、さらに供給開始までに大きなラグがある。そのため、ある時期の新興国の輸出は先行する時期の移民と資本の流入に依存する。

つまり経時的には、英国では【国内投資ブームの循環⇄輸出・外国投資ブームの循環】の二つが相互に前提となって繰り返される。他方、アメリカなど新興国では【移民増加・人口感応投資⇄産業投資・消費財増加・輸出比率増】が相互に前提となって繰り返される。

また同時的には英米間で【《イギリス国内投資ブーム》＝《アメリカ国内産業投資・消費財増加・輸出比率増》】と【《イギリス輸出・外国投資ブーム》＝《アメリカへの移民増加・人口感応投資》】の2種類の相互規定関係となる。

2種類の好況を切り替え、各国の景気循環を同調化する契機は恐慌で、ここでは金融的要素が重要になる。この点を国際金本位制とロンドン国際金融市場を前提として以下のように説明する。

イギリス輸出・外国投資ブーム末期では、イギリス国内産業の供給力制約が生じて輸出の伸びが鈍化しながら、他方で外国投資の利子も再び海外の経済主体へ投資される。そのためイギリスでは外国投資ブームが加熱して基礎収支悪化から為替悪化・金流出が起き、金準備確保のためイングランド銀行

が金利を引き上げる。そして金融市場の逼迫によって新興国の借入困難が生じる。イギリスの金融引き締めは新興国でより大きな影響を受ける。逆にイギリス国内の恐慌は穏やかで、それまで海外に向けられていた投資がイギリス国内の建築に向かい始め、次に国内建築ブームを含む循環が始まる。

イギリス国内投資ブームの末期にも輸入増加などによる基礎収支悪化で、為替悪化と金流出が生じ、イングランド銀行の金利引き上げと金融市場逼迫の発生によって、恐慌が世界的に波及する。

このように 2 種類のブームの転換は、イギリスでのブーム過熱によるイングランド銀行の金融引き締めが契機となる。恐慌後には投資切替が行われる。その前提にはイギリスの投資家が、国内の経済主体への投資と、海外の経済主体への投資との間で投資先を選択できる仕組みが必要である[195]。

上に図式化したように恐慌は、イギリスの国内投資ブーム後の恐慌と、新興国の人口感応投資ブーム後の恐慌の 2 種類に区別される。トーマス説を敷衍すれば、イギリスのように国内投資が外国投資に比べて弱い場合には、上の図の恐慌 α と β がほぼ同じで「偽ジュグラー循環」になるが、高い経済成長を続ける新興国では、大きな国内投資の後の恐慌 α の方が β よりも非対称的に大きく、長期のクズネツ循環になる。

以上のトーマス説は論理的にみると、ロストウの世界経済システムにおける動的調整過程論を軸にして、新興国でのクズネツ・アブラモヴィッツの投資切替論、基軸国イギリスでの偽ジュグラー説・ハバカク説を総括したもので、イギリスの循環とアメリカなど新興国の循環との相互作用を特徴とする。この相互関係にこそ一国的分析にとどまらない「大西洋経済」とクズネツ循環論の不可分性がある。

以上の諸理論は、現実の経済過程に対する本質的な規定を対象としたものである。こうした諸理論が現実にはどのように妥当性を持ちうるのか、次節で検討する。

B 実証：方法と第1次大戦前の分析

方法 第1次大戦前を対象とした実証研究は Gottlieb [1976] をはじめ、いくつも行われてきたが、本章でも実証分析を行うのは、①データ[196]の更新の他、②投資切替説の《個別の投資循環は通常の周期、投資切替が起きれば長期循環》という枠組みを活かすため短い平滑化で通常の循環を残しながら長期循環を分析するためである。長期循環に関する既存の研究では通常、10年もの長い移動平均がとられるが、それでは通常の循環と長期循環との関連の不明確化や、ピーク・トラフのずれ、架空の循環の発生の問題が生じる。そこで本章では平滑化に比較的ピーク・トラフがずれにくい二項フィルタを用いた。また上昇トレンドのある投資項目などは GDP で割ったが、GDP の原系列を使うと GDP の変動も現れてしまうので GDP のトレンド[197]で割った。

ところで、本章の数値はⅡ章とは特性が異なる。Ⅱ章での銀行や為替のデータは特定の時点の確定値だが、本章で対象とする多くは GDP などの推計値である（一部、金融データを除く）。特に19世紀に関する推計では変化の値は信頼性が乏しく、不況の特定が難しい。Ⅱ章のような月毎の変化から恐慌を特定するような厳密さは要求できない。そのため、19世紀の年次データにおける不況の特徴はたとえば後掲、図3-3のように、実質 GDP の3期二項フィルタ後の成長率がマイナス、またはかなり0に近づいた年を不況とした。元の推計値の精度と平滑化の恣意性のため大体の目安にすぎない。

また、長期循環の実証分析で問題となるのは、循環のサンプル数が少なすぎることである。多くの論者が存在を認める1870年代から第1次大戦までの間では、20年弱の循環は多くとも2回半しかなく、「周期」というよりもむしろ「間隔」にとどまると言うべきだろう。また、景気転換点を判断する NBER などは、通常の循環の周期を6〜32四半期としており、幅が広く、単にその2倍では意味をなさない。そのため本章では、表面的な繰り返しの規則性ではなく、長期循環の内的根拠としての投資切替に焦点を置く。具体

的には産業と住宅との投資の交替、国内と外国との投資の交替、各国間の逆相関である。

1　国際的連関

図3-1は人口一人当たりのイギリス、アメリカ、オーストラリア、カナダの全国実質住宅投資額[198]で5期二項フィルタ平滑化後に標準化[199]してある。グレーの部分はイギリスの不況の期間（次項「2　イギリスの分析」での方法による）。

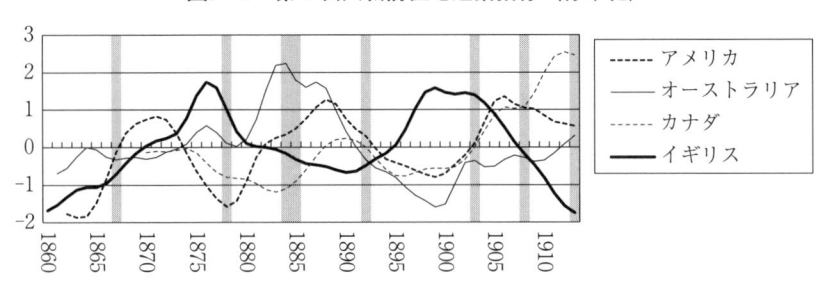

図3-1　第1次大戦前住宅建築指標（標準化）

米英逆相関を否定する論者は、建築指標のピークやトラフが逆位置でそろっていないことを理由にする。しかし前節で検討した諸理論は、恐慌の国際的波及が実体経済の転換点の一致を重視しているわけではなく、重要なのは、実物的要素に関して、ある国の好況の性格が他国の好況の性格を規定する客観的条件を相互に与え合うことである。そのため本章では、各国における諸系列の好況期・不況期の対応を検討する。

1870-1913年の区間について、図3-1のそれぞれの系列の数値の上位25％を好況（1）、下位25％を不況（0）、その間を0.5として区分すると、下のグラフになる。

図3-2　住宅建築レジーム分析

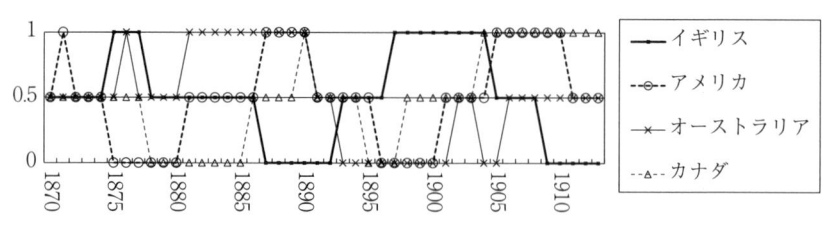

住宅建築の好況は70年代：イギリス（一時的にアメリカ・カナダ）→80年代：アメリカ・オーストラリア（一時的にカナダ）→1900年前後：イギリス→1900年代：アメリカ・カナダ（オーストラリアは回復するが中位にとどまる）と転換する。イギリスと新興国での転換点は1880年頃、1890年代初頭、1900年代初頭になる。この世界的な転換点を踏まえてイギリスとアメリカのデータを検討する。

2　イギリスの分析

図3-3はイギリスの実質GDP（マディソンのデータ）を3期二項フィルタで平滑化した後の前年比伸び率。

図3-3　イギリス実質GDP成長率

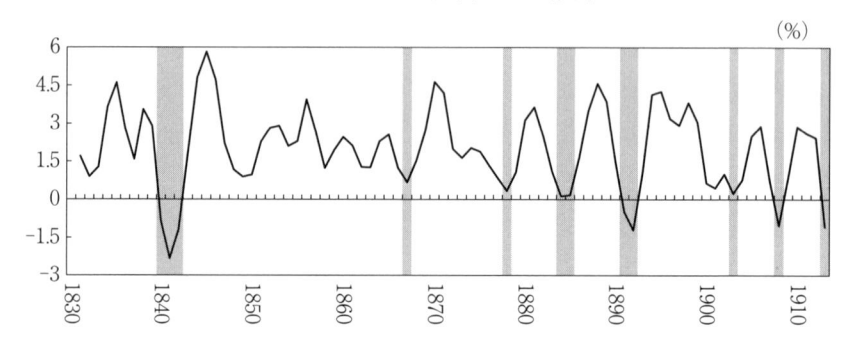

グレーの部分は実質GDP成長率がマイナスになる、または0に近くなる「不況」の年で、1840―1841、1842、1867、1878、1884―1885、1892、1903、1908、1913年とした。

1870年以降には明瞭な周期が見え、自己相関関数では8年周期がピーク（0.395）となる。しかしそれ以前は明瞭でない。70年代以降の明瞭な「ジュグラー循環」が、実は二つの長期循環の合成という「偽ジュグラー説」は図3-4からわかる。図3-4は国内GFCF（粗固定資本形成）、外国投資、国産品輸出額（いずれも名目値）をそれぞれ名目GDPトレンドで割った数値。図3-5は実質GFCFのプラント＆機械、産業商業用建築、住宅建築、造船を実質GDPトレンドで割った数値（図3-4、3-5とも5期二項フィルタ平滑化）。

図3-4　イギリス国内投資と外国投資と輸出のGDPトレンド比（名目額）

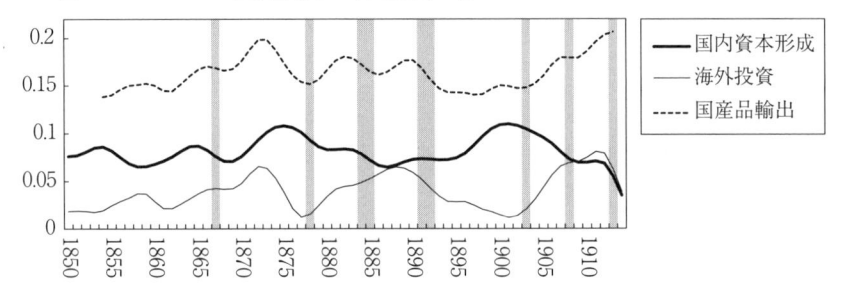

図3-5　イギリスGFCF諸項目のGDPトレンド比（実質額）

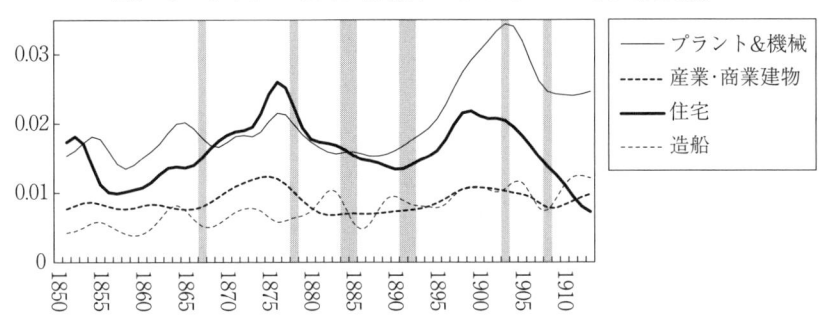

図3-4ではGFCFの長期循環は80年頃から始まっており、それ以前は通常の循環だった。他方、外国投資は遅くとも50年代から長期波動を示しており、70年代初頭からGFCFとの逆相関が明瞭になる。偽ジュグラー説で言う《イギリスの長期波動はアメリカの影響を受けて生じた》という現象は、

因果関係の方向はともかく、相関としては70年代以降に確認できる。つまり、以前からあった外国投資の長期波動に対して、GFCFが逆相関に波動を合わせながら、長期循環に変化したように見える。輸出は90年代の相対的低水準を挟んで長期循環のようなものがあるが、90年頃までは通常の循環も見える。

　図3‐5では、まず耐久生産財にあたるプラント＆機械はGFCFと同様に70年代後半まで通常の循環を示した後、次の山まで大きな間隔をあける。住宅はピークが1852、76、99年と23—24年間隔となる長期循環を示し、通常の循環は見られない。産業・商業建築は両者の間のような動きである。いずれにしても産業と住宅との代替関係はない。

　以上を長期循環の観点からまとめると、70年代後半を中心とする国内投資の高水準・外国投資の低水準の時期、80年代を中心とする国内投資の低水準・外国投資の高水準、1900年を中心とする国内投資の高水準・外国投資と輸出の低水準の時期、1900年代の国内投資の低水準・外国投資と輸出の高水準の時期が交替して現れ、その時期区分は上記の国際的な住宅好況レジームと対応する。

　内外投資の切替は75—77年頃、87—88年頃、1900—01年頃で、その数年後に不況になる。概観としてはコポックの「偽ジュグラー循環」が認められる。しかし、84—85年と08年不況は《国内投資の減少＝外国投資の増加》の継続中に起きており、投資切替が起きていない。国内投資や外国投資には成長率の増減という成長率循環のみが起きている。ただ、この二つの不況は《外国投資と輸出の増加または相対的高水準》という海外からの外生的な影響を受けやすいと思われる時期に起きた。具体的には84—85年の不況は造船の例外的に大きな下落の影響が大きく、08年はアメリカ恐慌の影響と思われる。

　以上、2種類の異質な長期循環から構成される「偽ジュグラー循環」の内的機構は、基調としては認められるが、それ以外の要因もイギリスの景気循環に影響を与えた。この点でコポックやトーマスの図式を厳格に適用するに

は限界がある。その理由は、技術的には推計値の精度の問題もあるが、理論的にはクズネッツ循環論は基本的に長期的な好況の性格付けに関するものであり、また歴史的には19世紀が下るにつれて後発資本主義国の経済発展が進み各国の相対的な自立性が強まっており、相互関係（特に実体経済）は緩やかな相互規定にとどまるからである。次にイギリスと相補性を持つと考えられるアメリカのクズネッツ循環を分析する。

3　アメリカの分析

図3-6はアメリカ実質GDPとIP（産業産出量）を3期二項フィルタで平滑化後の前年比伸び率。

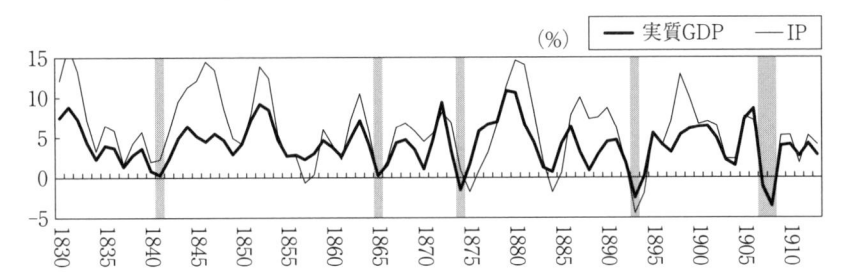

図3-6　アメリカ実質GDPとIP伸び率

グレーの部分は実質GDP成長率がマイナスになる、または0に近くなる「不況」の年で、1841、65、74、93、1907—08年とした。不況の間隔は24年、9年、19年、14年となる[200]。ところでアブラモヴィッツは「経済活動またはGNP」の長期循環のトラフとして1819、1840、1858、1874、1886、1892、1911年を挙げている（Abramovitz [1961] p. 231)。それらの間隔は1886年を除けば14—21年間隔となる。もちろんこの間隔は外見上の参考に過ぎず、本章での課題は投資切替の存在である。

図3-7はKuznets [1961] のデータから作成した実質GNP成長率に対するGFCF諸項目の寄与度。原データがすでに5年移動平均なので平滑化していない。

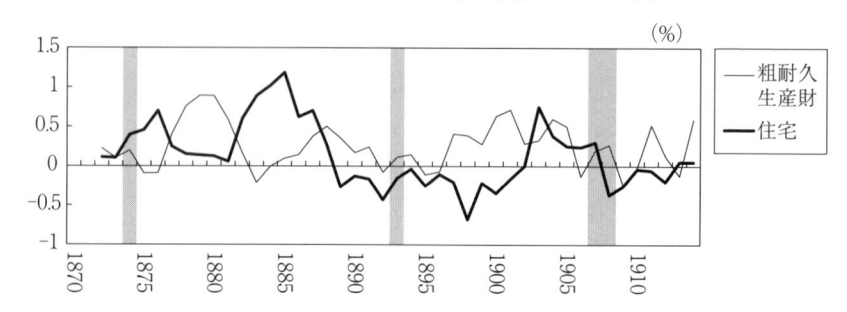

図3-7 アメリカGNP実質成長率への寄与度

イギリスで国内投資の多かった70年代半ば〜後半と1900年前後には耐久生産財の寄与度が高く、イギリスで外国投資の多かった80年代と1900年代には住宅がその前後の時期に比べて高くなる。十分に明瞭とまでは言えないがクズネッツやトーマスの説には整合的である。

70年以前は同質のデータがないため、図3-8では次の指標で代用した。住宅は<u>都市建築許可実質値／人口</u>、耐久生産財は<u>機械産出指数／IPトレンド</u>[201]、さらに輸出に関して<u>実質輸出額／実質GDPトレンド</u>。いずれも5期二項フィルタ後に標準化してある。

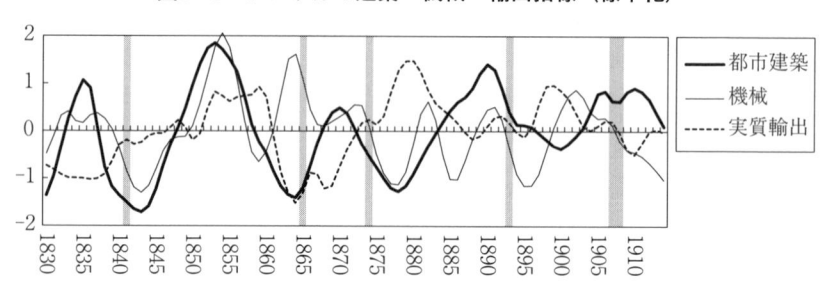

図3-8 アメリカの建築・機械・輸出指標（標準化）

<u>1900年代の長期好況</u>では《輸出→機械→建築》と山が交替しており、イギリスの国内ブームとその崩壊との関係でも整合的である。つまりアメリカで輸出と機械の指標が高いときはイギリス国内ブームであり、イギリス国内ブームが崩壊したときにアメリカの建築の指標が高い。<u>80年代の長期好況</u>では

輸出→建築の交替はあるが、機械は前半・後半とも同様の山となる。70年代前半までの好況は、アブラモヴィッツの1858年トラフという判断を取れば、約15年の長期好況で前半は機械、後半は建築という切替が見られる。しかし内戦（1861—65）の影響、特に戦後の建築ブームの可能性は無視できないだろう。それ以前には投資切替は見られない。

　以上の結果からクズネツやアブラモヴィッツの投資切替説は内戦前には適切ではないが、50年代末以降には当てはまる可能性がある[202]。

　次にトーマスの《インフラ整備（建築）の好況と生産力発現（輸出の相対的増加）の好況との交替》という説については80年代の長期好況の前半、1900年代の長期好況の前半に輸出が増加しており、その説が正しい可能性がある。しかしトーマスのように輸出を過去の投資の生産力の発現とするには次の2つの問題を検討しておかなければならない。

　①輸出増加が国内不況期における単なる輸出ドライヴである可能性。
　② Williamson［1964］が指摘した輸出の雑多性・非規定性。

　まず①の輸出ドライヴの可能性について。輸出が増加する1880年前後、1900年前後は IP や GDP の伸び率も高く好況期と考えられ、不況期の輸出ドライヴの可能性は少ない。

　次に②の輸出の雑多性・非規定性について。Williamson［1964］は国際収支面での米国クズネツ循環研究だが、貿易収支の循環は輸入が規定的（ただし1900年頃は例外的に輸出の変動が規定的）とする。理由は、輸入は国内要因に規定され、しかも構成諸項目間の同調性があるが、輸出にはそうした特徴がなく多様な世界市場の様々な外生的要因に影響されるためである。実際、アメリカの70年代末の輸出の増加は未加工食品の激増（価額では次いで加工食品）が原因だが、1900年頃の輸出増加は工業完成品の増加が最大の要因[203]という違いがある。ロストウやトーマスは新興国の輸出を一次産品としたが、そうした限定は無理があるだろう。

新興国の輸出を一次産品のみに限定する必要はないし、輸出品目が多様だからといって輸出増加は偶然とみなす必要もない。現代のわれわれはロストウやトーマスとは異なり、グローバル経済の下で、資本輸入をしながら工業製品を輸出する東アジアなどの新興経済圏を見ており、トーマスの生産力発現説の品目を工業製品も含めて幅広く再定義できるだろう。つまり、先進国からの商品と資本の輸入で拡大される資本主義的な生産力の発展の程度に応じて、その生産力の発現の結果として新興国から輸出される品目が農産物だったり工業製品だったりするが、新興国と先進国との枠組みには変化はない。

その上でさらに、この生産力発現説を一国的に《国内投資→生産力発現》と狭く見るのではなく、アメリカの輸出増加がアメリカ以外（イギリスと大陸欧州）の国内投資増加と対応するという「大西洋経済」の脈絡で見たときに説得力を増すだろう。

続いてアブラモヴィッツ説の検討のために鉄道建設と移民のデータを検討する。図3-9は都市建築許可額／人口と移民／人口、鉄道営業キロの増加分／人口）いずれも5期二項フィルタ後に標準化してある。

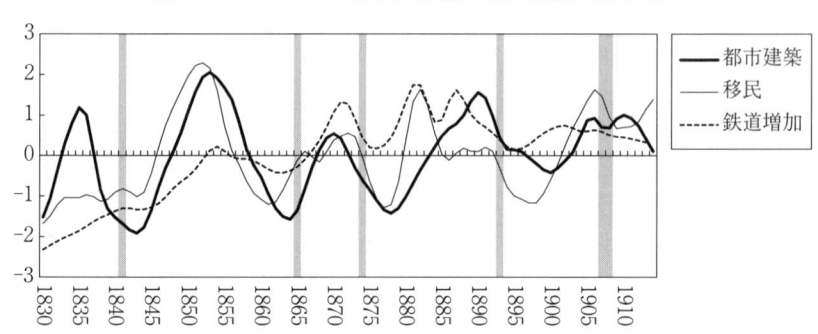

図3-9　アメリカの移民・建築・鉄道指標（標準化）

アブラモヴィッツは長期好況の後半で移民・住宅・鉄道・その他建築が増加すると指摘した（本章A-2）。

<u>1900年前後の長期好況</u>では移民と建築が後半に高く、アブラモヴィッツの

説と適合するが、鉄道は異なる。80年代の長期好況は前半に移民と鉄道の大きな山があり、アブラモヴィッツ説とは適合しない。建築は長期好況の後半に山がありそのピークは90年で、移民のピーク82年とは大きなずれがある。このときは建築と住宅の動きが例外的にずれており、住宅のピークは87年になる（前掲図3‐7）が、それでも移民とのずれは大きい。70年代前半までの好況は、図3‐8の検討の際と同様に、アブラモヴィッツの1858年トラフという判断を取れば、長期好況の後半で移民・鉄道建設の増加が見られる。しかしこれは内戦の影響の問題が残る。

　以上、投資交替説はアメリカでは1900年代前後の長期好況には適合するが、80年代前後の長期好況には適合しない点がある。80年代には半ばにIPの大きな減少もあり、アブラモヴィッツ説を厳格に適用するよりも、80年代全般でイギリスと新興国との補完的な国際連関の枠組みで捉える方が有意義だろう。60年代前後の長期好況では、アブラモヴィッツの時期区分を用いて内戦の影響を留意しなければ適合する。

C　展望：現代のクズネツ循環

　これまで本章のA、B節で検討した手法によるクズネツ循環分析は、第2次大戦後に関しては多くない。有力な論者は、クズネツ循環を《移民を伴う新興国の経済形成過程》という歴史的文脈の中で捉えており、第1次大戦後、移民の意義の減少と新興国の経済形成の安定化によって、クズネツ循環が消滅したと認識される[204]のは論理的に整合的でもある。

　ところで「建築循環」に関する最近の本格的な研究であるBarras［2009］は、アブラモヴィッツのクズネツ循環消滅説を踏まえた上で、1970年代以降から復活する研究の流れについて次のように概観する（Barras［2009］p. 62）。

　1960年代には、積極的な財政金融政策による経済安定化作用によって、クズネツ循環だけでなく、景気循環自体の消滅も論議された。しかし1970年代

半ばの世界不況、80年代の不動産市場での大きなブームと崩壊が建築循環の研究を促進した。移民に基づく理論の有効性が失われたことを踏まえて、新しい研究では、内生的なストック調整原理、賃貸料の硬直性による建築の過剰・過少、市場の不確実性と調整の遅れに対する開発業者などの経済主体による期待形成、などに焦点が置かれた。

こうした現代の不動産（property）循環研究が古典的理論とは異なる特徴として、バラスは以下の4点を挙げる。

①建築循環は不動産循環のすべての系列（たとえば空室率、賃貸料、資本価値、着工・完成数など）の一部という扱い。
②かつての研究の焦点は住宅だったが、最近は非住宅建築物になった。
③不動産市場と資本市場が統合し、金融は実物的な需給と同様の重要性をもつ。
④入居者と投資資本が国境を越え、不動産循環は国際的な現象になった。

以上がバラスの見解だが、本章では現代のクズネツ循環の検討のために③と④の点を重視する。なぜなら、バラス自身は「古典的研究との違い」と言うが、この二つはハバカクやトーマスの説ですでに重視されており、バラスの強調は事実上、現代における投資の部門間切替と国際的切替の歴史的復活を意味するからである。たとえば、最近ではアメリカの2000年代初頭の投資切替は、後述のように産業から住宅への交替というハバカク説に似たかなり特徴的な切替である。他の点に関しては①は対象が広すぎるため本章の範囲を超えること、②については冒頭で触れたように本章では住宅に焦点を置いている。

逆に古典的な米国クズネツ循環論を踏襲した研究は Easterlin [2004] ch. 5で、1997年アジア危機を糸口に、東南アジア諸国と第1次大戦前アメリカの経験の類似点として、自由な資本移動と労働力移入を簡単に指摘した。バラスはハバカクに似て焦点を先進国の流動的な市場に置くが、イースターリ

ンは米国クズネツ循環論に基づいて新興国の経済発展過程に焦点を置く。以上の問題提起をトーマス「大西洋経済」＝世界資本主義的に読み替えると、まず新興国として東南アジア、中心国としてアメリカとなるが、その上で現代のアメリカはかつての基軸国イギリスと異なり、国内投資も旺盛で<u>投資を内外に切り替える中心国</u>と同時に、国内においては<u>投資を産業と住宅とで切り替える新興国</u>の両方の性質を持つ可能性がある。

　以上の点に踏まえ、以下ではまず、アメリカにおける景気循環の変質と国内投資の切替の分析（第1項）、次に投資切替の具体的回路としてのアメリカ商業銀行の投資切替（第2項）、最後に国際的連関の可能性（第3項）を検討する。

1　アメリカの投資動向

　図3-10はアメリカの<u>GFCF諸項目</u>と<u>海外長期投資</u>の各名目値を名目GDPトレンドで割ったもの（5期二項フィルタ、グレー部分はNBERの判断による不況期）。

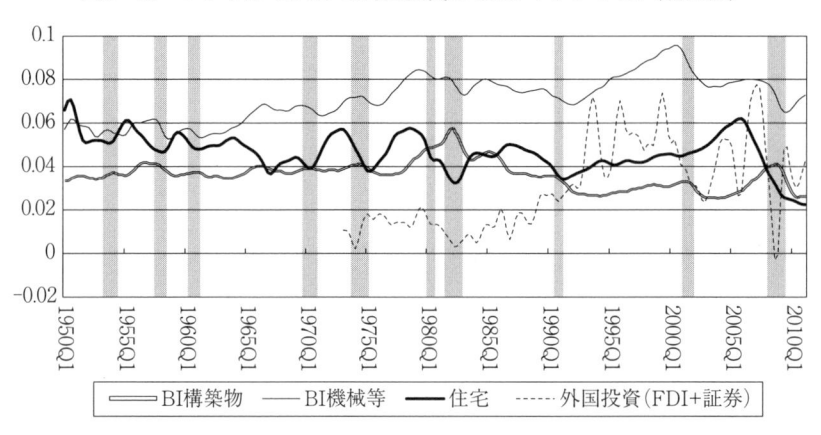

図3-10　アメリカGFCFと外国投資のGDPトレンド比（名目額）

　図3-10の通り、アメリカの景気循環は79―80年代初頭のヴォルカー・ショック後に変質しGreat Moderationと呼ばれるように、景気変動が安定化

した。それまでの循環では、住宅投資と産業投資（以下、BI と略記。正確には民間非居住固定投資）が、若干ラグを伴いながら、景気と同調して大きく変動し、投資切替による長期循環は見られない。しかし80年ころから変質し、80年代には好況中に住宅や BI の下落傾向が続く[205]。また、2000年前後にはそれまで機械等に主導されていた BI の増加が急落に転じ、逆に住宅が増加する投資切替が起きた。

グラフに表示した外国投資額は直接投資と証券投資のグロスの数値で、銀行間の国際取引は含まれていない[206]。上昇トレンドがあることを考慮すれば、外国投資額は、70年代後半の好況では高位、80年代の好況では低位からトレンドに沿った上昇、90年代好況では高位、2000年代には低位から増加してトレンドに当たる位置への回復、と読める。住宅よりも BI 機械等の動きに近いようである。

続いて、投資切替の具体的経路として商業銀行の資産を分析する。

2　アメリカの商業銀行の投資切替

商業銀行資産に関して、「産業的投資」（貸出＋商業モーゲージ＋ GSE 証券の商業施設関連分＋社債・外債の商業施設関連分）、「住宅的投資」（住宅モーゲージ＋ GSE 証券住宅関連分＋社債・外債の住宅関連分）[207]、財務省証券、現金（FRB 預金を含む）の各増加分を名目 GDP トレンドで割ると図3－11になる（5期二項フィルタ）。

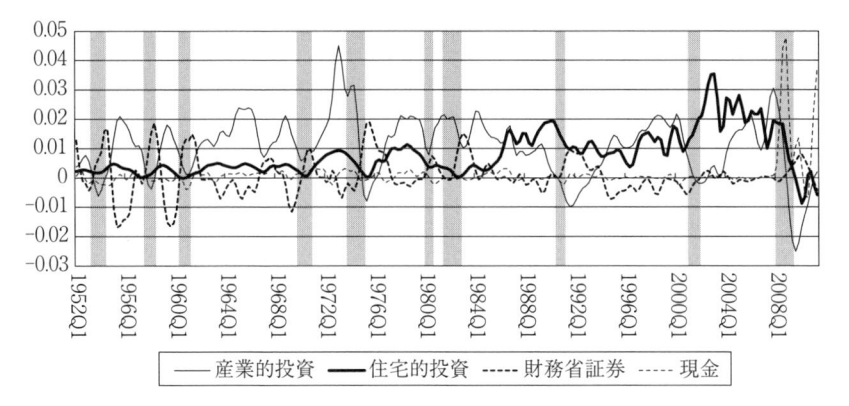

図3-11 アメリカ商業銀行資産増加額のGDPトレンド比

凡例: ── 産業的投資　━━ 住宅的投資　---- 財務省証券　····· 現金

　90年代初頭までは、不況期に産業的投資から財務省証券への、急速で一時的な切替という「質への逃避」が起きていた。住宅的投資への切替は見られない。ところが2001年の不況では産業的投資からの切替は財務省証券にではなく、住宅的投資への切替だった。2008年には例外的に激しい「現金」へのシフトが起きているが、これは信用危機による「質への逃避」と銀行救済策の結果であろう。

　産業から住宅への大規模な商業銀行の投資切替は、2000年代初頭の他にも80年代後半に起きている。しかし、2000年代とは異なり、80年代後半にはGFCFとしての住宅投資は、逆に減少している（図3-10）。おそらく、この時期は住宅モーゲージ保有の多かったS&Lが破綻の結果、商業銀行に統合されることもあったため、消極的な意味で商業銀行における住宅関連資産の増加も原因となったと思われる。

　ところでこの80年代後半は、好況期にも不況的な状態が続く、アメリカ景気循環史上、特殊な時期である。90—91年の不況を挟んで90年代初頭も不況的な状態が続く。80年代後半から90年代初頭の長期にわたる不況的な状態については、図3-10からは《好況期では例外的なBIの停滞と住宅投資の減退の早い開始、外国投資の増加》、図3-11からは《商業銀行の産業的投資の大幅な減速・減少》がわかる。

ところが、80年代後半から90年代初頭のアメリカで生じた GFCF の減退は、他国での GFCF の増加と相補的な関係となっていた。次項では国際的連関について検討するが、イースターリンが挙げた東南アジア諸国についてのみ取り上げる。

3 国際的連関

ⓐアメリカとタイ・マレーシアとの対応

以下では、トーマス説とイースターリンの提起に基づき、まず国内投資の好況が国際的に交替する関係について、東南アジアの国とアメリカを検討する。

GFCF／GDP トレンド（名目値）の年次データ（3期二項フィルタ）は下図のようになる。おそらく経済規模の違いのため、アメリカは変動が小さいため目盛りを左に分け、目盛間隔を2倍に拡大した。

グラフのグレーの縦線は、アメリカにおける不況の時期で、NBER の判断による。

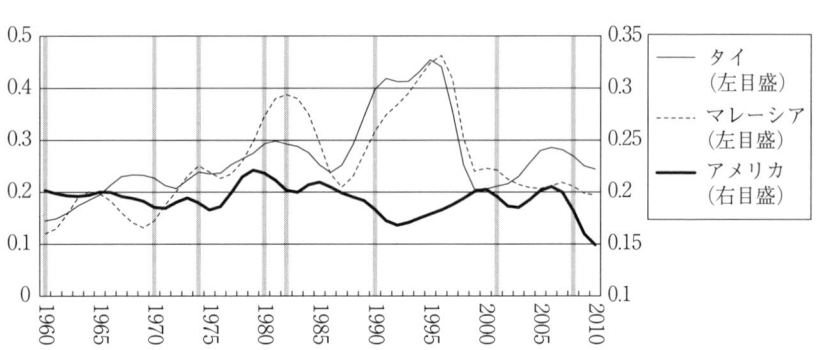

図3-12 タイ・マレーシア・アメリカの GFCF の GDP トレンド比（名目額、標準化）

GFCF について、タイ・マレーシアは80年から2000年頃までアメリカと逆相関である。

ここでまず、国内投資好況の異なる国の間での交替を確認した。次に外資受入、続いて労働力の移入を検討する。

ⓑ タイ・マレーシアにおける外資と貿易

外資受入[208]に加えて純輸出を見ると次のようになる。各国の不況は、年次の実質 GDP 成長率がマイナスになった年。「純輸出」は財とサービスを含む。

図3-13　タイ投資・純輸出の GDP トレンド比

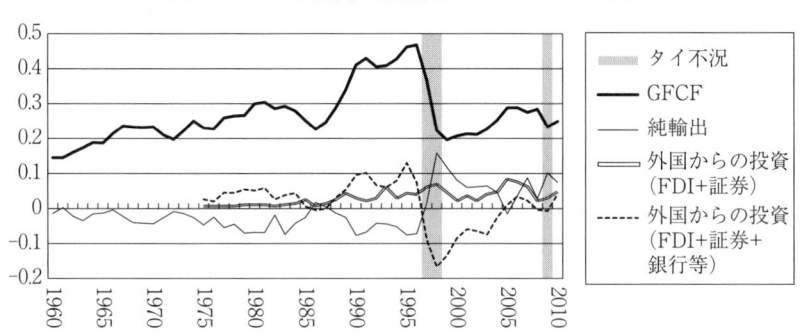

図3-14　マレーシア投資・純輸出の GDP トレンド比

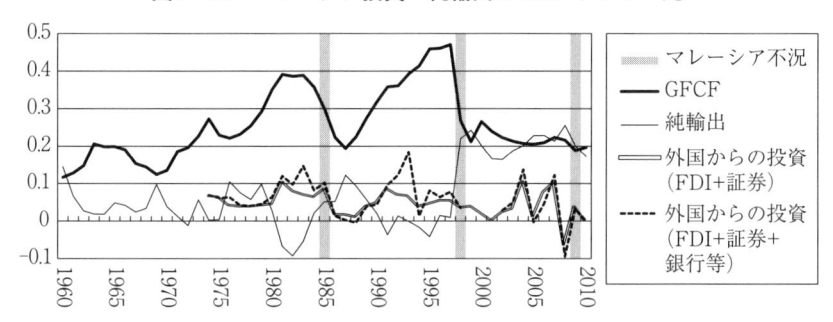

受入外資は、必ずしも直接 GFCF の形成に向かったとは限らないだろうが、両者はほぼ相関している。タイでは「FDI＋証券」は GFCF とほぼ無関係だが、「FDI＋証券＋銀行等」では GFCF と比較的強い相関がある。つまり、タイでは外資を取り入れた地元の銀行による国内 GFCF への融資と

いう間接的な形が影響をもったと思われる。マレーシアは1998年までの数値で「FDI＋証券」と「FDI＋証券＋銀行等」ともにGFCFとある程度の相関がある[209]。1999年以降は全く相関がないことはグラフから一目瞭然である。

　純輸出を見ると、GFCFの高まる時期は純輸出がマイナスになることが多い。つまり、当然予想されることだが、90年代前半を最大の山とするGFCFの増加は、資本輸入と商品の輸入超過で支えられていた。逆に言えば《タイとマレーシアでGFCFが高まる時期に、それと対称的に資本輸出と純輸出が増加してGFCFも相対的低位だった地域があった》という想定ができれば、クズネツ循環論における同時的な国際的相互規定関係となる。この点において当時のアメリカはタイ・マレーシアと対称的な関係にあった。タイ・マレーシアのような大量の国内GFCFを行った地域が純輸入の増加というクズネツ循環で想定される一方の極に位置し、アメリカのように国内GFCFを相対的に低位にとどめた地域がもう一方の極に位置していたという相互規定的な本質的両極関係をここでは確認したい。もちろんアメリカとタイ・マレーシアが直接的に貿易・投資関係で連結されていたかどうかは別の問題である。貿易関係で日本などが媒介に入っていたかもしれないが、それは外資の受入における銀行の介在と同じく、その次のレベルの問題である。両極を媒介するそうした諸項目を詳しく明らかにすれば、その時代における世界資本主義の具体的なあり方を明らかにすることになるだろう。しかしながら本章ではそこまでは分析できないので、「クズネツ循環とは何か」を理解する本質的な関係の確認にとどめる。

　97年アジア経済危機以降、両国、特にマレーシアではGFCFが相対的に低位で安定し、純輸出が増加する。これは一見、経時的にみたクズネツ循環の次に段階に進んでいるように見える。しかし次の図3－15でグロスでの輸出入を見ると、純輸出の増加はグロスの輸入の減退に規定されているので、積極的に輸出による好況とは言えない。

図3-15 GDPトレンドに対するグロス（粗）輸出入の比率（平滑化なし）

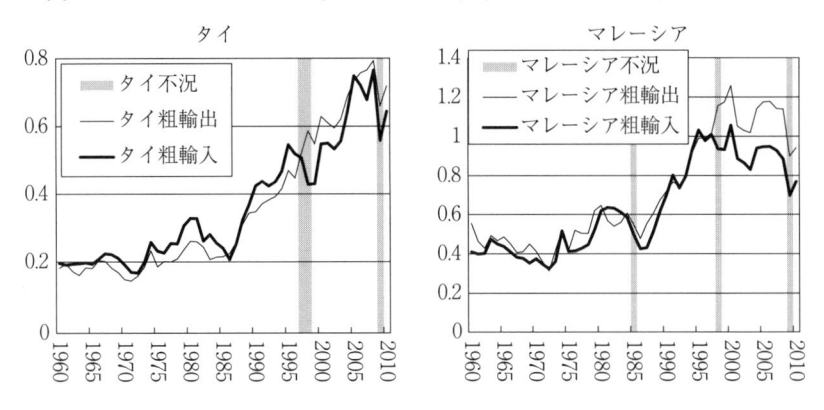

タイ／マレーシア のグラフ（タイ不況、タイ粗輸出、タイ粗輸入／マレーシア不況、マレーシア粗輸出、マレーシア粗輸入）

　ただし、それでも97年不況をはさむ二つの好況の相対的な性格付けという限定的な意味では、97年を境に国内投資主導から輸出主導へと転換したと言える。相対的という意味では2009年不況後の展開次第では異なる解釈が必要となるかもしれない。

ⓒ資本主義の基礎となる労働力の形成

　米国クズネツ循環論者にとっては、クズネツ循環とはいつでも存在するものでなく、《未発達な生産基盤の制約の下で新たに資本主義的な生産様式を導入する国において生じる現象》であった。その際、資本主義経済存立の前提となる労働力の移入とその存在基盤の形成が議論の軸となっていた。現代のタイ・マレーシアでは、伝統的な農村など、前資本主義的な社会が国内に存在している点で当時のアメリカとは異なる。その点を踏まえた上でタイ・マレーシアにも存在するクズネツ循環論の意義をみるとすれば、資本主義的な生産様式を導入する際に、非資本主義的外囲から労働力を吸引しつつ、生産力基盤を形成していくという過程に着目できる。具体的には農村から資本主義セクターへの労働力の移動となる[210]。この点は Abramovitz［1968］も、《第2次大戦後の欧州諸国と日本における経済成長と労働力の国内移動をクズネツ循環として把握することが可能か？》という問いかけをしている

(p.360)。ただしアブラモヴィッツ自身は積極的には肯定していない。

次のグラフは雇用労働力の産業別構成に、GFCF の GDP トレンド比を重ねたもの（平滑化なし）。

図3-16　タイ労働者産業別構成と GFCF

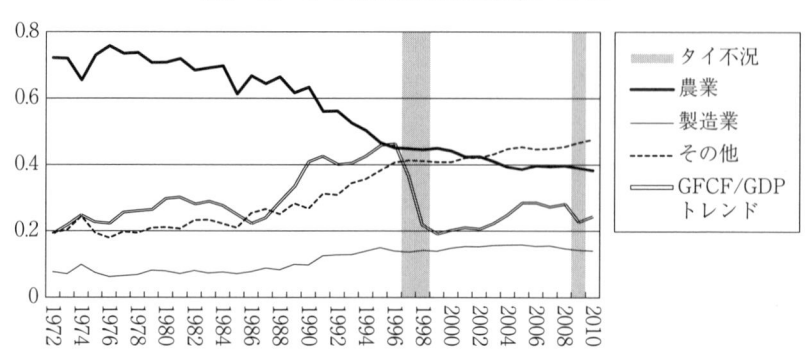

図3-17　マレーシア労働者産業別構成と GFCF

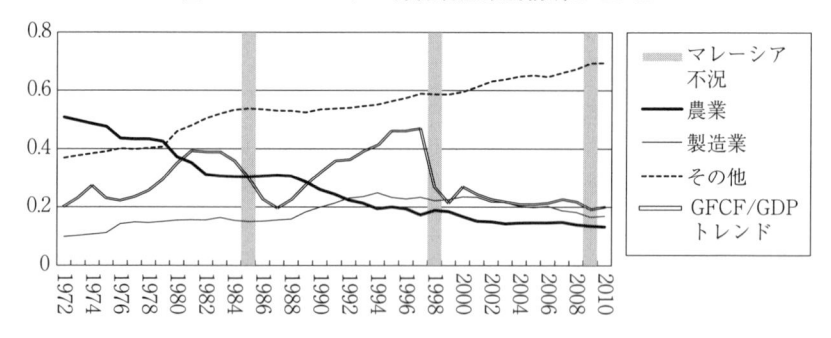

予想されることだが GFCF の GDP トレンド比が大きくなるときに農業から労働力を吸引している。

タイでは GDP トレンドに対して GFCF が歴史的に大きな値をとった80年代後半から97年アジア経済危機まで、被雇用者も農業部門から非農業部門へと移行している。移行開始は明確ではないが、90年代には明瞭にかつ不可逆的に移行し、97年危機頃から安定化する。

マレーシアでは GFCF の山が80年代前半と90年前半前後の二つあり、そ

第Ⅲ章　世界資本主義としてのクズネツ循環論　169

の間に1985年の不況がある。農業部門からの急速な労働力の移動も、80年代初頭と、80年代末から90年代前半の2段階ある。ただし、タイと異なり、データの始まる72年には農業部門の減少は始まっていたので、72年以前にも農村からの労働力移動とGFCF増加という資本主義経済形成過程が存在したかもしれない。

　こうした労働力の移動は永続的に循環する運動ではなく、歴史的に特定の期間における現象である。タイ・マレーシアにおける資本主義的な労働力の形成と、量的にはGFCFとして示される物的な意味での資本主義的基盤の形成は、アメリカでGFCFが相対的に低位にある90年代前半に集中的に起きた。この相互関係は、クズネツ循環論の同時的な国際相補関係を意味している。これと対になる経時的な相互連関は、先に分析したアメリカ国内における産業から住宅への投資交替となる（Ⅲ章C-1、2）。

4　「新自由主義」とクズネツ循環の復活

　クズネツ循環論が前提とした投資切替が現代で拡大したとすれば、1980年代以降の「新自由主義」と呼ばれる経済構造の変化が根拠となるだろう。その中でも投資切替にとって重要な点は、①投資の非固着性、②国際金融センターの安定性、③国際通貨金融体制である。

　①投資の非固着性は金融市場における技術や制度の発展によって進行した。以前の金融市場は1930年代不況と第2次大戦を通じて、規制によって区分化（Dymski [2009] p. 155）されていた。規制や区分化は資本主義的な商品・金融関係が社会により深く浸透することを促すものでもあった（Aalbers [2008]）が、区分化された範囲を越える投資の切替には制限が加えられた。しかし新たな投資先を求める資本の運動は区分化された市場を乗り越える傾向があった。技術的にも、かつては専門的な資本にしか投資できなかった分野に数理工学が適用され、それまでは不確実・不確定なものとして投資の対象となりにくいまま残されていた分野をさらに、より確実なものとより不確実なものに切り分け、より確実なものをその部門の専門ではない

資本にも投資の対象として拡大していった[211]（Thrift and Leyshon [2007]）。こうした金融構造の変化に適応し、さらに促進するものとして80年代初頭を画期として「新自由主義」政策が広がり、公営部門の分割民営化、外注化（アウトソーシング）による雇用の非固定化、モーゲージ市場へ新たな金融機関の参入を促進するアメリカのGSEや、流動性の乏しい債権の証券化のための法的・制度的整備など、政策的にも投資切替の可能性が広げられた。その結果、個別資本にとってはそれまで専門外だった部門への投資切替が可能になり、新たな産業や新興経済圏のブーム、さらにモーゲージ証券化で促進された住宅建築ブームが、投資の切替とともに発生するようになった。

②**国際金融センターの安定性**とは、まず、不況開始時に国際金融センターにおける中央銀行や政府による金融危機対策によって、大規模な金融機関の崩壊や大幅な信用収縮が回避されることである。

その結果、銀行通貨の利用可能性が維持されながらも投資先が不足するために結果として銀行通貨が過剰に利用可能となり、投資切替の可能性が生じることが重要である。アメリカでは金融危機に際して、FRBが銀行原理を大幅に違反することで、円滑には還流できない銀行通貨が大量に創出された。しかも同時に、米ドル建資産（特に米国債）市場の大きさと高度な取引技術による市場の安定性・流動性の高さゆえに、米ドルが支払準備としての位置を失うこともなかった。その結果、不況開始時にアメリカ金融市場では過剰な資金が利用可能となるため、新たな投資ブームが発生しやすくなり、クズネツ循環を復活させることになった[212]。

③**国際通貨体制**では、自由な国際資金取引と通貨価値安定が重要となる。第1次大戦までのクズネツ循環の前提だった国際金本位制崩壊後は、国際資本取引の規制のため国内外の投資切替が制約されていた。しかし、アメリカ経常収支赤字によって外国居住者が保有することになっていたドルが、ヴォルカー・ショックを契機としたアメリカ高金利の下で、外国通貨に転換されずに、アメリカ居住者に対する資本収支黒字という形で居住者に還流する

「帝国循環」[213]によって国際的なドルの循環システムが成立し、これを制度的に追認・促進する国際資本取引の規制緩和と制度の整備が進められた。通貨価値安定は新興国等での公式・非公式のドルペッグで実現された。また金融工学の発達によって各種デリバティブの利用が為替リスクを低下させた。

　以上の枠組みの中で投資の交替が行われ、クズネツ循環が可能となったと考えられる。

小括：資本主義の歴史的発展段階とクズネツ循環

　本章ではクズネツ循環の意義を、特定の周期や建築よりも、景気循環分析の枠組みとして重視した。ジュグラーの景気循環論は時間的に前後する個々の循環を互いに独立とみなすが、クズネツ循環論は時間的・空間的に異なる循環の相互作用の分析を特徴とする。相互作用には以下のように３つの焦点がある。

　[A-1] 一国的には、性格の異なる好況が投資の切替を媒介として相互に因果関係を持ちながら、連続・交替して出現する。

　国際的関係としては、

　[B-1] 同時的には、国内投資が好況にとって重要な国と、輸出が好況にとって重要な国とが相互補完的な関係を持つ。

　[B-2] 経時的には、国内投資中心の好況が各国間で移動する。

　ジュグラーの想定する世界経済の枠組みでは、信用システムの発達した諸国（中枢としての資本主義）に対して、信用システムの未発達な地域（周辺としての非資本主義）があり、後者が前者の好況の限界となる。資本主義は、非資本主義的なものを自己の外部にある与件としてそのままに放置し、後者の経済体制を変換するものではない。両者の取引としては商品貿易が想定されていた。景気循環の見方は、信用システムの発達した諸国間で同調した循環が、一つ一つ経時的に独立して繰り返されるというものであった。

　しかしクズネツ循環の論者が想定する世界経済の枠組みは、後発国が先進資本主義国の影響の下に世界経済に参入し、先進国が反作用を受け、作用・

反作用による相互作用に基づく有機的連関・運動を構成するものであった。これは後発国内での資本主義化という変化を含んでいる。景気循環の見方は、経時的・国際的な複数の循環の相互関係をとらえるものだった。

宇野弘蔵の「段階論」で言えば、歴史的時間区分としては、ジュグラーの想定する世界経済の枠組みが自由主義段階、クズネツ循環論の場合が帝国主義段階に当たる。しかし、資本主義が世界経済を編成していくあり方の認識は、宇野の「段階論」と本書では大きく異なる。

クズネツ循環のグローバルな枠組みとしては、第1次大戦前は、相対的に国内投資が低成長のイギリスと国内投資が高成長の新興国との関係、さらに新興国内で切り替わる住宅投資と産業投資との関係だった。現代的適用について本章では、アメリカ国内での投資切替と、アメリカと新興経済圏の間での国内投資好況の交替とした。

ところで、ジュグラーが信用システムの未発達な国とした地域と、クズネツ循環で新興国とされる地域は概念として一致しない。信用システムの未発達な地域とは旧来からの農村地域を主とした地域で、移民に関しては送り出す地域だった（スペイン・ロシアなど）。しかしクズネツ循環論が対象とするのは旧来からの農村地域を持たず、移民に関しては受け入れる地域だった（アメリカなど）。

しかし、このジュグラーの世界経済の枠組みと、クズネツ循環の世界経済の枠組みの概念的な乖離は、タイ・マレーシアの分析で行ったように、旧来からの農村諸国でも、農村から資本主義セクターへの移住と、GFCFで示される資本主義的生産の物的基盤に焦点を置けば、一致させることが可能となりうる。つまり、後発資本主義国が一国内で労働力を農村から都市の資本主義セクターに移動させる場合、後発資本主義国は、非資本主義として移民を送り出す地域と、資本主義として移民を受け入れる地域という二つの側面を一国内にもつ。

この読み替えは概念の拡充と歴史的背景の違いをともに含むもので、さらに正確な検討が必要だが、新興国の資本主義的な生産基盤形成という面にお

けるクズネツ循環論の現代的読み替えの方向を示している。

こうしたクズネツ循環論の現代的読み替えが示すことは、貿易と資本取引が自由な国際関係の中で新興国が資本主義的な生産基盤を形成していくが、世界経済は均質にはならないことである。急速に資本主義的な生産基盤を形成していく地域と、相対的にGFCFを減速させる地域の相補的関係という世界的な資本主義の運動を生じることになる。このことは現代世界を世界資本主義の運動として分析する必要があることを示している。

Ⅲ章のデータ出所
①第1次大戦前
イギリス　GDPとその構成要素はFeinstein［1976］、Feinstein and Pollard［1988］、ただし一部マディソンのデータを用いた。
アメリカ　Historical Statistics of the United Statesによる。
オーストラリア　Vamplew［1987］.
カナダ　Urquhart［1986］.
GDPについてはMaddison, *Statistics on World Population, GDP and Per Capita GDP, 1-2008 AD*.（本文では「マディソンのデータ」と記した）
②第2次大戦後
アメリカ　国内投資額はアメリカ商務省経済分析局：NIPA Tables、外国投資はIMF：*International Financial Statistics*（IFSと略）、商業銀行バランスシートはFRB：*Flow of Funds*.
タイ・マレーシア
　投資・GDPはIFS、労働力構成はAsian Development Bank.

終　章

　本書ではジュグラーの景気循環論とクズネツらの景気循環論を、ともに世界経済的連関の中で再検討することを試みた。

　ジュグラーの景気循環論に関しては、ジュグラーが前提とした通貨信用理論を、当時の英仏通貨論争の対抗関係の中に位置づけて、特徴を探った。

　銀行原理 vs 通貨原理、CB 派 vs FB 派という二重の対抗関係の中で、ジュグラー景気循環論にとって、最も問題になるのは銀行原理における CB 派としての銀行学派と、FB 派との対立、そしてジュグラーの立場であった。銀行学派は《CB も含めてあらゆる銀行通貨は経済過程に貨幣的影響を与えることはない》と主張したのに対して、FB 派は《競争的制約のない特権銀行は貨幣的影響を与える》と主張し、特権銀行としての CB が内在的に持つ問題を指摘していた。特に、英国 FB 派は、階層システムの頂点に立つ銀行が特権によって一つに決められ、競争的制約を逃れて銀行原理に従わなくなることで、特権銀行は通貨原理になる、という主張だった。そこでは一般的な「発券の自由」ではなく、階層的銀行システムのピークをめぐる鋭い対立点が出されていた。たとえば CB 派のソーントンは、地方銀行の発券は自由に認めるが、階層的銀行システムのピークとして全国の決済通貨となりうるロンドンでの発券は BOE による独占を主張した。この構造は現代でも共通しており、預金通貨の創造は民間銀行が自由に行えるが、階層的銀行システムのピークとなる決済通貨は中央銀行が独占している。また、かつての「決済中心地」はコンピュータ・システム上の Fedwire、CHIPS、TARGET などとなり、究極的には中央銀行の負債勘定での口座振替となっている。

　つまり、特権銀行に付与された特権は歴史的には、かつての銀行券の独占

から、決済通貨となる預金通貨の独占[214]、特権銀行への預金強制（一定額の無利子預金、準備預金制度）などへと変化し、CB通貨以外に決済通貨になりうる金や外国為替（あるいは外国のCB通貨）の取引制限など、現在も形は変わりながらも不変の原則として独占の維持は続いている。

FB派は、CBにも競争的制約をかけることで、CBによる貨幣的影響を抑制しようとした。銀行学派では、トゥックのようにCBの特殊性に無頓着な場合もあったが、フラートンはCB＝特権銀行が非競争的・受動的になるように統制をかける必要を強調した。ジュグラーは、CBが受動的に対処することで貨幣的影響を除去できると考えたが、英国での論争の鋭さに対して、議論が鈍いことは否めない。ただ、ジュグラーの場合、議論が鈍いことで主観的には容易に貨幣的影響を否定することができ、恐慌の原因を金融制度から生じる問題ではなく（つまり非貨幣的分析）、経済過程総体に内在するものとして内生的景気循環論という立場を設定することとなった。

本書で繰り返し述べたように、ジュグラーは銀行原理を徹底しながらコクランの貨幣的恐慌論を克服したが、景気循環論の主流になる過剰投資＝過剰生産論へとは進まず、非貨幣的分析を維持したまま「相殺の欠如」から世界経済の異質性に恐慌の最終的な根拠を求めた。つまり、《恐慌の原因はそれに先行する好況自身にある》ことを強調しながらも、連続的な価格騰貴という好況は、信用システムの未発達な諸国との関係で初めて限界を迎える、という主張となっていた。

ジュグラーのいう好況の進展の対外制約を、異質な要素から構成される世界経済という方向で再評価したとき、資本主義発展におけるイギリス一国主義的な従来の観点を変更する必要が生じる。近年のフランス複貨幣制に関する議論は、イギリスと「その他世界一般」という抽象的な見方ではなく、異質で部分的な経済圏の複合体が、通貨システムを通じて連結され、景気循環の過程として一個の運動を作り出すという観点を可能にしている。Boyer-Xambeu et al.［2007］（p.616）やEichengreen and Flandreau［1996］（p.136）がその可能性を主張するように、金本位制のロンドン、複貨幣制

のパリ、銀本位制のハンブルク（あるいはベルリン）をそれぞれの中心とする 3 つの中枢—周辺のシステムが存在したのかもしれない。こうした研究は、イギリスを「世界の工場」「世界の銀行」とする従来の研究の蓄積に比べて、理論的に実証的にも不十分だが、少なくとも新たな観点を提供するという意味で可能性がある。

　ジュグラーの場合、世界経済を構成する異質な要素を、信用システムの発達した先進諸国と、未発達の諸国として設定し、先進諸国における過度の好況が世界経済的な不均衡を招き、恐慌に至る、と考えた。ジュグラーの議論と Boyer-Xambeu らの議論を複合させれば、多極かつ多層の複合的世界経済を前提とした世界経済の景気循環論を導くであろうが、今後の可能性として確認するにとどめたい。

　クズネツ循環論は、実体経済において世界資本主義を試みるものである。核心的には、相対的に遅れて資本主義的な生産様式を導入した地域、特に、労働力の弾力的供給源となる非資本主義的外囲（農村など）を歴史的に引き継いでいない新興開発国が、資本主義的な生産基盤形成と、ラグを伴いながら移民という労働力の存在基盤形成とを交互に作り出していくという議論である。アメリカをはじめとした新興開発国の発展は、旧来の資本主義地域へ反作用し、つづいて相互作用をおこし、トーマスの言う「大西洋経済」を構成した。本書では、さらに現代的解釈として、まず流動的な金融市場・経済構造を持つ先進国での投資の切替、次に後発資本主義国内での農業労働力の資本主義セクターへの移動と GFCF（粗固定資本形成）、という関係から異質な要素を伴う世界経済編成としてのクズネツ循環論として再構成を試みた。

　以上に要約した本書の内容の現代的可能性と、今後の課題に触れておく。英国 FB 派が提起した《一個の銀行資本としての競争的制約に置かれていない CB の問題》は、現在でも、2001 年アメリカ IT バブル後の FRB の低金利政策がその後のバブルを生み出したかどうか、あるいは金融危機に対して CB が、大量の非「真正手形」（つまり償還までの期間の長い国債やモーゲ

ージ証券など）を資産として銀行通貨を大量発行することがインフレや投機、さらに様々な形でのフィナンシャル・インバランスをもたらすかどうか、という問題として再現しているように思われる。また19世紀国際複貨幣制における異質な経済圏の間接的な連結は、USドルとユーロとの関係にも対比できるかもしれない。

　Ⅱ章では、「二次的都市」（ハンブルクやパリ）において、ロンドンとの関係と、周辺都市との関係では逆相関になる可能性があることを検討した。兌換のない現代の通貨体制でも同じ関係が示されるかもしれない。最近の恐慌的事態の事例としてリーマンショック（2008年9月）における関係を簡単に確認しておく。基軸通貨を米ドル（USD）、「二次的」通貨をユーロ、「周辺的」通貨をユーロに固定させていない諸国の通貨（ここではチェコ、ハンガリー、ポーランド）として取り上げ、「二次的」通貨ユーロから見た為替相場関係を示してみる。

　グラフはいずれも1ユーロあたり外貨でグラフの上がユーロ高、下がユーロ安である。2000-2010年の各系列の中央値に対する比率である。縦の線はリーマンショックの2008年9月。

図-終-1　外国為替相場（1ユーロあたり、中央値比）

　ユーロから見た場合、2006年の初頭あるいは半ばからからドルに対してユーロが上昇、周辺諸国に対してユーロが下落する。リーマンショックの直前

2008年7月をピークに一斉に反転し、2009年2月まで逆の動きとなる。ジュグラーの説明を形式的になぞれば《恐慌に先立つ数年の素地の形成と、恐慌後の短く急速な反転の時期》を反映し、表現しているようにも見える。

かつての公定歩合にあたる政策金利は次のようになる。

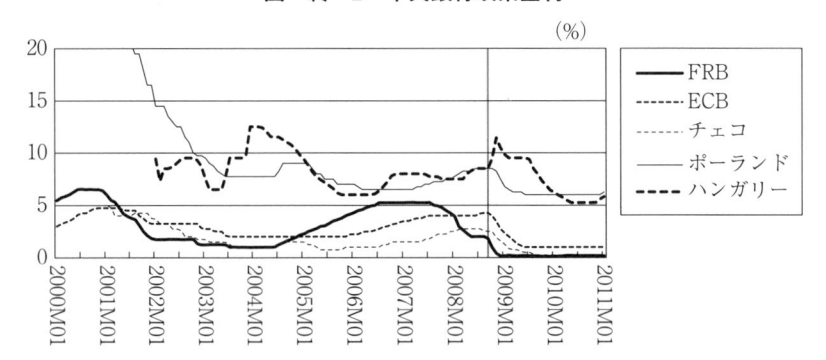

図－終－2　中央銀行政策金利

このグラフではFRBが2004年半ばから政策金利を引き上げ始めるのに対して、ポーランドとチェコでは引き上げが遅れる。特に2005年ではFRBの引き上げに対して、東欧3カ国が一斉に引き下げになっている。逆にFRBが金利を下げ始める2007年半ばからはポーランドとチェコは引き上げを継続、ハンガリーは遅れて2008年前半から引き上げ開始となる。ハンガリーとポーランドは特にFRBとの逆相関が強い。

しかしながら、アメリカと東欧諸国との間で生じていたこの逆相関を生み出す構造については、ここで検討することはできない。

クズネツ循環論で、国内GFCF好況が国際的には逆相関になるという面は、最近ではBRICsと呼ばれる諸国が、米欧先進国の金融危機後にも国内経済成長を続けた「デカップリング」と言われる現象に見られるかもしれない。ただし、本書で検討したタイ・マレーシアに比べて、BRICsはデータが不完全なために分析できなかった。少なくとも中国やインドは農村から労働力移動と、外資を含めたGFCFという資本主義的な生産基盤形成におい

て意味のある分析対象となりうるだろう。

　本書では景気循環論を、通貨信用理論と実体経済の動向という二つの観点から学説史の論理的整理と実証分析を試みた。その際、一国内にとどまることなく、世界経済的連関として世界資本主義という観点を持つことは一つの方法として有効なものとなりうるだろう。

クレマン・ジュグラーの著作の翻訳

① 「商業恐慌」(『新政治経済辞典』の項から)(Juglar [1891])
② 「Wolowski 著『イングランド銀行とスコットランドの銀行』(1867年) についての書評」(Juglar [1868b])
③ ジュグラーによる英仏通貨論争に関する記述。『フランス・イギリス・合衆国における商業恐慌とその周期的再発について 第2版』(Juglar [1891])の一部。

〔説明〕

①は、ジュグラーの周期的恐慌論の最終的な完成形。

②は、フランスの発券独占派(英国の通貨学派に相当) Wolowski に対してジュグラーが銀行学派の立場から行った批判。

③は、フランス FB (フリーバンキング) 論争について、英国通貨論争を踏まえながら、フランスの発券独占派と FB 派それぞれの要約と自分の立場・提言。

なお、ジュグラーの著作の訳文は、他にも、1868年のジュグラー第二の主著『為替と発券の自由』(Juglar [1868a])の一部が、筆者による日本語訳として東京大学柴田ゼミ『政治経済学通信』9にある。

また、1863年 (1873年に改訂) にジュグラーが事典の項目として書いた「商業恐慌」"Crises commerciales" (Juglar, [1863] [1873]) の英訳は *Research in the History of Economic Thought and Methodology*, 28Aにある。

翻訳資料①

「商業恐慌」（『新政治経済辞典』の項から）

〔訳者解説〕

　クレマン・ジュグラー Clément Juglar（1819—1905）は、その名が用いられる多さに比してその内容が検討されないというギャップの大きさではマルクスにも劣らないとも思われる。シュムペーターによって形式化された「ジュグラー循環」の名以上にはジュグラーには価値はないのかもしれない。とはいえ、死後100年にあたる2005年にはジュグラーに関するコンファレンスがパリで開かれ、それに基づいて2009年には *Revue européenne des sciences sociales*, N° 143 でジュグラー特集が組まれた。このコンファレンス以降には、ジュグラーに関する論文が増えている。

　以下に訳した文章は Léon Say 編 "*Nouveau dictionnaire d'économie politique*," 1891（『新政治経済辞典』）にジュグラーが執筆した Crises commerciales「商業恐慌」の項（pp.641 - 650）である。1889年にはジュグラーの主著『フランス・イギリス・合衆国における商業恐慌とその周期的再発について　第2版』が出版されており、ジュグラーにとって完成された恐慌論が凝縮されたものと評価できる。

　内容に関しては本文にあるとおりだが、簡単に留意点を挙げておく。

　ジュグラーの論理の面における要点は以下の二つであろう。

①恐慌の「原因」を基底にある要因としての素地 prédisposition、偶発的なきっかけ cause occasionnelle ou déterminante（偶発的または確定する原因）の二つに分け、前者が恐慌を根本的に規定し、それを前提に恐慌がいつ起きるのかは後者によって決まる、と考える。さらに恐慌の前

提となる prédisposition は先行する好況自体で発生する。
② 好況の中で将来、恐慌を生み出していく要因となるものは、様々な経済主体が商業信用を用いて広範囲に行う投機である。【信用の乱用⇄転売による投機的価格上昇】の相互促進作用→輸出の困難→対外支払いのための金属正貨引き出し→銀行による金属準備防衛のための割引率引き上げ→投機の崩壊、となる。

Besomi が論じているように、こうした論点はジュグラー固有のものではなく、その当時に多かれ少なかれ存在していた考えであり、ジュグラーの意義はそれを論として明白に示したことだろう。

またもう一つ、論だけでなく統計データとして示したことも重要な意義である。ジュグラーは高頻度の連続時系列データの利用に執着しており、この点は同時代の他の著述家に比べても優れていると思われる。統計データの扱いは、シュムペーターらが強調する通り、当時としては適切であり、その後、フランス・ドイツの景気循環論者（アフタリオン、シュピートホフ）、アメリカ NBER（ミッチェル）らに引き継がれていく。

その他、いくつか補足しておく。

〇貨幣・信用論では銀行学派に近い。流通手段は内生的に供給されるという考えで、銀行券発行規制には意味がない。
〇恐慌防止策には否定的。恐慌を経ることで経済はさらに発展する。
〇過剰生産恐慌論には否定的である。詳しくは述べていないが、好況期の生産増加は価格上昇への対応でしかなく、生産物が過剰になるのは恐慌で価格が下落した結果に過ぎず、清算期の特徴だと考えられている。つまり、必要なのは価格の運動の研究だとジュグラーは考えている。
〇好況・恐慌・清算期という3つの局面に区分し、その連関を考察する。恐慌の原因は好況自体にある、と強調していることはもちろんだが、恐慌と清算期を区別する必要にも力を入れている。

○回復期は独自の局面にしていない。シュムペーターの評価では、ジュグラー以前の経済学が恐慌を特殊に焦点化していたのに対して、ジュグラーは恐慌を相対化し景気循環を把握した。しかしシュムペーターが正しい景気循環の理解とするもの、つまり回復期を独自の局面として、好況・恐慌・不況・回復から成る対称的な景気循環の理解にはジュグラーはまだ到達していない、とシュムペーターはみなしている。ジュグラーは清算期の説明で《以前の好況中の投機で発生した不良な企業が清算されて好況が始まる》とする。回復期は事実上、清算期の中に含まれているとみなすこともできる。この訳文でも、回復期を論じた箇所で言葉として、「企業精神を目覚めさせる（réveiller l'esprit d'entreprise）」「人々は新しい方策（de nouvelles combinaisons）によって利潤を増加しようと追求」という指摘が現れる。ちなみに de nouvelles combinaisons は英語では new combinations だが、「新結合」という意味ではない。フランス語の combinaison は英語の combination とは違って「結合」の他に意味が拡張して「方策、手口」の意味もあり、たとえば "combinaison financière" では「金融上のからくり」という意味になる。ジュグラーは他の論文でもこの単語を「方策」の意味で用いている。

この論文では冒頭に、金融恐慌は取り扱わない、としているが、ジュグラーの言う金融恐慌とは、大きな借り手の特殊要因に基づく支払い停止のような状態が想定されているようである。ちなみに商業恐慌とは企業の多数が破綻する状態、貨幣恐慌とは貨幣として流通する通貨の価値下落（たとえば銀行券や銀貨幣の価値下落）、と想定されているようである。

原文でイタリック体によって強調されている箇所は下線をつけた。訳注としては恐慌の年の表に一箇所、誤りがあったので訂正したところがある。
　この論文は、Dangel-Hagnauer による英訳が *History of Economic Thought and Methology*, vol. 28 - A, 149 - 167 に掲載されており、これも参照した。

〔本文〕
商業恐慌
　要約
　1．恐慌の概観：3つの期間
　2．恐慌の定義；恐慌の原因
　3．恐慌のメカニズム
　4．恐慌と国富との関係
　5．社会の経済状態に対する恐慌の影響；恐慌の確認と計測の方法

　恐慌には多くの種類があるが、紙面の都合ですべてを取り扱うことはできないので、経済的事象に検討を限定する。農業恐慌と金融恐慌（crises financière）は扱わない。金融恐慌に分類される恐慌は、事業を停滞させるが、国庫の部分的な清算や巨額の借り入れにしか関係しない。
　ここでは特に商業恐慌を検討する。これはかなり複雑で、貨幣的混乱を伴う。この混乱は商業恐慌の際立った特徴だが、金融恐慌とは異なる。
　どんな恐慌も、事業の運動すべてに困難をもたらし、続いて取引にも困難をもたらすことはたしかだ。しかし商業恐慌ほど事業の運動を停滞させるものはない。運動の停止は突然で雷鳴のように勃発し、予期せぬ災害のように見える。表面的にしか観察しない人にとっては、こうした事態はあらゆる災いの原因とみなされる。しかし、この災害は問題の解決を促進するものに他ならないのだ。

1．恐慌の概観：3つの期間
　商業恐慌は病気と同様に、切り抜けるべき決定的瞬間である。混乱が生じた後、それに対抗できるか、屈してしまうかを知ることが問題である。恐慌は、諸企業が堅実であるか、恐慌に対応できる資本や信用といった資源を持っているかどうかを知る試金石である。恐慌によって市場では選択のようなことが起きる。収支が破綻した会社は倒れる。こうして、疑わしい経営と信

頼できる経営とがふるい分けられる。嵐のような信用に煽られた後に落ち着きが戻ってくる。とはいえ、生き残った企業のそばには多数の企業が破綻しているが。

恐慌は<u>爆発</u>しているときのみを考えるならば、非常に短い期間でしかない。その時は激烈で信用は消滅し、交換は停止し、事業もすべて停止して多くの会社が崩壊する。（p.641 - 642）しかしすべてが同じ日に崩壊するわけではない。はじめの内は単に傷ついただけで、その後はたいへんな努力の末に何とか持ちこたえながらも、ずっと後になって倒れるものもある。その時は<u>清算期</u>である。それは長く苦しい時期で、あらゆる生産物や動産、不動産すべての価格が下落して何事もうまくいかない。価格の低下のため、取引は非常に限られ、しかもやむをえない場合にしか行われない。<u>生産と販売が行われるのは、設備を遊休させないためだけである。なぜなら、わずかな収益を得られる場合を除けばほとんど場合、損失を被るからである</u>。この時期は沈滞した絶望的な状態で、この状態にも<u>恐慌という名</u>が付けられることがあるが、しかしこれはもはや恐慌ではない。それは<u>恐慌の清算</u>である。それは事業や市場の状態に応じて、2、3年、場合によっては4年も続く。

つまり、二つの時期がはっきりと区別できる。一つは恐慌の爆発で、非常に短い。もう一つは恐慌の清算でもっと長い。しかし、さらにもう一つ検討すべき期間がある。それは恐慌に先行する時期だが、その特徴はどのようなものだろうか？ それは事業が非常に活発な好況期である。資本は、初めのうちは豊富で資本の価格も安い。信用は容易なので資金繰りにほとんど困ることなく事業を起こすことができる。そして価格は高く保たれ、取引は加速される。こうして取引で利益が生じ、工場主や実業家に新たな資本を提供する。そのため彼らの仕事は多く、速くなる。数年の間（経験では7年から10年ほど）、すべてはうまくいく。しかし価格が絶え間なく上昇するか、あるいは高い相場が続いていくと、ついには市場の状態が変化してくる。資本は固定され、ますます乏しくなる。2％だった割引率が3、4％、さらには5％にも高まる。決済を繰り延べするための費用はますます切迫してくる。多

くの買い手が、以前に購入した商品の一部を処分しようとするが、現在の相場ではもはや新たな買い手が見つからない。生産物は流通しなくなり、倉庫の中で同じ持ち手にとどまる。その間は、それまで有利に進んでいた価格の上昇が今後も続くように期待しながら繰り延べ費用を支払ったり、または不動産の場合には非常に費用の高くつく金策を行ったりしている。そのときには、状況は危機的になっている。恐慌はあと数カ月で爆発するというところにまで近づく。基礎がこれほどもろくなれば、事業全体を崩壊させるには大きな会社や信用機関が一つ崩壊するだけで十分である。

そこで恐慌が爆発する。価格上昇の停止と共に事業がすべて止まる。これは一つの市場だけでなく、信用を利用する世界中の市場で起きる。つまり世界の諸市場は連動（solidarité）している。

実際、19世紀初頭まで遡って見ると（イングランドではさらに遡れるだろう）、産業と商業において世界で最も大きな3つの国で、恐慌が同じ時期に起きていることを確認できる。また、恐慌の前後にある好況期と清算期も時期が重なる。商業恐慌では、諸市場が連動する。しかも同じ状態で同じ出来事が繰り返し、恐慌の周期性が見られる。下の表を一瞥するだけでそのことは確認できる。恐慌の年：

フランス	イングランド	合衆国
1804	1803	
1810	1810	
1813—14	1815	1814
1818	1818	1818
1825	1825	1826
1830	1830	
1836—39	1836—39	1837—39
1847	1847	1848
1857	1857	1857
1864	1864—66	内戦
	1873	1873
1882	1882	1884

恐慌は世界中の事業全体にわたるものだが、以上のように問題を限定すれ

ば、重要なことは恐慌の原因とその現れ方の研究となる。

2. 恐慌の定義；恐慌の原因

　通常、商業恐慌や貨幣恐慌（crise monétaire）と呼ばれるものは大きな困難を引き起こすため、ずいぶん長い間、関心の的となってきた。しかし、この二つの名前の違いについてはあまり検討されてこなかった。

　恐慌という言葉は、決まり文句としてあまりに使われすぎるほどだが、その言葉の意味について共通の認識があるだろうか[215]？　ごく少数の出来事のみに恐慌という名が付けられていることもあれば、多少の困難や事業の停滞があればすぐに恐慌の状態だと言われる場合もある。（p.642-3）いずれにしても、恐慌という言葉は不調や苦しみの状態を意味する。恐慌は一つ、あるいはいくつかの産業に及ぶこともあれば、産業全体に及ぶこともある。農業さえも例外ではない。恐慌は人々の目に映る主な性格に応じて産業恐慌、商業恐慌、貨幣恐慌、金融恐慌などと呼ばれるかもしれない。しかし、観察者が恐慌という言葉を用いるのは、恐慌発生の際にいつでも見られる一群の事態が観察される場合のみに限定すべきである。恐慌は不意に起きるものではなく、いつでも事業の活発な好況が先行している。そして好況期にはいつでも持続的発展、つまり連続的な価格上昇が生じている。

　<u>恐慌とは価格上昇の停止</u>、つまり、<u>もはや新たな買い手を見つけられなくなった</u>時である。非常に速く好調だった取引の運動が突然、止まる。売り手、特に直前にその商品を買った売り手はその商品を持っておくことしかできない。国内にも国外にも売りつけることができないまま、支払期限が迫ることになる。そこで、支払期限を更新するために新しい信用手段を得ようと銀行に駆け込む。銀行業者のポートフォリオは上昇期の間にいっぱいになってしまっているが、さらに需要に応え、かなりの規模にまで高まることになる。

　こうして国内では猶予を得て、新たな事業を控えながら価格を人為的に維持することができる。しかし外国との関係では同じことはできない。たとえ

ば一次産品を購入すると支払いが必要になる。完成品がその原価に見合う価格では売れなくなると信用手段を使うが、その手段を使い尽くした後には、取引の清算のためにこれらの生産物ではなく別のものが必要である。その場合、ただ一つの商品しか残っていない。それは他と同じく商品だが、最も価値が安定し、運搬も容易なため、あらゆる市場でいつでも受け入れられる商品、つまり貴金属、金または銀である。通常、貴金属は大規模な取引の差額決済や現金取引の場合だけに用いられていたが、今やその役割を変え、大規模に貴金属での取引が行われるようになる。銀行に求められるのはもはや、信用手段、すなわち振替や決済のために用いる清算勘定や銀行券ではなく、金属正貨、というよりもむしろ外国へ送るための地金である。

　好況の開始以来、絶え間なく減少していた銀行の金属準備は危険なまでに減少し、金属準備を守るための手段をとらなければ、支払い停止がすぐそこに来ている。かつては、なすがままにするしかなく支払い停止はいつでも不可避だったが、つい最近になって割引率の引き上げで支払い停止を防ぐことができるようになった。この割引率引き上げはすべての混乱の原因として批判されることもある。しかし実際には、割引率の引き上げは原因ではなく、支払い停止が切迫した事態の深刻さを示すものに過ぎない。かつては不可避だった極度の破滅的な事態を防ぐため、対処がかなり遅れた場合には、割引率を7、8、9、10％へと引き上げることを余儀なくされる。

　信用が得られない、または得られたにしてもこのように厳しい条件でしか得られないので、悪い投機は清算され、高価格で買った生産物を低価格で引き渡すしかなくなる。このときが最も危機的な事態となる。すべてはグラグラになり、以前の状態を維持しているものはない。無分別な者が打ち倒されるだけでなく、最も思慮深い者も激震から脱出するにはどれほど代償がかかるか分からない。すべての信用、すべての信頼は消え去り、あらゆるものが潰走する。もはや信用取引は問題にならない。資金繰りを付けるため、人々が求めるのは現金である。すべての入金が疑わしくなっているので、いたるところで人々は流動的な資産を作り出そうとする。そのため銀行への要求が

増加する。こうして銀行は手持ち現金を維持するため、可能な限り割引率を引き上げなければならなくなる。これは清算ができていないことを示している。

この激しい状態は数多くの投機家の運命を決めるが、10日から15日ほどしか続かない。それは恐慌の激しい状態で、病気の場合でも同じ「病気のやま」crise という名で呼ばれる危機的な期間のようなものである。それはつかの間のことである。すべての債務を清算するこの不可避的な作用が、投機の力に勝って、動き始まればすぐに落ち着きを取り戻し、割引率も上昇時と同じくらい速く下落し、清算期が始まる。そして、それは数年続く。

いつものことだが、恐慌の認識や清算期との区別について、理論は実践よりも速く進む。実際、25年前、この分野の理論は経済学の中で最も曖昧なものの一つと考えられていたのは驚くことではない。(p.643-4) 著述家たちは自分の考え方を前提にして、自分が作り出した体系と最も合致するものを恐慌の原因として挙げる。その際、それ以前の時期に乱用された行動を基にして考えるが、彼らが書くときにはそうした行動はすでに一般的なものではなくなっている。

ロバート・ピールは銀行券の兌換停止の時代に生じた有害な影響を見て、銀行券発行の乱用を非難したが、後の時代にはトゥックはピールとは反対の立場だった。合衆国では、ピールが影響を受けたのとよく似た状況で、ジャクソンがピールと同じ意見を持った。銀行の自由の信奉者であるコクランはあらゆる害悪の原因として独占を次のように非難した。"資本は蓄積されると非生産的に当座預金に流れ込み、手持ち現金を増加させることになる。銀行はその運用先を求め、配当のために割引を増やす。その後、突然、預金が引き出されると恐慌が勃発する。" 残念ながらバランスシートを見ると、この理論によると思われる事態を見つけることはできない。この理論は対策として銀行自由化を提起するが、自由化されている合衆国での恐慌は他国と同様な頻度で発生し、しかももっと激しい、という事実に触れようとはしない。

スチュアート・ミルも紙券の発行に関心を寄せているが、それは商業手形、為替手形、小切手の形のものである。つまり、ミルが唯一、責任があると考えているのは、信用の乱用、すなわち約束手形で行われる購買の乱用である。

ラヴレー（Laveleye）氏は、恐慌を引き起こすのは現金と信用、つまり交換手段の不足だと主張する。

Bonamy Price 氏は恐慌を、過剰生産ではなく、購買手段の不足で説明する。金銭は単なる交換手段でしかなく、不足しているのは貨幣ではない。では商業恐慌はどうやって生じるのか？　交換すべき商品がほとんどないため、あるいはむしろ、交換で受け取られることのできる商品が不足しているため、と答える。

Leroy-Beaulieu 氏は、《恐慌とは価格の下落によって新たな消費者を呼び寄せるよう変革を行うために必要な期間》と主張する。《永続的な生産過剰は存在しない。価格の下落は消費者の新たな層を引き付ける刺激として作用する》。

以上のすべての説明に共通する欠点は、恐慌に関する3つの期間、つまり好況、恐慌、清算期の内、清算期しか問題にしていないことだ。

恐慌の第一の原因としていつも挙げられるのは、過剰生産の理論である。この理論では、需要を超えれば停止は必然で、価格の下落も必然と考えられている。しかし、価格下落に先行する価格の上昇を指摘しないのはなぜだろうか？　価格の上昇にこそ、観察から得られる恐慌の第一の原因があるのではないだろうか。

新たに最近、恐慌の原因として（単なる偶然としか思われないが）、Leroy-Beaulieu 氏が通商条約廃棄を指摘した。国家は保護主義や社会主義によって恐慌を作り出す。特定の品目ごとの関税に代わって従価税による長期の通商条約を締結すれば、恐ろしい災難を防ぐ最良の対策になる、とLeroy-Beaulieu 氏は考えている。

Max Wirth は、《生産と消費の均衡の破綻で販売の困難が生じる》と指摘

した。その破綻はたしかに困難の源泉である。しかしこの破綻がどこから来るのか、示していない。

最後に Yves Guyot 氏は、恐慌は生産の過剰からではなく、消費の過剰から生じる、としている。証拠として不作に伴う恐慌を挙げている。しかし、それは過去には生じていたが、現代ではほとんど起きなくなっている。

恐慌の認識は、立場や時代によって大きく変わる。1873年恐慌の清算期に人々は事業の遅滞を嘆いたが、その原因として、世界を困難に陥れた一連の戦争や、常備軍、不確実性や全般的な不安、さらには商業条約破棄後の保護主義の復活などが挙げられた。

恐慌の原因に関するこうした見解は実に様々である。しかしすべての見解で、取引の停止が最大の害悪として指摘されている。なぜ取引は停止するのだろうか？「正貨を駆逐する銀行券発行の乱用によって」とロバート・ピール、ジャクソン、ラヴレーは答えた。Bonamy Price は「購買手段の減少のため」と言ってすぐに「金銭は単なる交換の道具に過ぎず、不足しているのは金銭ではなく、買える商品だ」と付け加えた。しかし、買える商品が不足するのは、価格が高く維持されたためではないのだろうか？

Bonamy Price の留保にもかかわらず、その原因が何であろうと、恐慌のときに不足しているものは平価で受け取られる金や銀だとわかる。この状況で脅かされているのは銀行の準備である。恐れられているのは支払い停止である。(p.644-5) 人々の注目を引くのは日々、大幅に低下していく現金準備である。正貨の動きは不利な為替に影響を受ける。かつては為替の影響が考慮されず、他の原因のせいにされた。そうした誤った見解は1810年の『地金報告』で明瞭に反駁された。とはいえ、その名高い報告書は議会に拒絶されたけれども。

現代においても、20年前にも同じ誤りが広まっていたし、今でも完全には消えていない。コクランは深刻な症状の重要性を正しく理解せず、《不利な為替は恐慌の兆候ではなく好況の指標だ》と主張した。

1857年以降、最近では、正貨流出の深刻さが十分に理解され、有効な対策

が追求された結果、イングランドでは割引率引き上げこそが最もすばやく有効、と認められるようになった。そうすると、割引率引き上げそれ自体は、恐慌の第一の原因とは言えないのではないのだろうか？

以上、簡単に検討した範囲では、主張されている理論は多様で互いに矛盾することもよくあるが、すべての恐慌に伴う事態として次の3つのことが確認できる。1．恐慌に先行する価格上昇、2．恐慌の勃発を決めるのは金属正貨流出、3．容易に清算を可能にする価格下落。

好況、恐慌、清算期の3つは、時代によって明瞭さが異なるにしても、この同じ順序で続いていく。富が増大すればするほど、運動の振幅は大きくなる。その際、交替はいつも同じ順序である。

この3つの期間が分かれば、次にお互いの関係や、次の期間への移行に影響する要因を調べることが必要になる。

不調で事業が停滞して価格の下落する時期の後に続くのは、いつでも好況期である。好況期の特徴は価格の上昇に影響された事業の回復である。この価格上昇それ自体は資本の豊富さに起因する。この資本は、過去の積立や、損失を被りながらもかろうじて始まった年々の貯蓄によるものである。恐慌の清算の間に生産を縮小したすべての工場主の運転資本によって増加した資本が、恐慌発生後、何カ月もたたないうちに市場に供給される。これらの資本は証券市場に一時的な投資先を求め、公債の相場を人為的に引き上げる。他方で、その他の価格は低下している。

こうした資本は新たな運用のために、清算期の完了、つまり価格下落の停止を待つ。

清算期が終われば好況期が始まり、この上もなく良い状況となる。投資をしていなかったので、企業にはいずれも流動的な運転資金があるだけではなく、信用も十分である。こうした状況で、商業の資力や貯蓄も巨額である。利子率も非常に低く、投資を求める人々は資本の新たな運用先を探す。こうして、発行のみに業務を依存する銀行業者や銀行は、人々の希望に応え、競って、堅実なプロジェクトや架空のものを急いで創り出す。以前には人々は

株式を額面で発行していたが、今ではプレミア付で発行される。証券の発行や価格維持のためにシンジケート団が組織される。世界中がこれに関わり、同じ方向に突き動かされる。価格上昇は次々と続き、資本だけでなく、信用も使い尽くすまでに至る。
　論者によって意見が異なるのは、この運動の説明である。
　好況期に価格が堅調で上昇する原因は何なのか？　資本の豊富さ、と人は言う。しかしどのような形によってか？　貨幣、商業手形、銀行券、小切手などの形によってか？　それらは、物々交換に頼ることなく生産物の交換を容易にするために使われる手段である。
　価格は、流通している貨幣または貨幣に代替する流通手段（銀行券、商業手形、為替手形、小切手）の量によって決まる、とよく言われる[216]。
　《貨幣の量が二倍になれば、価格もすべて二倍になる》という古い教義がいたるところでよみがえるのを見かける。ところが実際には、交換の道具として貨幣の果たす役割は、その量ではなく、その流通速度によって決まる。
　商品資本の量は現金には全く依存しない。ところが通説では、《貨幣は商品でありながらも他とは異なる商品で、その希少性は取引すべてに影響するが、鉄や綿花などはそのような影響力を持たない》と言われる。(p.645-6) 貨幣が交換手段として機能するとしても、そうした機能を持つものは他にないといっていいのだろうか？　銀行券、政府紙幣、あらゆる形の約束手形、商業手形、為替手形、郵便為替、小切手などは同じ目的を果たすのではないだろうか。貨幣は絶え間なく交換を媒介すると言われる。しかしそれは小売や少量の取引にしかあてはまらない。現金での取引も、金額が大きくなるとすぐに、銀行券や小切手が使われる。さらに、日々の取引においても、貨幣の果たす役割を示しているのはその流通速度である。銀行や個人の金庫の中で眠っている鋳造貨幣は、その役割を果たすわけではない。
　人々はそれぞれの恐慌について、それぞれ何らかの特定の原因を当てはめようとする。1825年恐慌は商業投機マニア、1847年恐慌は不作、1864年恐慌は綿花輸入の巨額の正貨支払い、というように。しかしこうした原因は無限

に多様で、商業恐慌の枠組みに収まりきらない。このようなものは社会に困難をもたらす偶然事であっても、商業恐慌で見られるような商業や事業の全般的な運動の停止をもたらすものではない。また、商業恐慌はいつでも貨幣恐慌である。なぜなら、恐慌の勃発を知らせるものは銀行の金属準備の減少だからである。ただし、現金準備の減少がなくとも貨幣恐慌にさらされることがある。それは今日の銀の価値下落のような場合である。しかしその場合、全般的な好況が影響を受けることはない。最近の不作や1878―80年の穀物価格の上昇も同じだ[217]。1882年の1月の瓦落までは事業の運動を停止させるものは何もなかった。

　恐慌の勃発は偶然事に起因するものではない。地雷が敷設されていなければ爆発しないように、恐慌を準備するものが何もなければ恐慌は発生しない。

3.　恐慌のメカニズム

　事実を観察すればすべては明らかだ。恐慌の清算の間、何が見られるだろうか？　信用取引は消え去り、銀行のポートフォリオは空っぽになり、現金取引でさえもかなり停滞し、工場は操業を停止する。運転資金は使用されず、証券市場に持ち込まれる。そのため利子率がかなり下落して緩慢になる。資本は商品と同様に安値で供給される。恐慌が直撃した会社を除けば、利益はあがらなくとも貯蓄はある。文明国では大きな貯蓄が毎年、絶え間なく続き、利潤を減少させる傾向がある。新しい方策（de nouvelles combinaisons）によって利潤を増加しようと追求され、投資を求める大量の資本は企業精神を目覚めさせる。新しくプロジェクトを作り、先を争ってそれを知らせようとする人々が現れる。信じやすい人々にとってすべてはよい状態である。

　この状態から投機による利益が追求される。会社を設立し、株式を発行し、売りに出された商品にプレミアムを付け、この値上がりはさらに需要を加熱させる。

恐慌の後にはいつでも、清算が行われ、静かな時期となる。国民は傷を癒す。産業と商業は停滞しており、さらに貯蓄の力もあって、かなりの額の資本が流動的な状態になる。この資本は、多かれ少なかれまだ麻痺している社会に対して、すぐに刺激を与えるようになる。

ここが事業の回復するポイントである。資本が求められるとすぐに信用が動き始める。

信用とは何か？ 取引において支払いを約束する単なる購買力である。では、信用の利用にはどのような制限があるのだろうか？ 信用を得れば誰でも買うことができる。単なる約束に対するこの購買能力は生産物への需要を増加させ、結果として価格の上昇が生じる。価格上昇は、初めにはいくつかの生産物に限られるが、まもなく他の生産物へ広がり、全般化する。好況が国中を支配し、世の中はさらに豊かになる。信用による購買で利潤が実現できるという見込みは、新たな層の買い手を同じ道に引き込む。そうして、価格の上昇とともに信用が拡大し、より一層、価格上昇が加速する。

このような動力によって豊かな状態は全般的に広がる。これほど完璧なメカニズムが停止することは決してないだろう、と考えられるようになる。だが、価格の上昇が新たな信用手段を生み出し、さらに価格を上昇させれば、新たな買い手をいつでも見つけられるであろうか？ 正貨に頼ることなしに、単なる信用通貨の流通だけでいつでも流動的な状態を保てるだろうか？ というのは、仮に多くの取引で貨幣が用いられるとすれば、金属貨幣の移動が不安を引き起こし、価格は同じように連続的に上昇することはありえないからである。(p.646-7)

金属貨幣の流出は、人々の関心を引かない割には、価格上昇の開始からすぐに顕著なものとなる。銀行の金属準備の水準を見れば次のことが分かる。恐慌後の清算期に正貨が還流し、まもなく準備の最大値に達する。するとすぐに減少の運動が始まる。初めは弱く、ほとんど感知できないほどで、注目を引かない。しかし準備額に対する減少額の比率は年々増加し、ついには不利な為替が続き、市場を脅かす危険がはっきりと見えるようになる。価格の

上昇は停滞し、生産物の交換は停止にまで至る。供給はあるが買い手がいない。相場以下の価格で引き渡したくないので、商業手形は期限が来ると更新される。こうして恐慌が迫るときには銀行のポートフォリオは、提示される手形だけでなく、更新を求められる手形であふれかえる。もし取引が国内だけならこの状態は続くかもしれない。しかし外国貿易に関しては、外国では売れないほど商品の価格が高くなると、何か別のものを引き渡す必要が生じる。

　どのような生産物を引き渡すべきか？　それは価格変動が最も少なく、あらゆる市場で受け取られるもの、つまり貴金属である。どこから入手すべきか？　流通から？　それは難しすぎる。銀行の準備から引き出したほうが簡単だ。それは準備の水準の低下を見れば分かる。そこで、最も深刻な困難が生じるのは信用通貨の流通の均衡である。危機に見舞われた金属準備を守るために理事たちが何らかの処置をとる前に、もう価格の上昇は止まっている。すぐにあらゆるものの様相が一変する。人々が望むことは唯一つ、換金することだけになる。商品が需要されることなく供給されるようになるときには、価格低下はすでに差し迫っている。銀行への償還請求は何倍にもなる。人々が望むのは金属正貨なので、銀行が防御措置として、金属正貨の価格が商品価格と同じ比率で上昇するように、割引率を引き上げるまで償還請求は続く。

　金属正貨の高価格に耐え忍ぶか、あるいは現在の下落した商品相場で引き渡す以外に選択肢がなくなると、清算期が始まる。価格下落は、初めは投機に関係したいくつかの生産物に限られるが、まもなくすべての取引へ、さらには現金取引にも広がる。

　以上の事実の観察すべてに基づけば、文明国では絶え間なく国富が増加して、毎年の貯蓄能力が貯蓄を増加させて恒常的に価格の上昇を引き起こす。それは市場の通常の状態、好況期である。運動が停滞するときに恐慌は近づき、運動が止まったときに恐慌が起きる。

　つまり重要なことは、恐慌の唯一の原因は、価格上昇の停止だと言える。

価格は到達した最高値から最低値まで、時には出発時よりも低いところまで下落する。

　たしかに、偶発的な出来事が原因となって生じた最初の動揺では価格上昇が止まるだけで、恐慌は、その後ずいぶん時間が経ってから起きることもよくある。たとえば最近では、クリミア戦争が終わって講和条約が署名された1857年に恐慌が勃発した。1879年の穀物の不作のときも同様である。恐慌が勃発したのは1882年[218]で、そのときに対外支払いはすべて清算された。

　事業が大いに発展した諸国の間では価格の動揺がすぐに広がり、世界中で同じ状態になるには時間はかからない。ここに、恐慌の主要な帰結の一つがある。それはかなりの金額が外国人の手中に入ることである。巨額の資本が移動し、外国に向かい、文明化が相対的に遅れた諸国との競争が発生する。

　要するに、数年に及ぶ連続した急速な成長はすべて恐慌の前兆となる。

　恐慌が起きるのは、売り手が買い手よりも多いときである。

　恐慌は買い手の不足から生じる。ではその責任はどこにあるのか？

　価格の上昇か、それとも生産の過剰か？

　買い手の不在が生じる原因は、需要の不在か、それとも価格の高さのためか？

　買い手の不在とは、小売か、それとも卸売でのことか？

　需要の不在については、消費は連続的に成長しているので、これを原因とみなすのは正しくない。消費を停滞させて消費に限界をもたらすものは価格である。何年にもわたって価格上昇が続けば、卸売で取引が難しくなるときがやって来る。(p.647‒8) そのとき、かなりの量の供給が生じれば、不安定になっていた信用の均衡がついにひっくり返る。

　商品の流通は遅くなり、もう流通しなくなるものもある。商業手形は簡単には相殺されなくなり、銀行のポートフォリオの中にたまっていく。手形は期限に支払われず、再割引に頼ることになる。つまり、商業手形はもう流通しなくなっている。しかし、そうなると、商品や手形の代わりに流通する何かが必要になる。それは正貨または地金であり、それらは銀行の金属準備か

ら引き出される。

　為替が不利なときの現金準備の減少からわかることは、すでに信用機関の手形や商業手形はいつものようには流通しなくなっていることである。そして割引率の引き上げとは、手形が通常の役割を再び果たすようにするために、穏当な方法がないときに取る激しい方法に過ぎない。手形のストックと同じだけ商品のストックが存在し、どれ一つとっても流通していない。諸価格を再び均衡させるためには、生産を続ける前に、行き場のなくなったストックを処理しなければならない。この目的を果たすためには、まず手形が再び流通できるようにする必要がある。さらに手形流通の再開のためには、商品価値が不変の金属に頼らなくてもすむように、手形が、生産物との価格の関係で、正貨と同じになる必要がある。

4. 恐慌と国富との関係

　商業恐慌は、ふつう考えられるのとは違って、すべての国で起きるわけではない。たしかにいたるところで事業の混乱や停滞が見られるが、しかしこうした偶然事と、商業恐慌と呼ばれるものを混同することはできない。たとえば、事業の多くが現金で行われている国では、商業恐慌に見舞われない。商業的活気の利益を得なければ、その逆の事態を被ることもない。信用取引の大規模な発展によって初めて恐慌に見舞われることになる。恐慌が生じ、何年かおきに繰り返されるのは、イングランド、合衆国、フランス、ドイツといった国で古くからの産業国である。産業の発展が弱く遅い国ではこのような衝撃は見られない。たとえばドイツの一部、ロシア、スペインでは恐慌による影響がないとまでは言えないまでも、遠くからの余波としてしか受け取られない。さらに言えば、逆説的なことだが、国富の大きさは、その国が受ける恐慌の激しさによって計られるとも言えるだろう。イングランドや合衆国については言うまでもない。誰にでも観察できる事実だけを挙げれば、フランスでは1848年以降、人々の富がこれまでになく大きく増進したが、同様に、恐慌もこれまでになく大きな問題となっている。ところで、《フラン

スは1854年以降、下落に下落を続けており、そのつど立ち直っても、再びすぐに下落するのは不可避だ》と言う人たちもいる。このようなことを言う人は商業恐慌と、単なる偶然事とを混同しているのだ。単なる偶然事は、固有の特徴を持たないし、人々の富の増進にどんな影響も与えることはない。1865年に「銀行に関する調査会」が行われたのは、この商業恐慌を研究するためだった。恐慌の結末がもたらす障害、停滞、損失、破滅がどのようなものであろうとも、人々の富の成長は誰の目にも明らかで、これほど急速かつ大幅に成長したことはかつてなかったことだ。

　19世紀が始まってから、長くない間隔で恐慌が繰り返されているのが分かる。しかしその間隔は固定したものではなく、事業の成長の速度や条件によって異なる。以前には恐慌があまり目立たなかったとすれば、それは諸国間の関係が限定的で、商業の運動と富の増進が遅く、困難な衝撃にさらされることも少なかったからである。高く上ったところからしか、落ちることはできない。どんな場合でも、反動は動に対する代償でしかない。いつでもお互いに密接な関係を持つ。恐れてはいけない。なぜなら、恐慌の期間はかなり短いし、恐慌に至るまで数年間の好況期に事業による利益で貯蓄を作ることができているからである。もっとも、恐慌はその数年間の方策すべてを破壊し、転覆するのだが。災害は大きなものだが、数年に及ぶ繁栄の利益をすべて消し去るとまでは言えない。恐慌は起きるし、繰り返すが、時折、人々が好んで口にするように、国を破滅させるわけではない。たしかに事業の運動の停止や損失が生じるが、それでもやはり富は増進し続けている。こうして、恐慌は周期的に起こるにもかかわらず、商業恐慌を被った国が貧しくならないだけでなく、恐慌を被らない国よりも急速に豊かになるのだ。(p.648-9) 他方、恐慌を被らない国は、たしかにあらゆる逸脱から逃れているものの、事業は不活発であり、実際のところ、大きな利益を得る望みもまったく残っていない。損失を減らすことができるということは、それに応じて利益を得る機会も減らしているということである。

　諸関係の広がり具合、事業の性質、生産物の種類によって、それぞれの国

における恐慌の強度は決まる。為替業務を行う主要市場に関係していれば、それだけより一層、恐慌は厳しいものになる。為替は貴金属を動かす強力なモーターであり、また、様々な市場での均衡や調和を取り戻す重要な経済的手段である。恐慌は国富の発展につれて大きくなっていく。恐慌は進歩の大きさと速さに比例する。進歩が遅く、控えめなところでは恐慌はほとんど感じられず、非常に短い。進歩が早く、熱に浮かされたようなところではしばらくの間、激しく深刻な恐慌が事業界全体を大混乱させるように見える。どちらかを選ぶ必要があるとすれば、リスクを伴っていても、文明国の市場では後者の方がずっと好ましいように見える。後者とはイングランド、合衆国、フランスにおける状態である。

　結果がこのようなものであれば、嵐に遭わないような静かな取引の国の状態をうらやむべきだろうか？

5. 社会の経済状態に対する恐慌の影響；恐慌の確認と計測の方法

　社会の経済状態に対する恐慌の影響は明らかであり、ここで詳しく述べるまでもない。しかし、その存在を認めることは簡単だが、それを正確に確認し計測することはそれほど簡単ではない。

　現代の主だった経済学者や統計学者は、様々な国の、特定の時代における人間社会の経済的、社会的、精神的状態を特徴づける指標を見つけ出そうと努力している。

　1869年、ハーグの会議では、特に労働者階級の家計に注意するように勧告された。収入の正確な見積もりが難しいため、それと同じ結果になると思われる支出を知ることの方が簡単なのではないかと考えられた。たしかに消費を観測することは必要であるが、しかし社会生活のすべてを表すものではない。

　さらに探求を進めるため、Neumann-Spallart 氏は観測の範囲を、生産において物財に関する部面だけでなく、労働や資本をはじめとしたすべての部面に広げた。生産の動向は経済状態の最も正確な指標とみなされるべきであ

る。彼はそれぞれの国について、最も多数の労働者を雇い、最も多くの資本を必要とする産業を選んだ。つまりイングランドについては石炭、鉄、綿、フランスについては石炭、鋳鉄、鉄、絹、そして他の国についても同様に選んだ。そして商業の強さ、人や物財の陸上・海上での輸送、手形交換所での清算額を観察した。生産と商業は物財の面しか表現していない。一覧表を完成させるには食料・飲料の消費、預金残高、銀行数、移民、破産を付け加える必要がある。さらに社会的・精神的な状態に関するものもあり、それについては犯罪、結婚、出産から考えることができる。

　筆者自身も1862年の著作の初版で、商業恐慌について表を作った。同じようなものを今の時代に関して、経済学者たちは細心の注意を払って作成している。観察はいくつかの年次の系列にとどまるものではない。19世紀の初頭まで遡ったところ、たしかに小さな規模だったが、現代と同じ波動を確認した。現代と同様に以前にも、この波動は大銀行のバランスシートに見える波動に一致していた。筆者が明らかにしたこうした一致は以前の時代にも存在していたが、今まで注意を払われてこなかったのだ。

　これらの資料をすべて比較してみると、銀行のバランスシートに密接に関連していることは注目に値する。このことはわれわれにとって導きの糸である。つまり、自分の方向を定め、帆を張ったり縮めたりできるように、事業の世界で指示を与えるとともに、どんな時代やどんな国にいようとも、今どの時期にいるか、さらにその時期のどの瞬間にいるかを明確に知らせるものとなる。

　今日まで人々が求め続けていることは、社会一般の景気の状態を計測するのに最も適切な指標は何か、ということである。この問いに対してKorosi氏はためらうことなく次のように答える。「消費は国際的に比較が困難なため、一国の特徴的な兆候が無視されてきた。しかし消費の代わりに交換の動きを見れば、すべて容易で比較可能になるだろう」と。(pp.649-650)

　生命とは運動であり、事業とは生産物またはその代理物である商業手形や為替手形の運動である。事業の推移を正確に認識するのに、大銀行のバラン

スシート以上のものがどこにあるだろうか？　これを使えばもはや、重複や評価の誤りといった危惧すべき間違いはなく、すべては正確である。一つの商業手形はそれぞれ一つの取引、あるいはよくあることだがいくつかの取引が行われたことを示している。恐慌や混乱した状態を除けば、生産物の取引では損失を生むようなことが行われることはない。取引はすべて利益を生じている。変動があるにしても、最終的には利益を得る。流通が容易で確実なとき、国民の収入の主要な源泉となるのは、この継続的な利益である。このように、商業取引は全体を包括するものである、と筆者は理解している。ある特定の時点で、商業取引はすべて、商業手形または為替手形の形を取っている。われわれが様々な生産物に関して多数の調査を行えば、誤る可能性はそれだけ小さくなる。あまり鮮明でなかったり、短い期間だったりしても、同じ系列が上昇と下降を示し、銀行のバランスシートと同じ方向、または逆の方向に動くという一致が見られる。

　このように上昇と下降の期間が互いに交替して規則的に現れるのは明白だが、このことはこれまで明らかにされてこなかった。なぜなら長年にわたる連続した系列がなかったからである。しかし今では一世紀近くに及ぶ系列があり、その価値は疑う余地がない。

　交換の動きがわれわれにとってガイドとなり、銀行のバランスシートが運動の主要な表現となるならば、一覧表を完成させるためにはどのような統計資料を選べばよいだろうか？　まず初めに市場を特徴付ける項目、つまり製造品や一次産品、生産物の価格、繰延取引のレート、為替相場である。さらに観察を進め、取引の大きさや速さを明らかにしたいなら、手形交換所の動向によってリアルな姿を把握することができる。主要な市場における証券発行からは、流動的な資本がどれほど豊富または希少であるか、また、新規に市場で発行される証券に資本を固定することがどれほど容易かまたは避けられているか、ということが分かる。最後に、輸入と輸出の一覧表からは為替の動きが読み取れる。輸出入額の収支は、価格の高低によってかなりの混乱を生じる。

以上のようなものが、事業の活発さや停滞を表す指標となる。その変化に対応し、社会のすべての場所で好影響や悪影響を受ける。財産が私有から共有へ変化してもほとんど違いは生じない。財産が共有になれば、国家や都市の財政状況に基づいて好況と恐慌の時期を確認することになろう。国庫収入も同じ経過を示すだろう。つまり好況期にはいつもすばらしい増収、恐慌の清算期にはいつも貧相な損失、と絶え間なく続くだろう。

輸入関税や鉄道、市内の公共車両の収入も、この共通の法則の例外ではない。同じようにして、それぞれの状態に応じて消費の変動をたどることができる。

支出の減少は収入の減少を示しており、支出の減少には貯蓄の減少が対応している。貯蓄とは、たとえば地方財務局長（trésoriers-payeurs généraux）による国債購入や貯蓄金庫の預金である。

社会生活におけるこのような現象に関して、人口の移動や結婚、出生、死亡も無関係ではありえない。こうして公的な統計表の中に、好況と清算期に伴う運動の経過すべてを観察できるのは興味深いことである。

社会の機構を強く支配する一群の運動にわれわれが引き込まれていることをはっきりと示し、なおかつ互いに連動している事象は、バランスシートの他に、いくつも挙げられる。銀行は単に大気圧を示すだけの気圧計のようなものである[219]。

参考文献（略）　（本文終わり）

|翻訳資料②|

「Wolowski 著『イングランド銀行とスコットランドの銀行』（1867年）についての書評」（Juglar［1868b］）

〔訳者解説〕

　フランスの発券独占派（英国通貨学派に匹敵）の Wolowski の著作『イングランド銀行とスコットランドの銀行』（1867年）に対するジュグラーによる書評である。基本的にジュグラーは、Wolowski の著作に掲載されたデータに関しては比較的、好意的に評価しているが、主な内容は、Wolowski の通貨原理に対する銀行学派の立場からの批判である。

　この書評の冒頭はデータ紹介で、途中からジュグラーによる積極的な Wolowski 批判が始まる。その区切りは、訳注として【※ここからジュグラーの見解が始まる】として示した。Wolowski の見解の紹介とジュグラーの批判が錯綜している所もあるが、通貨原理 vs 銀行原理としてみれば理解は容易だろう。

　Wolowski が、貨幣の役割を果たす銀行券の統制の重要性を主張するのに対して、ジュグラーは商業手形とその相殺を核心的に重視する。そして銀行信用は、信用力の知名度と支払い期限の問題で流通性に劣る商業信用を補助するに過ぎないとみなす。

　銀行信用は手形割引を通じて当座預金の形で与えられるが、支払いは当座預金の振替で行われ、信用流通は銀行システムの中にとどまる。銀行システムの外に出るということは正貨の引き出しであり、信用システムの破綻を意味する。

　最後に《スコットランドの FB システムは、実はロンドン金融市場とイングランド銀行によって支えられていた》というのは FB 派に対する CB 派からのかなり強力な批判で、ジュグラーはこれを認め、CB による通貨・信用

政策の必要性を支持している。

〔本文〕

　(p.140) イングランド銀行とスコットランドの銀行に関する Wolowski 氏の新刊本は、その前半はすべて本誌に掲載されたものだが、後半はどれも初めて公刊されるもので、たいへん興味深いものである。

　スコットランドの銀行の制度やメカニズムに関して、かつてないほどの緻密な研究に Wolowski 氏を駆り立てた動機は、農業にとっての必要に応えるためだった。数多い交流関係や飽くことのない活動、さらにその著作の知名度のおかげで、Wolowski 氏は銀行の理事たちに快く応じてもらっただけでなく、これまで議会の調査会にも提出されていなかった文書を入手することもできた。

　イングランドは公開性がたいへん高い国であるにもかかわらず、例外的に銀行の問題に関しては統計的な文書が不完全だということは驚くべきことである。そのため、1844-45年の諸立法では、プライベートバンクや株式銀行の銀行券流通額に関する公表データしか利用できなかった。他の項目は公開されていない。割引や貸出、預金、当座勘定の金額に関しては公式の情報は全く存在しない。金属準備と相関して追加的に発券する特権を持つスコットランドやアイルランドの銀行だけが、これらの諸項目を公表することになっている。スコットランドの繁栄はよく知られているが、スコットランドの銀行の公式のバランスシート（これをバランスシートと呼ぶことができるなら、だが）はどんな概要も教えてくれない。

　(p.141) Wolowski 氏は、これらのデータを調べ尽くしながらも、不完全な情報を得ることくらいで満足せねばならなかったことはたしかだが、それでも十分に興味深いものである。最初の表は、銀行の運動、つまり1727年以降の発券の認可額と実際の額、1845年以降の金属準備の動きを示している。

　各銀行にある預金の額は、残念ながら1866年8月分のデータしかない。

　非常に詳細な4つの表によって、1789年以降の様々な種類の預金利子率の

変動を追っていくことができる。

　6番目の表は、1867年5月1日のスコットランドの諸銀行による公式相場表を採録している。そこでは株式の額、払込額、配当、時価を見ることができる。

　7番目の表は、公式報告書に基づき、各銀行によって運用された額の合計が示されている。

　8番目と最後の表には、1838年以降のスコットランドの手形割引の最低利率が示されている。

　これらのデータは、これまでのものよりもかなり広範囲だが、割引や貸出といった業務の数値は全く不明である。同様に、ある一日のバランスシートの状況だけでは、長期間における諸項目の変動についてどんな情報も得ることができない。にもかかわらず、Wolowski氏は以上のような新たな情報を得て、発券の統一の観点から銀行の研究を続ける。

　【※訳注―ここからジュグラーの見解が始まる】

　その中身に入る前に、信用についていくらか述べておく必要があるだろう。また、信用を与える手段と、それを流通させる手段についても述べておく必要があるだろう。というのは、この二つは根本的に異なっているにもかかわらず、ほとんどいつも混同されるからである。

　Wolowski氏は次のことを明らかにしている。《貴金属は価値を測り、財やサービスを分配するのに役立つ。そして資本は人間労働の蓄積された成果であり、信用は運用先を探す資本と、産業を興したり規模拡大のための資材を必要とする勤勉で知性のある人とを結びつけるのに役立つ。ある一定の範囲で信用流通は金属流通に代替できる》。ここで、Wolowski氏はアダム・スミスに依拠して《取引においては、貨幣として機能する手段は、限られた数量しか必要とされない》ということを確認している。しかしこれはそれほど正しいとは思われない。実際には、物事はどのようにして行われているのか思い起こしてみよう。もちろん、ここで問題にしているのは消費の直前に位置する小売についてではなく、生産物の流通・分配を行う卸売や仲買のこ

とである。取引は単なる支払約束、つまり書きとめられた支払約束（商業手形や為替手形など）あるいは書きとめられてもいない約束を用いて行われる。こうしたものが、銀行券とともに一国の信用流通（circulation fiduciaire[220]））を構成している。交換と流通の最初の行為では、生産物の引き渡しの際、それと等しい価値の支払約束が発生する。その結果、約束には物的なものは何もないけれども、支払約束を受け取った人は、商品の引き渡しで失った物と等しい購買能力を所有することになる。(p.142) 単なる約束によるだけで、売り手と買い手は、一方は物的に、他方は非物的な形で、同じ価値の資本の使用権を得ることになる。たしかに、約束は引き渡された物的資本を表すものでしかなく、単に移動しただけだとも言える。しかし、生産物は消費者の手中に納まるまで流通を続け、新たな取引の度ごとに新たな支払約束が発生する。所有者の転換が10回行われれば、流通やポートフォリオの中に生産物と等しい価値の支払約束が10個、存在することになるだろう。こうして一時的に創り出された手形は、生産物が消費者の手中に納まればすぐに消えてしまい、実際のところ、手形を保有した数多くの人々にとって全く費用がかからない。ただし、取引を最初に行って自分の商品を手放した人は例外だが。

　信用のすばらしさは、上記のように支払約束との交換で購買を行う能力である。しかしこの場合、問題になっているのは個人的な信用で、銀行の信用は全く関係ない。銀行が行うのは、期限の一致しない個人的な信用の流通を助け、発券銀行の信用力と一覧払いのおかげでより広範囲に流通する新たな支払約束を流通させることによって、商業手形の相殺を促進させることだけである。確かなことは、銀行券の流通は大衆の信用流通を助けることでしかないので、正貨への兌換請求は、一時的にメカニズムが破綻したということ、さらに信用取引の現金取引への転換が望まれているということを示していることだ。事業において生産物が流通するのは、大衆によってであれ、銀行によってであれ、手形の形態で発行された支払約束を用いてである。そのため、手形の発行には生産物の流通それ自体以外にはどんな制限も存在しな

い。信用のメカニズムが完成され、商業手形の相殺が直接に当座勘定の振替のみで行われるようになると、それに応じて、銀行券が流通を媒介することはますます少なくなる。

　正貨準備の額を超えて発行された銀行券の額によって信用流通の大きさを測ることは、信用流通の役割を非常に過小評価することになる。紙券（papier）が流通し、期限に規則的に相殺し合うならば、銀行券は平価を保つだろう。国内に散在したり銀行準備に置かれたりしている貴金属の額との比率を定める必要はない。相殺におけるバランスが崩れれば、それは為替相場に現れる。こうして、何ら規制も行政的制約もなくとも、国内の信用流通の額の状態について評価を下すことは可能だ。

　銀行券は信用の流通に過ぎないので、次々と兌換（remboursement）に応じる必要はある。ただ、この兌換は、銀行の準備額の変動が示すように非常にわずかな額しか正貨に転換されることはない。せいぜい3－4％ほどしかない。(p.143) 他方、振替で相殺される流通商業手形は何十億フランもの額にのぼる。

　商業手形は現金に転換するために割引に出される、と言われるが、それは完全には正しくない。なぜなら、メカニズムが続いていくには正貨を要求してはならず、支払約束でしかない銀行券で満足しなければならないからだ。金属正貨を外国に追いやるのは信用紙幣（papier fiduciaire）の量ではなく、支払い期限に行われるべき相殺に欠如が生じることである。つまり額の大きさそれ自体ではなく、バランスの欠如である。

　銀行の役割は、運用を求める未利用資金を資金需要と結びつけることや、散在する資本を集め、よりよく使用できる人に渡すことに限られるべきであろうか？　たしかにそれは銀行の主な機能である。しかしその機能は、当座勘定の預金の利用においていつも同じ方法によって行われるわけではない。正しく理解されていないこともあるが、次の二つの預金を区別しなければならない。まず、現金当座勘定、つまり正金または銀行券の預託の結果生じる預金。もう一つは割引預金で、手形割引による信用開設で生じる預金であ

る。この二つの預金の形態は銀行のバランスシートでは同じ名前で混ざっているが、その起源に応じて、それを利用できる方法は非常に異なっていることはよく知られている。スコットランドの銀行の秘密は全て、彼らが集めることのできる預金の額にある。その額を Wolowski 氏は公式の資料に基づいて1,500,000,000フランと推計した。彼は《それは現実の資本であって、流通手段の架空の創出によるものではない》と言う。実際にそうかどうかは、現金預金と割引預金のそれぞれの額を知る必要があるだろう。それに関しては、イングランド銀行や合衆国の報告書から判断してスコットランドでも同じとすると、全ての取引は銀行で相殺されるので、ポートフォリオの額は割引額[221]と釣り合う。この二つの額のバランスが崩れるときには、恐慌が発生する。そのことからわかるのは《手形割引によって発生する預金額は、当座勘定においては顧客が振替によって利用可能な預金という項目に記載されるが、取引はすべて銀行の仲介によって行われるので、その預金のほとんどはいつでも銀行の中にとどまる》ということである。確実に言えることは、こうした新しい方法のために金属準備と銀行券との相関関係がなくなったことだ。規則が確固として変えられないものだったとしても、銀行券流通が容易に供給される結果、不可避的に生じる価格上昇というものは、その意味を変更すべきだった[222]。

　1845年の法律は発券を抑制することはなく、むしろ促進するものだった。銀行券は1843年の3,100,000フランから1846年には4,000,000フランへと増加し、ついに1867年には4,630,000フランとなった。しかし5ポンド以下の銀行券の数を見れば、銀行券は信用の手段としてよりもむしろ流通の手段として役立っている。そしてこの銀行券は正金を追い出したようには見えない。なぜなら正貨準備の水準はそれ以前よりも高くなっているからである。しかしながら、こうした状況が農業への最大の援助となったと考えることはできない。(p.143 - 4) 手形割引よりもはるかに農業に役立つのは cash accounts、つまり支払い能力のある二人の保証人を付けて開設される信用である。ただし、発券の機能については、銀行券はいつでも付随的な役割しか果

たさなくなっているけれども、ある特定のときに、特定の場所で事業の取引を媒介するものとして不可欠のものではなくなっているといえるだろうか？[223]

様々な形態の預金のメカニズムは、はっきりと記述されている。銀行はdeposit receiptを開く。これは利子を目当てにする単なる運用である。引き出しは全額で行われなければならない。

operating deposit accountは本当の意味での当座勘定で、日毎あるいは月毎の残高に利子が付く。最後にcash accountsがあり、二人の保証人の保証で開設される。

こうした様々な種類の預金の額は1,500,000,000フランにものぼる。そうした預金を引き寄せ保持するためにどれだけの対価を付けているかは関心のあるところだ。Wolowski氏は、それぞれの種類の預金ごとに付けられる利率について1789年からの一覧表を入手している。最も利率が低いのはoperating deposit accountの日毎の残高に付けられる利率である。operating cash accountsで得られる利子については、一般に用いられる利率とほとんど変わらない。1822年以降、状況に応じて4から6、7、8、9％まで変動している。

商業手形の割引率は、1838年から1847年まで3.5から8％まで変化した。利子率の平均はいつもイングランド銀行の利率を少し上回っている。合衆国について観察してもスコットランドと同じことが確認できる。なぜなら、発券の自由の支持者の見解に反して、人々が求めていることは利子率の低さではないからだ。発券の自由が存在するところはどこでも、発券独占の特権が支配する国よりも利子率は高い。実際に求められているものは、信用の流通の形を取った資本である。そして要求される対価については、得られた用益に応じてためらうことなく対価が払われる。価格はいつでも相対的なものだ。単に貨幣の価格の低下を求めようとすれば、鉄道建設や商業の自由が価格を低下させると考える人と同じ誤りを犯すことになる。たしかに、需要が供給を上回らない場合には価格は下落するであろうが[224]。

Wolowski 氏は、スコットランドの銀行券が、収益を得ることよりも取引を促進することの方にはるかに役だっていると認めている。しかし、そうだとしても、全てのことは流通のメカニズムの完成度によるのであって、銀行券の数量によるのではない。スコットランドの銀行経営者の慎重さに加えて、株主の無限責任と完全な連帯責任も重要である。

　スコットランド銀行、スコットランド・ロイヤル銀行、ブリティッシュ・リネン・カンパニーの3つの銀行は会社組織、フランスで言うところの株式銀行体制、の特許をもっている。3行の流通額は全体の3分の1以上を占める。

　また、銀行が与える信用が容易なのは、特に、支払いのための手順の簡単さのためである。(p.145) 抵当権の公開や、収用の迅速さはスコットランドの銀行の安全性を高めている。それらはフランスの農業のための銀行には欠けている。どんなに優れたものであっても、一度か二度、更新されていればフランス銀行はその手形を拒絶する。フランス銀行は商人に対しては非常に速く業務を執行することができるが、農業者に対してはそうではない。通常の商人と見なされなければ、農業者は劣ったものとされる。農業者による手形は為替手形というよりもむしろ約束手形となり、何度か流通していても商法の裁判では正当な資格があると、いつも見なされるとは限らない。農業者の手形が流通するためには、農業者が破産を宣言できることが必要だ。つまり、商人と同じ利点を享受するには同じ責任を引き受けなければならない。

　銀行が多数になるということは厳格な取り決めを伴ってはじめて成立しうることだが、それは行政的なものではなく、利害関係者たち自身によるものである。つまり、週に2回、スコットランドの銀行は互いに、受け取っていた銀行券を交換し、その差額を大蔵省証券やイングランドの銀行宛て手形で支払いを済ませる。為替が不利な場合、人々はイングランドの銀行に助けを求めるだろう。それは対外的な支払いのためだけではなく、イングランドの銀行券がスコットランドで法貨とされていない限りは、国内での兌換（remboursement）のためでもある[225]）。

1819年以降の銀行の数の表を見ると親銀行の数は一貫して減少し、支店の数は増え続けていることが分かる。

銀行とその支店の数

	1819	1830	1845	1864
銀行	30	27	20	13
支店	97	145	376	591

銀行の数は1819年から1864年にかけて30から13に減ったが、支店の数は97から591に増えている。

運用される銀行の資本に関しては、多くの銀行はそれを保証資本と考えており、コンソル公債に固定されている。その額は払込資本を上回ることが多い。

Wolowski氏は次のように指摘している。《スコットランドの銀行では信用発券（émission fiduciaire）はわずかな役割しか果たしておらず、ほとんど目につかないほどだが、それでも一定の役割を果たしている。銀行券の額が、多少増えたとしても、ほとんど変わらないとすれば、支店の設立で流通速度が日に日に増加したため、同じ額の銀行券の果たす役割がかなり大きくなっているからだ》と。しかし実際には、信用は、銀行券を流通させるために借り入れるのではなく、利用されるときはいつでも当座勘定預金の振替によって用いられるのである。ここで間違えてはならないことは、問題なのは現実の資本（capital matériel）ではなく、支払い期限に相殺が適切に行われている限り、いつでも開設される巨額の信用だ。問題なのは銀行間の競争ではなく、授権資本の貸出でもなく、利子率の引き下げでもない。そうではなくて、運転資本（capital du travail）を利用しやすくすること、あるいはもっと良いことだが、その成果である生産物の流通を助けることで十分だ。(p.146) 自由な銀行制度にせよ、特権銀行にせよ、人々が銀行に要求できるのは流通であって信用の創出ではない。ただしその場合、支店はその周囲

の地方を活性化させる鉄道駅の役割を果たすことになるだろう。Wolowski氏は、銀行は発券の権利を持たなくとも、支店を増加させることができると断言している。その正否はおそらく将来にならないとわからないだろう。しかし今のところ、イングランドや合衆国については、それは正しくない。いずれにしても Wolowski 氏が提供した資料は非常に興味深いもので、この種の議論において、それぞれの論者が公的な原資料を駆使してこれと同じくらいの情報を提供すれば、正しい説明は間もなく明らかになるだろう。

翻訳資料③

ジュグラーによる英仏通貨論争に関する記述
『フランス・イギリス・合衆国における商業恐慌とその周期的再発について 第2版』（Juglar［1889］pp.180－188）

〔訳者解説〕

　ジュグラーは Jugalr［1868a］、［1889］で英国通貨論争や、フランス銀行の発券独占を巡る論争を吸収して論述しており、それはジュグラーの恐慌論の理論的な基礎になっている。Jugalr［1889］の p.180－188にこの論争とジュグラーの立場について簡潔な要約があるので翻訳しておく。

　イギリスの A. スミス、通貨学派、銀行学派の主張を簡潔にまとめた後、フランス FB 派の主張、フランス発券独占派の主張、そして最後に自分の意見を述べている。各項目の切れ目が分かりづらいので筆者が【　】を付けて小見出しを入れた。

　ジュグラー自身が巻末の目次に付けた見出しは〔　〕で示した。目次のこの見出しは、基本的に本文の中に現れないので、文中のどこから目次の見出しが始まるのかは形の上からはわからない仕組みになっている。

　本文イタリックの箇所は下線を付けた。

　内容について補足しておくと、BdF の発券独占をめぐる論争では、経済学者の中では発券自由派が多数だったが、法制度上は発券独占派の主張に沿って立法された。

　「銀行の自由」（liberté des banques）という「フリーバンキング」に相当する語が何度か出てくるが、この訳文では「フリーバンキング」という語にある様々な意味合いが先入観をもたらさないようにするために「銀行の自由」という訳語をあてておいた。

〔本文〕

(p.180)〔単一の発券銀行と複数の発券銀行〕

<u>単一の発券銀行と複数の発券銀行</u>——多くの経済学者にとって信用流通（circulation fiduciaire）の困難と恐慌の原因はすべて、規制、特権、独占にある。彼らによれば、それらの害悪すべてに対する唯一の解決策は自由である。しかしながら南北戦争以前にほとんど完全な自由が与えられていた合衆国では、国法銀行制度の制定（※1864年—訳注）以降についてみると、商業恐慌は頻度と深刻さにおいて劣るものではない。

銀行の業務はその発足以来いつも、特権的な大銀行に集中してきたわけではない。大銀行は大きな便益を生み出してきたけれども、いつでも自身に寄せられる期待に応じることができたわけでもない。そのため、人々が独占の問題を取り上げ、これまで特権銀行が行うことができなかったことをすべて、銀行の自由や発券の自由が行うように要求し、何のためらいもなく独占の問題を解決しようとするのは驚くことではない。

自由か規制かという、この深刻な選択の問題に関して（p.180-1）、イングランドで行われた論争には、完全に対立する二つの見解がある。一方は<u>銀行原理</u>と呼ばれ、他方は<u>通貨原理</u>と呼ばれる。

通貨原理はアダム・スミスの理論に基づいている。スミスは教義として次のことを明らかにした。《一国内で流通できる紙幣（papier-monnaie）は、紙幣が置き換わる金銀の価値、つまり<u>商業の状態が同じと仮定して</u>、紙幣が存在しなければ流通したであろう金銀の価値を超えることはできない》。しかし、銀行券の発行は商業を増加させ、その結果、上記の定義が成立しなくなることにスミスは気づいていた。なぜなら、発券自体が新たな需要を作り出し、こうして増加した需要を満たすために、この発券は行われるからだ。

この教義に基づけば、《紙幣は金属貨幣と同じ変動をすべきであり、金属貨幣しか用いなくても事業は可能》ということになるだろう。紙幣が好まれるのは軽いからであって、生産物の流通に不可欠というわけではない。紙幣がなくなるようなことがあれば、それに代わるのに十分な金属正貨がすぐ国

内に入ってくることになるだろう。

【※イギリス銀行原理の主張】

　しかしこのような理論は、現実には確認できない。オーヴァーストンは1857年の調査会でこの見解を擁護したが、トゥックはこれに反論し、《紙幣の流通は金属貨幣の流通とは同じではない》と述べた。紙幣の価値が金の価値に一致するためには、紙幣が金に対して量的に一致している必要などない。紙幣は流通して金属貨幣に兌換されるだけで十分だ。この考えが銀行原理であり、その信奉者がトゥック、フラートン、ウィルソンである。彼らは、銀行券がいつでも一覧払いである限り紙幣の発行にどんな制限の必要も認めない。事実の観察に基づけば、これこそが真に正しい教義となる。重要なのは兌換（remboursement）を維持することだ。困難はそこにある。

　この二つの陣営には、自由と独占についての利点と不便さについての論拠には事欠かない。

【※フランス発券自由派の主張】

　(p.182) 多数の銀行を要求する論者の主張は以下の通りである。《特権銀行の発生よりも前に銀行券は発行されていた。銀行券それ自体は貨幣ではなく、特別な条件の下で貨幣の役割を果たすに過ぎない。発券諸銀行が貨幣を製造すれば国家の大権を侵害する、という主張には根拠がない》。

　いくつかの一時的な例外を除けば、フランスでは1796年まで、イギリスでは1844年まで銀行業は自由だった。

　銀行券すなわち支払約束を発行することは、商人が取引に際して債務を流通させることと同じであり、その責任に関しては商人の他の活動と同じである。この発券によって生産物の流通は容易になり、価格の変動は小さくなる。なぜなら、新たな貨幣は生産物を媒介する手段として機能するからである。発券銀行の数が増すだけで、誤りが生じてもおのずから修正されるようになる。しかし特権銀行の場合はそうではない。好況の時には特権銀行は過剰に貸付をするが、突然、恐慌になった時には貸付を拒絶し、すべては破滅の山となって停止する。

発券が自由になれば、かなりの数の銀行が設立され、保証資本も増加することになるだろう。銀行が多数になるだけで発券額は減少するだろう。

銀行券を発行するには、それを大衆が受け取ることが必要であり、国中の銀行で支払い手段として使用できる必要がある。銀行同士による相互の監視は、銀行券の価値にとって最も優れた保証となるだろう。ある銀行が過剰に発行すると、すぐに銀行券はその発行元に戻ってきて、必然的に発券は抑制されるだろう。

そのため、発券の自由が何か不便さを引き起こすかもしれない、などと恐れる必要はない。銀行券の流通は非常に限定的である。なぜなら銀行は、自行の営業区域外では、様々な国や都市の銀行に対して当座勘定を用いて支払いをなす義務があるからだ。(p.183)たしかに様々な信用機関の間での競争はある。しかし、各機関の負債の相殺を通じて、競争による相互のコントロールが作用し、必要な調整がひとりでに行われる。

銀行券の発行には、銀行にとって大きなメリットがある。中心地から離れ、大銀行の銀行券の流通が届かない小さな都市では重要である。

大衆の債務に加えて、この支払約束が新しく追加されれば、取引に新しい活力が与えられる。そして新たな資本が人々に利用可能となり、利子率の上昇は抑制される傾向になり、同様に恐慌も和らぐ。

銀行券を流通させようと、どの銀行も同じように努力しても、銀行券の発行にはそれ自体、限界があり、決して過剰に発行されない。

さらに銀行のバランスシートでは、銀行券流通額は、当座預金や正貨、有価証券よりもいつでも多いわけではない。独占は需要すべてに応じるわけではないことも周知のことである。

〔1848年以前のフランスの県銀行の役割〕

1848年以前の県銀行（banques départmentales）[226]が大衆の期待に応じなかった、という反論があるならば、それは<u>銀行間での連絡が禁止</u>されていたからだ。分断され、相互に相殺もできなければ、銀行の破綻は不思議なこと

だろうか？

《多数の銀行が銀行券を流通させることが恐慌の原因だ》という見解は、発券銀行が存在しなくても恐慌からは逃れられないということを忘れている。

恐慌のときの割引率の高騰については、諸銀行が互いに競争していればそのような高騰は生じないだろう。

発券が自由になると、割引率は下落するよりもむしろ上昇する傾向が生じる、と非難される。その非難は非常に強力で、事実はその通りのように見えると同意せざるを得ない。しかしイギリス議会の調査会で示されたこと（そして筆者はフランスについてもその証明に取り掛かっている）、つまり《平均利子率（p.183-4）は借り入れられた資本が作り出す利益に比例する》ということを想起すれば、利子率上昇という非難が発券の自由にとって一見、不利に見えたとしても、それは決して嘆かわしいことではない。借り入れられた資本が生む利潤が高い、という有利な証拠だとわかるだろう。

二つのシステムが両立しうる。

まず、国内の商業がまだ始まったばかりのとき、取引はまず現金で行われる。しかし信用が介在するようになるとすぐに、銀行とその支店や銀行券の利点が明らかになり、信用機関が多数であることは非常に大きな役割を果たすようになる。さらにその後、つまり商業手形の割引によって当座勘定の利用が普及するようになると、銀行券が果たしてきた二重の役割、つまり流通手段と一時的な資本という二つの役割のうち、資本の役割はますます小さくなる。大衆の手中で機能するわずかな銀行券は計算貨幣として、当座預金の振替だけでは決済できない日常の購入の支払いのために用いられる。

ポートフォリオが絶え間なく増加しこれまでになく大きな規模になる一方で、流通銀行券の額は一定のままか、あるいはむしろ減少する。そして当座預金の額は、銀行による貸付額に等しくなるまで増加する。この二者がバランスすれば銀行のメカニズムは最高に望ましいレベルに達し、徐々にこのレベルに達するまでに役立った紙券は、すでにほとんど消滅している。わずか

に流通に残った部分が使用されているのは、今では、銀行では相殺されない直接的な取引を現金で決済するためだけである。

イングランドでは、合衆国と同様に、他のすべての国々から熱望されるような信用の最高の力を得るまでに、少なくとも初期には、また、産業の中心地から離れた地域ではその後も、銀行券の発行に依存しなければならなかった。この発券は人為的に信用を拡大するためというよりも、(p.184-5) 流通の必要に応じるために金属正貨よりもコストの低い手段を用いるためだった。貸付利率は穏当な水準だったにもかかわらず、銀行業に投じられた資本には十分に割りのあう利潤が可能だった。もちろん、事業の数は少ないが多くの支店を持つ銀行が、自己資本だけで割引をすることは難しかった。自己資本に一定量の紙券を加えることによってはじめて、資本の希少な場所でも低コストで業務が可能となり、大都市の資本を差し向けて利益を得るには人口の少な過ぎる町に支店や営業所を作ることが可能となった。

一つ一つの銀行やその営業所における発券の額はとても少なく、さらに銀行券も5ポンド以下の数が多いので、銀行券は銀行が与える信用の非常に小さな部分を占めるに過ぎないことは明らかだ。スコットランドでも通常、銀行券は金属貨幣の使用を節約するために用いられている。いずれにしても各行の銀行券の流通は非常に狭い範囲に限られている。なぜなら毎週2回、銀行は互いに自分たちの銀行券を交換し、残額を国庫証券で支払うからである。

以上が、銀行の自由の支持者が主張する説である。特権銀行の支持者の反論は以下のようになる。

【※フランス発券独占派の主張】

特権銀行の支持者たちは、銀行券の安定性こそが問題の要だと主張する。どんな犠牲を払ってもその価値を守ることが必要だ。公共の利害が問題になっている。というのは、銀行券は商業や市民生活のほとんどすべての取引を媒介しており、銀行券はいわば無謬性を持たなければならないからだ。また、それを受け取る際の安全性は、他のどんな商業取引よりも重要である。

このような条件が必要なのに、発券は誰もが持つ権利だと主張できるだろうか？

（p.186）単一の特権銀行ならば自らの力と信用、準備を集中し、恐慌に対して多くの対抗手段を供給できるだろう。実際、1797年のイングランド、1870—71年のフランスではそうだった。恐慌のときに非常に多数の銀行が存在していたとすればどうだろうか？　銀行に公的性格がなければ、どの銀行に依存することができるだろうか？　銀行はシンジケートを組織できただろう、と言う人もいるかもしれない。しかし、それでは、特権銀行と同じ不都合を持つ堅固な組織になってしまっただろう。

〔銀行の自由による銀行券発行の帰結〕

結局のところ、銀行の自由とは、とりわけ発券の権利を求めるものだから、この熱烈に求められている自由の帰結が実際にはどのようなものか、見ないわけにはいかない。

この自由は合衆国、スコットランドやドイツで、部分的、あるいは1844年まで存在していたが、銀行券の流通は増加することなく、むしろ減少傾向にあり、ニューヨークの大銀行ではかなり減少した。

実際には、銀行券の役割とは、銀行が形成される際に顧客や預金を引き寄せるために役立つ一時的な足場のようなものである。預金が十分な額に達すればすぐに、それまで主要な役割を果たしてきた銀行券はあまり重要ではなくなる。

俗に考えられているような、発券の過剰や発券の乱用といった危険性は、現実にはありえない。しかし、この危険は回避できるにしても、あまり重視されずいつも無視されているもう一つの危険がある。銀行が多数になる場合、恐慌の間、外国への正金の現送の要求が高まったとき、どうやって対処すべきなのか？

実際に起きるこの困難について、発券の自由の支持者は考えてこなかった。

金属準備はどこに置かれるのだろうか？　中央銀行か、あるいは国中に散

らばった銀行か？　需要はどこに向かい、どのように分配されるのか？

（p.187）フランス銀行の支店に金属準備が移されて以降、支店の中には流入にせよ流出にせよ、いつも同じ方向で金属準備が動くものがあるということが知られている。正金はある場所では溜まり、別の場所ではいつも不足する。この流出入の動きを調整するのは、平時でも、フランス銀行にとって大きな困難の一つである。苦境の時期、とりわけ、国内需要に加えて不利な為替の影響で外国への需要が加わった場合には、困難はさらに大きくなる。

外国との商業取引の決済は大きな中心地で行われる。為替手形の取引が行われるのもこの場所であり、不利な為替の影響で輸出のための金の需要が目立つのもこの場所である。こうして、需要のほとんどすべてに対処することになるのは、パリやロンドンにあるフランス銀行とイングランド銀行の正貨準備である。スコットランドの銀行はたいへん賞賛されているが、金属準備を減らして節約した経営を行っているため、自身の顧客に応じることができないほどになっており、真っ先にイングランド銀行の準備の多くを使い尽くす。恐慌の兆候となるのは、ほとんどいつもスコットランドの銀行である。合衆国では特権のある中央銀行が存在しないので、どの銀行も防衛的になり、大きな中心地から離れた地方の銀行が支払いを停止すると、あらゆる救済手段を奪われて、投機と商業は可能な限り清算される。

【※ジュグラーの主張】

以上の記述だけで、自由な銀行のシステムと特権銀行のシステムという、異なる制度から生じる違いが十分に示されている。

フランス銀行は、支店を利用すれば適切に行えるにもかかわらず、なぜ大きな手形交換所の役割を果たさないのだろうか？　そのような交換所があれば、日々発行される信用紙券（papier fiduciaire）は日々その発行元へと戻っていき、どんな乱用も引き起こさないだろう。支店には責任もなく（p.187-8）、その費用を負担することもなく、巨大な事業の運動を集中させることになるだろう。ベルギーの場合のように提携営業所や、あるいは銀行の自由の効果で、ごく小さな地方にも当座勘定の使用が広がっていくだろう。

原理的には、わずかな発券で商業手形の流通を促進することによって、流通手段が全く存在しない場合には生じ得ないような交換が実現するだろう。そのことは、フランス銀行の支店で割り引かれる手形の発展の推移や合衆国での事業の運動を研究すれば明らかになる。顧客の必要を超えて銀行券が発行されればすぐに、手形交換所に持ち込まれて発行元に戻っていくだろう。各銀行の状態はこうして日々チェックされるだろう。そしてフランス銀行は必要に応じて信用を補給することになるので、フランス銀行が各銀行に対して適切な準備を保持するように義務付けることができる。あるいは、少なくとも、為替が不利な場合に必要になれば、割引率を引き上げて、金を入手するための費用を払わせるだろう[227]。市場の真の状況は、為替相場とフランス銀行のバランスシートによって示されるので、フランス銀行の本支店の活動地域以外のすべての地方で信用紙券を流通させるようとする配慮とその責任は、私的なイニシアティブに任せられることになるだろう。全国の為替取引はパリに集中しているので、フランス銀行は最も早く為替の影響を察知して、危険を知らせ、割引率を引き上げて信用流通を平価に保つことになるだろう。

注　解

1）この用語についてはⅡ章 - C - 2 で説明する。
2）NBER（全米経済研究所）は1920年創立の民間研究機関で、アメリカの景気転換時点の判断はこの機関によるものが一般に用いられる。
3）ジュグラーの初めての経済学論文は1856年。それ以前には、ジュグラーはもともと医師なので、医学論文や人口動態に関する論文もある。
4）Juglar［1889］の第１部が理論の部分になるが、第１部で他に学説史が挙げられているのは目次の項で言えば、Ｖ章にある「ノーマンによるイングランドの信用流通」、Ⅶ章にある「価格の問題、トゥック、ニューマーチ、ギッフェン、de Foville の見解」、ⅩⅤ章にある「恐慌の周期性、ジェヴォンズとコブデンの見解」（他に第３部には人口に関する学説史もある。ちなみに第２部は実証研究）。
5）ほかにも、シュムペーターを明示していないが、ジュグラーを貨幣的分析としたものには Lutfalla［1966］（p.100）がある。逆にジュグラーを非貨幣的にとらえている、数少ない例外は Gilman［1991］の評価で、「この著作（Juglar［1868a］）ではジュグラーは銀行以外の経済主体の行動が恐慌の源泉となる点を重視しており、割引率決定を通じた銀行の役割を低く評価している」（p.297）と正しい位置づけを与えている。「貨幣的」の「貨幣」とは銀行信用のことで、Ⅰ章 B - 3 で詳述する。
6）Juglar［1889］p.51, p.75 など。ジュグラーにとって景気とほぼ同義である価格変動の動力として信用が挙げられることが多い。
7）Juglar［1891］p.650 など。
8）「銀行は信用を与えない。すでに創出されている信用を流通させるだけである」（Juglar［1868a］p.34）というのがジュグラーの考えである。
9）本書でモデレート地金派という場合、『地金報告』とソーントンに限る。ハード地金派（リカードなど）は通貨学派と共通するものとしてここでは個別に取り上げない。ハード地金派は貨幣数量説的に、銀行券の過剰発行が為替の悪化と金価格の上昇の原因（当時は兌換停止下にあり、金貨の溶解や金輸出が厳しく制限されていた）と論じたのに対して、モデレート地金派は外国への多額の戦費支払いなど実物的な要因も為替に影響することを認め、そうした実物的要因に対して金融政策は対処できない、と考えた。両者はともに兌換再開を主張するが、モデレート地金派は実物的要素の問題もあり、再開期日は特定できず BOE の裁量にゆだねるべきと考えていた。Ⅰ章で述べるモデレート地金派、特にソーントンの主張は、差し当たり兌換再開ができない状況で BOE の発券はいかにあるべきか、という観点からのものである。他にも「最後の貸し手」機能も論じており、他の学派に比べれば現代の CB 政策の考えになじみやすい。モデレート地金派は後の銀行学派と親和的で、同じ「地金派」の名前がついていてもハード地金派とは根本的な違いがある。地金派内の区別は吉澤［1999］28頁、M. Smith［2008］p.62 など参照。
10）FB 派の強かったフランスでは1866年頃に③と④の論者の間でも論争が生じた。③の

論者Modesteは通貨原理に基づき、正貨準備のない銀行券発行が貨幣数量説的にインフレをもたらすと批判し、無準備の発券を可能にする発券独占銀行の特権を剥奪するためにFBを主張した。ただしFBの具体的説明は十分ではない。この論争からJuurikkala [2002] は、通貨原理FB派をオーストリア学派の観点から再評価している。Gentier [2003] も同様の立場から銀行原理と通貨原理の2つのFB派を検討している。Modesteらの主張（真正通貨原理FB派）とオーストリア学派に基づく通貨原理FB派の対比はⅠ章D - 3 - ⓑ - ⅲで述べる。

11）『ロンバード街』ではピール条例を前提にして金融政策を論じているので、通貨理論では通貨学派に近くなる。逆にEconomist誌でのバジョットの論述、特に1864年のThe Money Marketと題する一連の論文ではピール条例を批判しており、銀行学派に近くなっている。ただし、バジョットと言えば『ロンバード街』で評価されるのが一般的という意味で、この表での評価は適切である。

12）FB派のダブル・スタンダードに対するトゥックによる批判は、特にTooke [1844] ch. 10参照。

13）最近ではフランスのGentier [2003] がオーストリア学派の立場から、現代における通貨原理FB派と銀行原理FB派の対立関係について記述し、Whiteを銀行原理FB派に分類している。(p.73, 115)

14）『ロンバート街』でのバジョットの場合、BOEの銀行部が「最後の貸し手」となるが、銀行部にとって外生的なBOE発券部が発行したBOE券を銀行部は準備金として溜め込んで、それを貸し出す、という形になっている。これは通貨理論から見れば、銀行通貨を自らの債務と見なす銀行原理とは言い難い（de Boyer [2003], de Boyer et Solis Rosales [2003] を参照）。

15）ギルバートの1841年の証言では、ロンドン圏では6人以上からなる銀行は6カ月以内の支払いを約束するbillやnoteの発行、さらに手形引受も全て禁止され、さらに株式銀行は手形交換所からも排除され、銀行券以外でもBOEの通貨供給独占はかなりのものだったようである。さらに1833年以降、BOE券は法貨にもなった。

16）現代における経済学原理論の議論では、階層的な銀行システムは生じるが、そのピークに位置する銀行は1行に集中されるか、複数になるか、理論的には特定できない、と言う（山口他 [2001] 33頁など）。この議論は英国のFB派論争と整合的である。つまり、**BOE**は経済学的には発券独占（あるいは階層システムのピーク単一化）という必然的根拠がないがゆえに、政治的特権を動員して発券を独占した。逆に**FB派**は、発券独占には経済理論における必然的根拠がないがゆえに、ロンドンにもう一つの発券銀行を要求しうる論理的根拠をもっていた。

17）Gentier [2003] 第3章ではコクランの論点に加えて、さらに自己資本への課税、銀行の株主への規制などを論じている。

18）一般には「銀行貨幣」という用語もある。しかし銀行原理では「銀行券は貨幣ではなく信用手段」というのが通貨原理批判における重要な主張なので、本書では「銀行貨幣」という用語は用いない。

19）金井 [1989] によると1850―60年代にかけてBOEの預金振替による決済が進んでいったようである（23頁）。逆に言えば、それ以前の論者が通貨を銀行券に限り、預金通貨に拡大しなかったのは歴史的には妥当性があるとも言える。また19世紀後半に通貨学

派でさえも預金を通貨と認めたのはこの BOE 預金振替システムの追認とも言えるだろう。

20) フラートンも、流通手段といえば銀行券で、与信額と流通手段額は同一ではない（Fullarton［1844］p. 97など）と言いつつ、トゥック同様に、預金が事実上、通貨として作用する問題を考えた上で、割引市場による還流を重視した（後述、I章D-2-ⓑ）。ジュグラーは、次の引用のようにストレートに預金通貨を重視している。「事業の決済のために株式銀行のような有力な会社に向かうことが普通になれば、相殺はすべて銀行で行われるようになり、貸方残高はその分だけ当座勘定を増加させ、支払いは当座勘定で一つの口座から別の口座への簡単な振替で行われるようになるため、当座勘定の預金の金額は有価証券や貸付の額と等しくなる傾向が生じる。この点に至ったとき、メカニズムは完成し、銀行券は信用の手段としては平時にはほとんど不要になる」（Juglar［1868a］pp. 12-13）。

21) ただし読み替えには批判的な検討も必要となる場合もある。

22) 政府紙幣は存在するとすれば貨幣である、という意味である。いずれの学派も政府紙幣には否定的である。

23) A. スミスについては A. Smith［1776］(1950) pp. 287-288の記述のこと。山倉［1998］なども参照。

24) 論理学的には質と量は並列的に分断されうるものではなく、質の存在を前提に量が存在しうる。ヘーゲル『小論理学』第98、99項。

25) Bailey［1840］、Courcelle-Seneuil［1864］。

26) こうした銀行券発行方法の区別は、岡橋［1957］208、215頁などでも強調されている。預金通貨発行方法の区別は同書236-242頁。

27) この区別はジュグラーのオリジナルではない。当座勘定と預金勘定の区別はそれ以前からある（宮田［1998］64頁など）。

28) 景気循環の貨幣的分析と非貨幣的分析の一般的な理解として、厳密さに欠けるが、百科事典『ブリタニカ』の「貨幣的景気理論」という項目がある。

29) Haberler［1964］訳書35頁の表現。広く解釈すれば、実体経済において貯蓄の需給関係や資本の利潤率など諸学派に応じて何らかの形で決まる均衡利子率とは独立に、銀行が貸出利率を変動させる、という意味で用いられている。

30) ハイエクの説明では《19世紀には貨幣的分析と非貨幣的分析の対立が顕著だったが、1930年頃までには、実物的要素の説明の部分では、貨幣的過剰投資理論と非貨幣的分析とが接近し、この両者と純粋な貨幣的分析と間の対立の方が大きくなった》という（Hayek［1933］第1章4節）。

31) 「両者」とは「物価の騰落」と「実質産出量や投資量の変動」の二つである。

32) この点で「銀行学派は非貨幣的」という White や Schwartz らによる評価は少なくとも一定の支持を受けているはずだが、理解できないという意見もあるようだ。銀行学派が非貨幣的という理由は本論で述べるが、その一部を先取りしておく。まず前提としては、「的」という言葉は対立関係における傾向であって、ある学派を孤立させて言えるものではない。次に FB 派は、BOE の利子率引き下げや過剰発券が投機と恐慌の原因、として BOE を非難しており、特権銀行への非難という点で「貨幣的」という評価は正当だろう。逆に銀行学派は FB 派に反論し、利子率引き下げによる物価への影響を否定

(Tooke [1844] ch. 13等）し、BOE券も還流するとして過剰発行による物価への影響を否定した（ibid., ch. 10等）。さらに物財の投機的価格上昇の原因は貨幣的要因ではなく、実物的な需給関係の歪みと主張した（ibid., p. 125 - 134等）。FB派の貨幣的分析に基づくBOE批判に対して貨幣的要因を否定したという意味で銀行学派は「非貨幣的」なのである。さらに精確な議論のためには後述、Ⅰ章C-3とその注37も参照。

33) この点についてV. C. Smith [1936] は「ブームと不況を導くのは固定資本の過剰生産だという理論を最初に支持したのは銀行学派だということは注目すべき」(p.90) と評価している。

34) シュムペーターは《ヴィクセルの「自然利子率」は景気循環論の観点からすればケインズの資本の限界効率と互換可能》(Schumpeter [1954] p. 1119) としている。ソーントンは利潤率と利子率の関係として論じている。本章ではヴィクセルの「自然利子率」も、ソーントンの「利潤率」も互換として議論を進める。

35) 本章では実証分析は行わないが、トゥックの主張を感覚的に理解しやすくするために、その背景として、当時の状況をグラフで示しておく。縦線はイギリスの恐慌のときだが、だいたいの目安である。（ロンドン市場割引率はNBERのデータから）

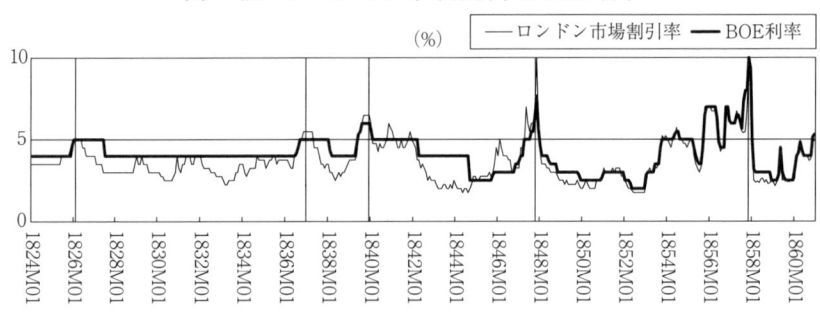

図1-注-1　ロンドン市場割引率とBOE利率

高利禁止法が廃止され割引率政策が積極的に行われるまでBOEは、利率をあまり変動させず、市場よりも高めに維持していた。割引率が頻繁に変動されるようになった後も低利子率期にはBOE利率よりも市場利率の方が低くなっている。

36) 前注と同じく感覚的な理解のために「ギブソンの逆説」と呼ばれるこの状況を示すグラフを挙げておく。（物価指数と株価指数はGayer et al. [1953]）

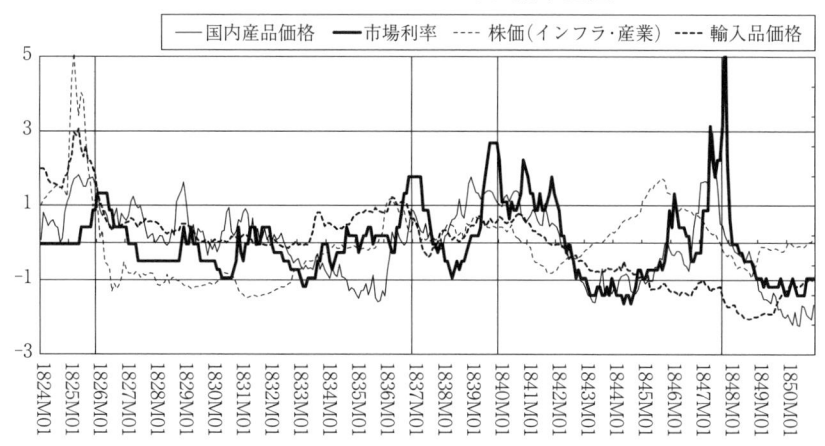

図1-注-2　ギブソンの逆説（標準化値）

――国内産品価格　―市場利率　‥‥株価（インフラ・産業）　－－輸入品価格

株価は利子率と逆相関になることがよくあるが、国内産品価格は市場利率と同調して変動することが多い。

37) ただし、トゥックは歴史的経過の説明ではBOEの利率引き下げによるブーム促進も述べた（Tooke [1848] p. 294-295等）。フラートンにもあるこの種の矛盾についてLink, Skaggs, Cassidyらは、銀行学派の考えでは《銀行は投機を発生させることはできないが、投機が進行していけば受信需要増加に受動的に対応して銀行は投機を促進しうる》と解釈している。他方、Schwartzは「トゥックは銀行に責任がない商業信用による投機とその崩壊を想定した（Schwartz [1987] p. 151)」とする。これはさらに強い非貨幣的解釈だが、ジュグラーの議論と同じである。総合的に評価すれば、実物的要因で始まった投機を商業信用も含めた「信用」総体が促進し、銀行信用もその例外ではない、と考えるべきだろう。この点は英国FB派Bailey [1840] も《競争的システムの下での銀行は需要に応じた受動的な発券を行う》ことを前提にしながら、「銀行は社会全体を覆う投機と過剰取引の全般的な雰囲気に影響される」(p.14) という言い方をして、FBでも銀行が投機促進の一翼を担うこともありうる、と認めている。

38) ヴィクセルはトゥックらとは時代が異なるが、論理的な対抗関係において重要なので、この位置でふれた。

39) pp.168-170にあるこの箇所は、同じ銀行学派のトゥックへの批判のためか、回りくどい言い方となっており、Fullarton [1844] の岩波文庫訳本（1941年）には誤訳と思われる箇所がある。p.168最終段落 "That a wild…" からp.169の9行目までを筆者は次のように理解した。「荒々しい投機と冒険の精神は本質的に、長期に渡る市場利子率の低さによって促進されるということだけでなく、時折貨幣市場を動揺させる投機的な興奮の暴力的な発作のほとんどすべての原因は安全で生産的な投資先を確保することの難しさだということも真実である。この考えに対して、もし確固とした権威者（※トゥックと思われる　訳注）が疑問を投げかけなければ、私はその正しさを争う余地のないものと考えてしまっていただろう。すべての投機的な事業において、借入資本の場合に

は支払わなければならない利子、自己資本の場合には受け取れない利子の額は自分の利潤の計算において重要な項目となる。というのは、利子はコストの一つになるから。利子率の変動によって利潤率が影響を受ける可能性があるのは利子率の変動が一時的で偶然の場合だけで、それ以外の場合、利子率の変動による利益や損失は消費者に転嫁される。しかしそれだけではない。もっと危険なクラスの証券や、あるいは商品であったとしても、投機への本当のインセンティヴはそれよりももっと深いところにある。それは資本家たち自身の精神に伝染病（contagion）のように作用するインセンティヴである」。

40) 銀行信用では信用供与それ自体が銀行本来の業務だが、商業信用の場合、本来の業務は商業取引で、商業信用の供与は商業取引への付随に過ぎない。この点で非貨幣的性格が強まる。

41) この点は本書第Ⅱ章で詳論する。

42) この点はフランスFB派との論争点になっており、次項でふれる。

43) 「本来の役割」とは商業信用を銀行信用に転換して流通を促進すること。

44) ジュグラーは、非銀行主体が銀行から金属正貨を入手する方法は、銀行券兌換でも預金引き出しでもなく、いったん商業手形の割引で銀行に債権を作ってそれから正貨を銀行から引き出すと考える。そのため、割引率の引き上げは金を入手するためのコストの引き上げになる。これは銀行原理の徹底であり、ジュグラーの理論の重要なポイントである。Ⅰ章E-1-ⓒで再論する。

45) 金属正貨不足が恐慌の原因ではなく、根本的な原因は国内商品価格上昇と対外的な相殺の欠如である。ジュグラーの議論における「相殺の欠如」の重要性は後述（Ⅰ章E-2）。

46) これらの点すべてで、コクランがオリジナルというわけではない。

47) 以下、コクランの議論のまとめはCoquelin [1848a]，[1859]，[1848b]，[1853] による。

48) ジュグラーは逆に、預金は貸出によって増加し、預金と貸出の同時増加は銀行システムの完成した形とみなす（Juglar [1868a] p. 480等）。預金通貨量は貸出に応じて受動的に決まり、預金通貨の自立的な変動と景気への積極的な影響を認めない点に、ジュグラーの非貨幣的性格が現れている。両者には預金について重要な違いがあり、後に述べる（Ⅰ章E-1-ⓒ）。

49) 表の数字の意味を補足すると【特権銀行与信増加額＝預金増加額＋総貸出への増加圧力】である。続いて【預金増加分＝正貨貸出増加分＋正貨準備増加分】となる（正貨貸出増加分と正貨準備増加分との比率は特に根拠はない）。さらに【正貨準備増加分×2.5＝銀行券による貸出増加分】となり、【銀行券による貸出増加分＋正貨による貸出＝特権銀行与信増加額】となるので、累積的に特権銀行の貸出が増加していくことになる。

　ちなみに、特権銀行の正貨準備が絶対額で増えていくのは、以前は貸付資本家が正貨で行っていた貸出が、特権銀行の銀行券による貸出で駆逐され、その正貨が運用先を失い、特権銀行に預金されるからである。つまり流通していた正貨が銀行券で置き換えられ、特権銀行の準備に入るからである。《この準備の増加が銀行券による貸出を増やし…》という過程が累積に進むのは上記のとおり。

50) ここでは特権銀行の利子率引き下げの効果について論じたが、コクランの他の側面については改めて詳述する（Ⅰ章D-3-ⓑ）。
51) Wolowski について簡単にふれておく。『地金報告』とリカードを援用しながら原則的に英国通貨学派と同じ見解で、以下の主張が基本となる。《銀行券は貨幣と同じ役割を果たす。発券の過剰では金に対して銀行券が減価するのではなく、貨幣と銀行券からなる通貨全体を減価させ、金属正貨を外国に流出させる》。フランス FB 派が経済自由主義に基づいて主張する「銀行の自由」については次のように反論する。《預金・割引業務は自由であるべき。しかし通貨価値の安定はあらゆる自由主義経済の基礎になるため、貨幣価値に影響を与える銀行券発行は統制されなければならない》。Wolowski に関する現代の研究では、この見解から、通貨は「公共財」として公的な管理が必要、というのが Wolowski の主張だとされる。ところで、ここでは「発券＝通貨供給の統制」と「発券以外の銀行業務の自由」の分離を要求しており、そのため Wolowski はピール条例を支持する。ただしピール条例の利点は、恐慌の防止ではなく、金属準備の減少に対して自動的に対応できる点にある。最後の点はジュグラーも同じ主張をしており、CB による金属準備の集中管理を支持する CB 派としてジュグラーと発券独占派 Wolowski は共通している。
52) 前掲、表1-2にあるように、通貨学派は好況の始まりは非貨幣的要因（市場の変化など）を挙げるが、波及させるのは貨幣量の増大だと考える（たとえば Loyd [1840] (1857) pp. 167-168）。
53) 各学派内部にも利子率と貨幣量の作用について考えの違いがあるが、詳細は言及できない。
54) 貨幣数量説では、貨幣数量の変化は、長期的には経済過程に対して中立的だが、景気循環で問題になるような短期では、攪乱的な影響を与えるとみなされる。
55) ただし、預金通貨の認識は不十分で、通貨供給量コントロールは銀行券流通量で行うと考えている。しかしそれでもフラートンや反地金派の「銀行券」を「銀行通貨」に読み替えれば、同じ課題設定として理解可能である。
56) P は価格、T は取引高、M は通貨量、V は通貨の流通速度。
57) ここでは経済主体の行動動機の観点から保有資産の構成を問題としており、経済学原理論で言われる貨幣の機能として、鋳貨準備金の状態にある流通手段や蓄蔵貨幣は全て支払準備の中に含めている。
58) たとえばベーリは「その国の想定される商業の状態に対して信用紙券（credit-note）通貨の総額を、恣意的に推論し計画的に調整しようとするどんなシステムも本質的に誤りである」(Bailey [1840] p. 99, p. 24にも同趣旨) と主張している。
59) 複数にしてはいけないことはないが、発券銀行間の関係を捨象しているので、複数の場合は発券銀行総体という扱いになる。
60) また Tooke [1844] p. 69-71でも政府紙幣と英国銀行券との違いを説明している。
61) この次元では、銀行券（一般的には銀行通貨）の過剰とは、マクロ的集計量としての過剰ではなく、個別の経済主体において支払準備の必要額を超えて利益を生まない銀行券を保有していることである。
62) 以上、特に Fullarton [1844] p. 80, 198、Fullarton [1836] f. 8, f. 23等参照。
63) その上で論理的には「真正手形原理」でなくとも「割引市場を通じた還流」は不可能

ではない。フラートンはモーゲージの長期貸付でも返済期限が連続的に来るようにしておけば返済は連続して続くので、BOE への受信需要が減ったとき割引市場を通じた還流が生じると述べている（Fullarton [1844] p. 97）。これは「真正手形原理」と「割引市場を通じた還流」の違いを論理的に把握するために意味のある考察だが、実際にはかなり特殊なケースの想定だろう。

64）それ以外の銀行は、長期証券を債権に持つ場合、流通性において銀行通貨とは言えない定期預金などによるのが通常である。そうでなければ経営が危うい。

65）前述、I 章 B - 2 - ⓒ - ⅱ）も参照。

66）ギルバートの1841年の議会委員会証言 Q1361 - 1363、Bailey [1840] pp. 21 - 22。

67）一般には Clearing House（手形交換所）という組織もあるが、ギルバートが非難したように、株式銀行がその組織から排除されることもあった。しかし銀行券や小切手は支払いを求められれば（正当に発行されたものである限り）交換所に加盟していようがいまいが、一覧払いが義務である。その際、可能な限り相殺が用いられるのは当然なので、ここでは交換所内外での広い意味での相殺機構の意味である。英国 FB 論争で、地方銀行に関する場合、相殺機構とは決済中心地「ロンドンでの支払い」が重要になる（Bailey [1840] p. 22など）。

68）これは量的な抑制メカニズムだが、質的な抑制メカニズムとして英国 FB 派ベーリは《信用発行の銀行券は金への兌換というチェックを受けるが、注意深いライバル銀行の競争によっていつも強化されている》（Bailey [1840] p. 36）、フランス FB 派のクルセル＝スヌイユは《銀行は自分の判断で危ないと判断した他行の銀行券をはじめから受け取らない》Courcelle-Seneuil [1864] mai, pp. 173 - 174）、と述べている。

69）ギルバートのこの主張は頻繁に現れる。たとえば議会証言の Q1016、1362、1364など。ところで上述の I 章 C - 8 で紹介したように、他の英国 FB 派は《BOE の利子率引き下げが通貨量を増加させる（そして投機にいたる）》としており、通貨量増加と引き下げの因果関係がギルバートとは逆になっている。White [1995] によればギルバートの方が特別のようである。本文で紹介したように発券方式で BOE を通貨原理とみなす度合いはギルバートで強いが、他の FB 派の場合、発行された BOE 券が還流しない、などの意味で BOE に対して通貨原理を適用していると思われる。

70）ベーリはここの踏み込みが不十分である。Bailey [1840] pp. 85 - 86では BOE と地方銀行の区別をしたそのすぐ後で、破綻をもたらした地方銀行があるとすればそれは発券かどうかではなく、割引・貸出が不適切だったからだ（※トゥックなども同様の議論をする）、と続ける。それ自体は正しい主張だが、しかしここでの問題は、割引・貸出の審査の適切さとは別に、その割引・貸出のための信用手段を自由に選べるか、という問題である。「銀行券は実際には貨幣ではなく、単なる信用の形態である。…自明なことだが、すべての人は、自分にとって最も便利で利益となる方法で自由に自分の信用を利用できる」（Fullarton [1836] f. 23）という意味で銀行券発行が自由かどうか、さらにどういう原理で発行されているかという問題である。

71）債務者が債権者に銀行券で支払った場合、債務は債務者から発券銀行に置き換わる、ということ。

72）この項は Coquelin [1848a]（1859）の Ch. Ⅱ §Ⅱと§Ⅲによる。

73）この項は Coquelin [1848a]（1859）の Ch. Ⅱ §Ⅳによる。

74) ジュグラーは上記のコクランの銀行原理を基本的に継承している。
75) この方法は、ピール条例以前にBOEの基準となっていたパーマールール（一覧債務の3分の1の額の正貨を準備する）を不正確にBdFに適用したものだとコクランは解釈している。
76) ただし、預金に関しては銀行原理とは言えないものを含む（後述、Ⅰ章E-1-ⓒ）。
77) コクランの周期的恐慌論はジュグラーの周期的恐慌論に対して10年は先行する。
78) 比例準備制度は、銀行券（または銀行通貨総額）に対して最低正貨準備率を定めただけで実際の準備率はかなり変動するのであれば通貨原理とは言えない。しかしコクランによる特権銀行の想定はこの準備率にほぼ一致するまでできるだけ発券を増加させようとして、準備率がほぼ固定されたものになっている。このような固定的な比例準備は通貨原理の一種と言えるだろう。準備率を一定にすると正貨準備の増減が増幅され貸出に影響し、悪循環をもたらすことは当時、パーマールールへの批判などですでに指摘されていた。
79) 他方、ジュグラーの場合、預金通貨発行は手形割引を通じての取引需要に応じた銀行原理によるもので、創出された銀行通貨は通常、決済システム内に留まる。システム外（ジュグラーの想定では信用システムの未発達な地域）との取引の逆調が過剰になれば貨幣金属が引き出されて金融危機になる。Juglar［1868b］参照。
80) 1865年のフランス調査会の証言参照。
81) FBではないがピール条例がこれにあたる。
82) この方向をさらに推し進めて信用発行をなくしてしまえば、その銀行は自己資本を貸し付ける貸付資本家となる。または自己資本と通貨原理的な預金（ジュグラーの言う「現金」当座勘定）の合計額を増やして信用発行をなくすと、その銀行は貸付資本家と資本仲介業の二つの役割を担うことになる。先にコクランの銀行原理的な銀行信用発生論で述べたような銀行原理による銀行通貨発行を正しく認識できなければ、銀行を貸付資本家や資金仲介業と見なしてしまうことになる。正しくは「近代的銀行の本質は自己宛一覧払い債務を貸し付けるところにある。これにより銀行は信用創造をしながら同時に金融仲介を行う」（吉田［2002］83頁）。
83) この項での「階層性の否定」は、BOE券量がベースマネーとなって、それに貨幣乗数が掛け合わされた地方銀行券量という関係は量的にも因果関係としても存在しない、という意味である。その上で、本論の論旨とは外れるが、地方銀行がロンドン残高を持つこと自体は銀行システムの階層であり、この意味での階層性はStuckyも否定していない（反地金派の認識はよく分からないがロンドンが取引中心地という認識はあったと思われる）。反地金派やStucky証言が否定しているのは、《階層システムのピークにBOEが排他的に位置することによって、BOEの銀行通貨供給を通じて全国的な銀行通貨供給総量がコントロールされる》ということである。
84) FB派のベーリも同様の主張をした（Bailey［1840］p.28）。
85) Cassidy［1998a］pp.520-521でこの点が検討されている。
86) ここでのジュグラーによる議論が銀行券に限定されていることには問題が残るが、預金通貨を含めても同じことになるだろう。この点は次節でも関連して述べる。
87) ジュグラーは全国的な金属準備の集中を推奨している（Juglar［1868a］p.475）。
88) 現代のFB派は《全銀行の銀行通貨の拡大のペースは最も遅い銀行のペースに抑制さ

れる》あるいは《一斉に通貨供給を各行が拡大した場合、平均では各銀行間の債権・債務のバランスは0になるかもしれないが、分散は増加するため、支払準備の必要額が増加し、過剰発行には抑制がかかる》などという議論をしている。
89) 精確に言えば、ここにはフランスの論争と英国の論争のズレの問題がある。英国では地方銀行の発券を前提に、階層システムのピークに位置するロンドンでのBOEの特権廃止を要求するのがFB派、というようにかなり先鋭な対立だったのに対して、フランスでは英国の地方銀行並みの「発券の自由」でもFB派になりうる、というFB派の理論的鈍さがあった。ジュグラーの「両派の統合」はフランスの論争では「統合」だが、英国の論争から見ればCB派になる。
90) 現在の経済学原理論では"将来における再生産の拡大とそれによる購買力の拡大の先取り"を根拠にしており、コクランもそれに近い面もあるが、コクランの場合、現に存在する遊休生産財在庫の有効利用に焦点がある。
91) 銀行券発行における銀行原理では、ジュグラーはコクランを引き継いでいる。たとえば、銀行券は商業手形や小切手と同じ信用手段だ、という銀行原理の基本を踏まえたうえで、銀行券の流通のためには兌換だけでは十分ではないと言った後、「銀行券が滞りなく流通するには、信頼を喚起するために発券銀行が十分な保証資本を持ち、さらに割引に際して銀行がポートフォリオに持つ商業手形には一切の疑いが生じ得ないような厳格さと慎重さを示すことが必要である」(Juglar [1865] p. 161) と述べている。ただしコクランのように理論展開における論理性や実体経済における根拠を追求する立場ではなく、実用的な立場から《銀行信用は商人同士が与え合う信用を保証し、流通を促進する》という見解である。
92) ジュグラーの信用理論に関する二次文献の研究は希薄だが、Mangelsdorf [1930] は、ジュグラーを通貨論争の時代に生き、銀行学派の影響にあるものとし、さらにコクラン、マクラウドの信用理論の流れの中にジュグラーの信用理論を位置付けている。Mangelsdorfは「コクランは信用を、財または貨幣の形で存在する既存の購買力の移転とみなしていた」(ibid., S. 52)、「シュムペーターの意味での追加的信用、—それをマクラウドとジュグラーは手形発行による価格上昇 (Wechselinflation) によって生じるものとしたが—、をコクランは認識できなかった」(ibid., S. 54) と言って、コクランを低く評価している。コクランの信用理論の焦点を《遊休生産財の利用による将来の生産増加と将来の支払能力》に置くか《あくまでも現存する生産財の移転》に置くかで評価が異なる。前者の面は信用理論として適切だが、後者の面は信用創造を否定することで、通貨原理的な預金の理解につながっていくことは否めない。
93) 「論争の構図」としているが、直接、論争しているわけではなく、論理的な対抗関係という意味。コクランは1802生—1852没、ジュグラー (1819—1905) が経済学論文を出し始めたのは1850年代後半。Wolowski (1810—1876) は両者の間の世代になる。
94) たとえば以下の記述など。「手形割引によって発生する預金額は当座勘定において、顧客が振替によって利用可能な預金という項目に記載されるが、取引はすべて銀行の仲介によって行われるので、その預金のほとんどはいつでも銀行の中にとどまる」(Juglar [1868b] p. 143)。「今や商業取引のすべてが銀行における清算 (compensation) という望み通りの完璧な形にまで到達した。単なる振替による当座勘定によって、商業手形や為替手形などを流通させることができる」(Juglar [1865] p. 183)。

95) 一般的に預金を金属正貨で引き出せるということまでジュグラーは否定しているとは言えないが、少なくとも恐慌期に関してジュグラーは、コクランの《過剰預金の引き出しによる恐慌》説は事実として存在しない、と言って否定している（Juglar［1891］）。
96) 次の二つのBdF総裁・理事の証言は、ジュグラーの思考法と整合的である。もちろん、ここでの当座勘定はBdFでの勘定で無利子である。

　1865年調査会、BdF理事Waru証言
　　「当座勘定は周知のように、現金を手元に置くよりも銀行に置いておくことを好む商人によって預けられた現金から構成される。しかし商業では利子を生まないという損失をできるだけ避けるために、商人のこの現金は日々の取引に必要な額に限定されている。これは不使用資本（capital sans emploi＝英訳 capital without employment）と呼ばれるものではない」続けて《国債を買うときに当座勘定で支払った場合、当座勘定は通常、取引に必要なので、すぐに手形を割引に提示して当座勘定残高を補充する》と証言。(t. II, pp. 702 - 703)

　1870年調査会でのBdF総裁Rouland証言。
　　支払いのためにパリの商人がロンドンに金を送る仕組みについて。「商人はBdFに手形の一覧を提示し、BdFはそれを割り引いて残高を銀行券で渡す。商人は銀行券を換金窓口に持って行ってナポレオン金貨を入手する。もちろんBdFは割引料、つまり資本の賃料を示す額を徴収する。それは手形の一覧と交換に与えられる金の価格である」(t. I, p. 53)。この「金の価格」とは金を入手するために要するコストのことで、上述、I章C-6で紹介したジュグラーの説明と同じである。

97) ジュグラーの恐慌論の集約とも言えるJuglar［1891］には以下の記述がある。「信用とは何か？　取引において支払いを約束する単なる購買力である。では、信用の利用にはどのような制限があるのだろうか？　信用を得れば誰でも買うことができる。単なる約束に対するこの購買能力は生産物への需要を増加させ、結果として価格の上昇が生じる。価格上昇は初めにはいくつかの生産物に限られるが、まもなく他の生産物へ広がり、全般化する。好況が国中を支配し、世の中はさらに豊かになる。信用による購買で利潤が実現できるという見込みは、新たな層の買い手を同じ道に引き込む。そのことは、価格の上昇とともに信用が拡大するため、より一層、価格上昇を加速させる」（Juglar［1891］p. 646）。

　もう一つ、銀行学派に近いボネに対してジュグラーは好意的な書評（Juglar［1870］）を書いているが、そこでは貨幣価値の下落による総体的価格上昇を明確に否定している。
　　「貨幣は人間社会における取引すべての基礎となるので、貨幣の価値の変動に関しては細心の注意をもって研究する必要がある。カリフォルニアとオーストラリアでの金鉱の生産の影響はどのようなものだっただろうか？　これらの量が既存の金属ストックに加わることで、貨幣の減価が確認されたであろうか？／すべては供給と需要の比率関係による。需要の方が大きいと観察されれば、減価ははっきりとは現れないだろう。諸価格の上昇の原因は別のところにある。その証拠に、もし価格上昇が貨幣標章の減価によるものならば全ての生産物で一様に上昇するはずだが、実際には農村での生産物と都市での生産物、農産物と工業製品、移動できるものと移動できないもの、などの違いで価格上昇には非常に不均質な違いがあった」

98) 実際、シュピートホフは Spiethoff［1923］の英語版（1953）冒頭で純粋（pure）理論と、経験的現実的（empirical-realistic）方法との区別、というよりも切断、を述べている。
99) 具体例は岩田［2012］に例示した。
100) もちろん、恐慌を理論的に説く場合でも、詳しく言えば好況末期には価格機構に応じた生産の調整が難しくなり、特定の商品の騰貴が過剰に進むとか、信用による過剰な投資の誘発、という要素も付随してくる。そうして理論を豊富化することも必要であろう。しかしその上でもやはり、労働力商品の特殊性が実体経済における恐慌の必然性の基幹に据えられるであろう。
101) ジュグラーの言葉としてシュムペーターが紹介しているのは「不況の唯一の原因は好況である」(Schumpeter［1954］p. 1123) だが、Besomi はそんな言葉をジュグラーは使ってはいない、と指摘している（Besomi［2011］p. 97-98）。ジュグラーの全著述は確認できないが、たしかにジュグラーは景気循環の局面として「不況」(dépression) という用語を用いることはないので Besomi の指摘は正しいだろう。ジュグラーによる局面区分は好況（prospérité）・恐慌（crise）・清算期（liquidation）なので、好況の帰結は「不況」ではなく「恐慌」と言うはずである。
102) bimetallism は、通常、bimetallic standard、つまり double standard という意味で「複本位制」と訳されている。しかし19世紀後半のフランス通貨論争では、それまで用いられてきた double standard という言葉は、理論的に間違いであって、double money というべき、という主張があり、この主張も踏まえながら、bimetallism という用語が普及したようである（詳細は後述、Ⅱ章C-2）。この経緯を踏まえ、本書では bimetallism に「複貨幣制」という訳語をあてる。逆に単本位制論者は「本位＝貨幣」を前提にしているので、本書では「金本位制」「銀本位制」という訳語をあてる。
103) 国際経済に関してジュグラーが行った論考について、その後のジュグラー研究の不十分性を Gilman［1991］も次のように指摘している。「シュムペーターの言うようにジュグラーの法則は全世界に普遍的なものと言えるだろうか？ ジュグラーがよく用いる表現『世界の事業全体』を見れば全世界に普遍的と言えるかもしれない。しかし彼の詳細なデータ一覧、実例に使われる国の少なさ、さらに法則を述べる際の前提条件を考えれば、その答えは疑わしい」(p.284)、「ジュグラーの経済学の国際的な面は、彼の研究に関心を持つ経済学者にさえもほとんど正しく評価されていない。たとえばシュムペーターがジュグラーから引いたのはサイクルの理論だけで、空間的な面には関心を持たなかった」(p.285)。Ⅰ章の中でも取り上げたが、Gilman［1991］は、管見の限り、最もバランスとれた適切なジュグラー研究である。
104) 「ジュグラーは恐慌と恐慌との間の期間に、好況と不況の交替が2組、あるいは3組現れることを明白に理解していなかった」(Mitchell［1927］p. 353、訳書629頁)。
105) 固定的な周期の存在を否定する主張は Juglar［1889］p. 164, 252, Juglar［1886］p. 74 など。
106) たとえば、1860—61年のアメリカ内戦危機時に起きたイギリスの金融混乱は、貨幣恐慌だが、素地が十分に進行していない点で商業恐慌とは言えない、とジュグラーは具体的に分析している（Juglar［1889］p. 326）。
107) 素地と偶発的要因との区別に関するこの記述とほぼ同じ（おそらく原典と思われる）

当時のフランスの医学事典の「原因」の項を Besomi が引用している (Besomi [2010a] p. 174)。ジュグラーは医師出身なのでこの医学事典を用いた可能性は高い。
108) この考えは当時、普及しており、ジュグラーのオリジナルではない。
109) ジュグラーは家産の運用で生計を立てていた。詳しくは Gilman [1991] p. 280。
110) この用語は普通、銀行の信用手段として銀行券流通額の意味で用いられるが、商業手形なども含めた信用手段全体を指すこともある。
111) 投機的に価格が上昇する商品の数が増えれば、物価の逆数である貨幣の価値は下落するので、貨幣が割安になる。
112) 前章で説明したようにジュグラーは預金に対しても銀行原理を徹底させているので、銀行から金属正貨を入手するには、銀行券兌換や当座預金引出よりも、新たに銀行に商業手形を割引させて債権を作ってそこから正貨を入手する方法が主になる。
113) データの出所はⅡ章末尾に一括して掲載。
114) 判断の基準はアメリカの場合、一般事業活動、投資財への注文、生産、外国貿易、物価指数、卸売価格、貨幣・金融市場、事業破産からなる46の系列が用いられている (ibid., p. 98 - 99、訳書152 - 155頁第21表)。他国は不明だが、同種の系列が用いられていると思われる。
115) 1848M02以前と1848M07 - M09の区間は月次データが見つからず、4半期データしか使用できなかったので、その区間は線形補間した。
116) かならずしも厳密ではなく、安定性などに問題があるが、大まかな目安である。構造変化を考慮して1870年代で分割して調整した。
117) トレンドはホドリック・プレスコット・フィルタによる。λは通常の値で年次100。
118) すぐ次に示すように、年次データから月次の補間をするためにもトレンドの利用は都合がよい。
119) 二項フィルタは二項係数による加重移動平均。二項フィルタについて詳しくは竹澤 [2003] 39 - 40、120頁。
120) 79年末に正貨兌換の再開の影響で正貨準備が急増し、その前後で断絶がある。
121) 1890年代前半にも高水準の貸出がみられ、95年末ころの下落とともに、(バーンズ・ミッチェルによる) 不況に入るが、通常、このときは恐慌とは呼ばれていない。
122) BdFは1870 - 71年に普仏戦争とパリコミューンの影響で断絶がある。ドイツはライヒスバンク発足の関係で75 - 76年の間に断絶がある。アメリカでは正貨兌換再開の影響によって79年末に準備が急増するため断絶がある。
123) 75年までは、季節変動未調整のデータでは、規則的な変動は季節変動しか見えない。
124) つまり、通貨原理に基づく銀行券発行。
125) ただし50年以降のオランダ銀行は季節変動以外の変動が大きく、自己相関関数で季節変動が見られないため季節調整を行っていない。
126) これはもちろん「直接の」原因、あるいは基底的な原因の結果であって、基底的な原因は発達した信用システムを利用した投機の累積的増加である。
127) 中央銀行の金属準備減少は、国内への流出も大きな要因となることもある。その場合は、国内でも信用制度の未発達な地域への流出、あるいは信用制度そのものの崩壊(未発達化あるいは脱発達化)とみなすことができる。つまり、信用制度の国ごとの発達・未発達の関係を国内に移し替えたものとなる。

128) ジュグラーが論じているように、アメリカの銀行システムはニューヨークのように預金振替システムの発達した先進地域と、西部などの銀行券の多い後進地域を同時に含んでいた（Juglar [1868a]）。産業的にも北東部の商工業地域と南部の農業地域との乖離は周知のことである。この国内の多様性が一国単位での特徴づけを困難にしている。とはいえ、アメリカは重要なので、（本書の範囲を超えるが）別個に検討する必要はある。

参考までにアメリカからのロンドン宛手形の相場を示すと以下のようになる。1820年代前半の乱高下の後、相場が安定する1824年から図示した。利子率調整済み。縦軸の単位はUSD／£。

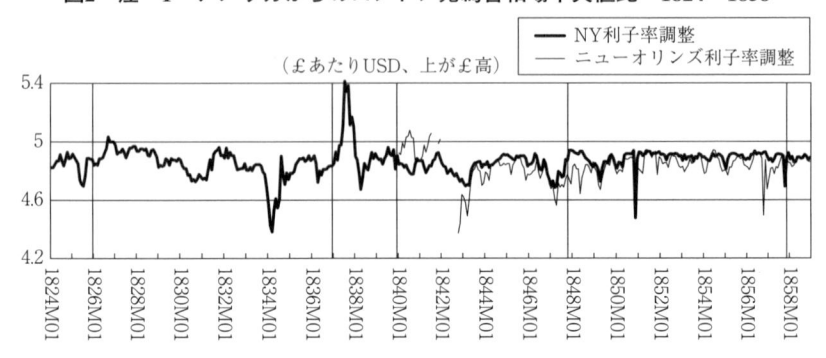

図2-注-1　アメリカからのロンドン宛為替相場中央値比　1824—1858

（£あたりUSD、上が£高）
― NY利子率調整
― ニューオリンズ利子率調整

1820年代前半の乱高下の後、相場は安定するが33年末から34年のポンド急落、37年の急騰が目立つが、恐慌の直前で見れば、1825年、47年には比較的に大きいポンド急落が見られる。57年恐慌の前はニューヨークではあまり変動は見られないが、ニューオリンズでは大きなポンド急落が見られる。30年代後半の二つの恐慌では上記の34年、37年の急変動に隠れて、恐慌前のポンド下落が鮮明ではない。

129) つまりロンドン宛という方向のみを取り扱う。裁定取引が完全であれば、一覧払いなら両方向、つまりパリ振出のロンドン宛手形でも、ロンドン振出のパリ宛手形でも、相場は同じになるはずだが、実際のデータではそうなっていない。岩田 [2011b] 参照。

130) 他にも、オランダなどのように、複貨幣制から銀単本位制へと移行した国による金の大量売却も影響を増幅させたかもしれない。

131) ロンドンは厳格な金本位制、ハンブルクは厳格な銀本位制なので、国際的な金銀比価の差が鮮明に現れる。他の国は複貨幣制あるいは兌換に制約があったため、国際的金銀比価の問題は為替相場にあまり鮮明には見えない。

132) データの出所はⅡ章末尾に一括して掲載。

133) ちなみに30年代、50年代には3—4年間隔の小循環も見られる。Gayer et al. [1953] で "minor cycle" として分析されている現象と対応する。

134) この節での主な検討時期からは外れるが、1865年にフランスを中心としてベルギー、スイス、イタリアによってラテン通貨同盟が結成された（後にギリシャが加入）。これによって域内諸国を同質の複貨幣制にするとともに、同盟諸国でのフランス硬貨の流通

注　解　239

が促進された。本章（II章）次節の分析ではベルギーをドイツの外港・経由地とみなしてドイツ・ベルギー・オランダを一括して取り扱っている。この方法はラテン通貨同盟との整合性の問題はあるがそれ以上の検討は今後の課題としたい。

135) この部分は主に Soetbeer［1866-67］による。
136) この部分は Schneider et al.［1993］S. 32-38の記述による。
137) この部分は Denzel［1991a］の記述による。
138) 一般的に、複貨幣制では価値が下落した金属の貨幣の方が多く流通する。70年代の銀貨価格下落で金本位制に進んだのは理論的には当然のことではなかった。実際には、それに先立つ50—60年代の金価格下落によって生じていた事実上の金単一本位制が制度的に固定化しつつあったことが、70年代の国際金本位制成立の根本的な原因だった。複貨幣制の性格については後述（II章C）。
139) スウェーデン銀行とノルウェー銀行のウェブサイトにある歴史的データとその解説による。このサイトにある原データは、元の資料に一覧払いの数値が存在しない場合、長期手形を利子率で一覧払いへと調整されたデータが掲載されている。
140) Boyer-Xambeu et al.［2001］の方法を踏襲した。
141) この手法は為替取引が発達していないところ、たとえば北欧などでは、19世紀前半に用いられたもので、市場利子率とは無関係に、一定の利率を長期手形に含ませることがよくあった。
142) あるいは、高利禁止法の下の金融市場では、利率よりも貸出の量的制限（credit ration）の方が問題だったのかもしれない。
143) 「周辺」にはイタリア南部がふさわしく、データの利用可能性からもナポリを選んだ。しかし30年代のデータがないのでその時期はリヴォルノ（イタリア中部トスカーナ地方の港湾都市、英語名レグホーン）を用いた。イタリア統一に伴い1862年から通貨制度が変更するので、リヴォルノ、ナポリの62年前後、と３つの時期に分割して中央値比を求めた。
144) 後進国への金銀流出について、一般論だがフラートンも指摘している。"豊かでない国から穀物などの輸入を行う場合、そうした国では外国商品の消費能力は限られており、すぐに外国商品への消費需要が高まることがないので、そうした国に対しては金や銀を送らなければならない"（Fullarton［1844］p. 132）。相殺の欠如の必然性を資本主義的商品に対する需要の限界から論じている。
145) これら以外に、金本位だが兌換を停止していた国としてブラジル、オスマン・トルコがある。
146) 以上、Eichengreen and Flandreau［1996］による。なお、Eichengreen and Flandreau［1996］は各国が金本位制か銀本位制かになるのは貿易連関によって決まり、より重要な区別は貨幣金属の違いよりも兌換の有無と指摘している（p.114）。しかし Eichengreen and Flandreau は（景気循環を分析対象としていないこともあって）、実証分析では年次の為替相場データを使っており、平価からの乖離の度合いしか示していない。これでは恐慌前後の繊細な動きが分からない。II章では月次の為替データ分析を行いながら、景気変動における貨幣金属の違いの重要性を明らかにすることを試みた。
147) この需要には、イギリス以外の国がイギリス市場で銀を調達したのであれば、その需

148）ただし、1848年2月の恐慌と1848年5月の金プレミアム急騰は例外的に目立つ。
149）金価格は1847年恐慌後の1848年の2月革命のときに急騰、銀価格は37年恐慌と47年恐慌の1年ほど前に小さな上昇がみられるが、これらの動きは景気循環に即しているとは言い難い。
150）英国金本位制が周囲の複貨幣制諸国に支えられているという主張は1860—1870年代のWolowskiら複貨幣論者の主要な主張の一つ（Wolowski［1870］p. XIII, XXXIV など）だった。
151）de Ceccoは、イギリス金本位制を支えたのは、1870年代までのフランスの複貨幣制、19世紀末から第1次大戦まではインド銀本位制と南アフリカの金産出、と論じている。
152）これらの研究実証分析に関しては岩田［2011b］で紹介と分析の拡大を行った。
153）米語で free coinage と言えば、貨幣金属の量的な無制限鋳造を意味する。英語の free mint は手数料なしの鋳造のこと。
154）Rastel［1935］p. 128, Flandreau［2004］p. 17での表現。
155）通常、GPM では金価格は一定で、（現送コストが同じなら）現送点も同じと前提されている。しかし、一方の国で金価格が変化すると現送点も変化するので、為替相場が変化しなくても現送点超えが発生することがありうる。この点は次項で述べる。
156）この点は複貨幣制の仕組みを述べた後に再論する。
157）中世では、国内では存在量の多い銀貨が流通し、外国貿易では価値に対して量の小さい金貨が用いられるという複貨幣制が主だった。
158）造幣局での鋳造はコストがかかるので地金価格が法定価格をそのコスト分だけ下回ることはある。コストはイギリスなどのように free mint であっても、地金の運搬コストや鋳造に要する時間分の利子などが負担となる。
159）地金価格が上方に乖離する。下方は鋳造価格によって下限が付くが、鋳造にかかわる間接・直接のコストのため、地金の市場価格は鋳造価格よりも一定の幅で下落することはある（前掲、図2-34参照）。
160）信用貨幣の流通でも、発行主体の支払い能力の精査の必要など、コストはかかるが、金属貨幣に比べてはるかに小さい。
161）ここでは対外支払いのための銀需要の増大により、銀地金市場価格が銀の法定価格よりも高くなっているが、貨幣価値が増加して物価が下がるという関係はない。
162）裁定取引の開始は大規模な取引を前提としているので支払い約束で資金を作るところから始めるが、もともと保有する銀行通貨で始めても同じである。
163）前提で確認したように、取引の大半は信用手段（銀行通貨や商業手形）で行われるので、金属貨幣は少額が全国に散在する状態である。
164）裁定業者がはじめから金硬貨を準備して、プレミアム付きで銀硬貨と交換すれば話はもっと簡単になるが、貨幣のプレミアムは小額なので、信用手段による大規模な取引を行うと想定する方が自然だろう。
165）貨幣金属の市場平価の変動による現送点の移動によって為替相場が現送点を超えるという考えは、de Boyer［2007］p.39などにも説明がある。
166）貨幣を取り扱うためのコストは特殊なものではなく、外国為替取引における金属正貨の現送コストなど普通に用いられている概念である。

167) 正確に言えば、経済主体が保有する支払準備。
168) 時代は下るが、Fisher［1894］p. 535なども参照できる。
169) 「パラシュート」の意味は、低コストで流入する金属の市場価格は降下するが、他方の金属を駆逐しながら（パラシュートが開くように）使用量が増加するので、市場価格の下落が緩和される、ということ。
170) FB論争のピークは1865年の調査会で、複貨幣制に関する一つのピークは1870年の調査会。
171) たとえばBreton［1991］では、ガルニエが銀行原理と複貨幣制支持の両方に登場する。
172) 単一本位支持者にとっては、理論的には単一本位であればそれが金でも銀でも同じであり、金と銀どちらを選ぶかはその時の状況に応じて判断すべきことである。
173) 1865年と70年の調査会の証言を見る限り、BdFは真正複貨幣支持であることは明確で、銀行原理についても事実上、「真正手形原理」「需要に応じた発券」を認めている。また金属正貨流出についても現送点による考え。しかし「還流の法則」への言及は見当たらない。貨幣数量説への言及も見当たらない。複貨幣制については《支払準備の十分な確保》という実務的な有用性からの主張と思われる。
174) 片桐［2002］では「『複本位制』を意味する英語は、"double standard"と"bimetallism"である。1870―1890年代、欧米での複本位論争を通じて、後者が一般に用いられるようになった」(45頁)と指摘されている。
175) たとえばBordo［1992］など。
176) Cernuschiはその後もこの用語を用いている。
177) イギリス1866年恐慌の特殊性に関する言及や研究は、古いものではPatterson［1870］、新しいものではFoucaud［2011］など。
178) 国際金移動をネットで見ることの難点、グロスで見る必要は侘美［1976］（特に222‐223頁）など。
179) この点は当時から知られていた。1840年代に関しては、東洋よりも欧州大陸の方が銀の移動先として重要だったようで、フラートンは、ロンドンを媒介する銀の流れが、BOEに圧力をかけることなく欧州大陸諸国へのイギリスの対外支払いに役立っていることを指摘している。「毎年、南米からこの国に持ち込まれ、大陸欧州に再輸出される銀は、BOEの介在なしに、その分だけイギリスと大陸との商業的なバランスに貢献していることは間違いない」「欧州大陸へ送られる銀が外国穀物への支払いであろうが、金の購入のためであろうが、送られた価値の分だけ、BOEへの対外需要の圧力を緩和しているに違いない」(Fullarton［1844］p. 235)。
180) イギリスの銀輸出額が11月全体で、BdFのバランスシートの数字が毎月10日前後であることを考えれば、ズレはより少ないと考えられる。
181) ただし、ここでいう銀の動きは、BdFの銀準備がイギリスを経由して東洋に輸出されたということではない。フランスから東洋への直接の銀輸出は60年代には以前よりも多くなっている（後掲、図2‐45）。なお66年の恐慌直後にフランスからイギリスに銀が多く輸出されているが、それ以上の金がイギリスからフランスに輸入されており（図2‐38）、この時のBdFの金属準備は増加している（前掲図2‐3）。
182) 前掲図2‐41と対照させれば、59年にフランスからドイツに移動した銀の約半分にあ

たる銀が、同じ年にドイツからイギリスに輸出されていることがわかる。
183) 本章は英米の先行研究を前提としている。日本ではGDP成長率や建築関連（特に非住宅）指標を用いた長期循環の検出やその原因に関する研究が多く、Kuznets［1961］等のような投資切替からの研究は多くないようである。本章はその点の補完を目指した。ただし日本での研究でも、日本経済において、生産者耐久施設の成長率の高い循環と、建築物で成長の高い循環との交替の指摘（藤野［1967］57頁）もある。また、米日サイクルの逆相関の指摘（篠原［1986］4－5頁、野田［1999］214－218頁）などもある。日本経済のクズネツ循環は今後、検討したい。
184)「大西洋経済」は英米関係が代表だが、他の新興国への適応も試みるグローバルな方法である。
185)「人口感応投資」には他にも考えられるが、データの利用可能性と重要性でこの二つが選ばれた。
186) 消費者への財の流入総量も人口と逆相関。人口で割る意味は移民のインセンティヴを示すため。
187) 労働力供給の変化は、移民や自然増などの人口変化とは逆相関に近くなる。その原因について、クズネツは既定住者の労働参加率の変化などを推測している（ibid., p. 346）。
188) 2段階にわたる労働力供給については、Easterlin［2004］もクズネツ循環の投資交替の文脈で指摘している（p.80）。
189) 以下、長期循環と区別した「通常の循環」とは8年前後の間隔のものを指す。一般には10年周期と呼ばれることもあるが、景気転換点を判断するNBERなどでは6～32四半期の間隔が基準とされる。
190) こうした事実は、次節でグラフによって示す。
191) ただし、この方法は人為的な長期波動を生じやすい。また10年弱の循環の場合、四半期や月次といった高頻度データが望ましく、年次データでは分析が困難となる場合も多いと思われる。
192) 以上の特徴は、後掲、図3－3のGDP成長率のグラフでも確認できる。
193) 19世紀の銀行合同運動で、支店網を持つ集権的な大預金銀行が成立したこと。
194) 以下の説明は特に注記がなければThomas［1972］pp.96－123による。
195) この前提は当然ながらハバカク説を参照すべき。
196) データ出所は本章末尾に一括して掲載。
197) トレンドはホドリック・プレスコット・フィルタによる。λは通常の値で年次100、四半期1600。
198) アメリカは同質のデータがなく、名目住宅投資額を1戸当たりの名目価格で割った値。これは実質額というよりも戸数。Gottlieb［1965］p. 417の方法を適用した。
199) 標準化は、系列の平均を引いて標準偏差で割る、通常の方法である。
200) ちなみにNBERの月単位の認定では、この時代の景気循環の周期は平均4年4カ月となるが、これは在庫循環のような短期循環も含んでいると思われる。
201) この二つの代替指標とクズネツのデータとの相似性について、重なる期間ではピーク・トラフはほぼ同時だが、最大3年ラグの場合もある。
202) アブラモヴィッツ自身は、耐久生産財と建築の投資切替が必ずしも明確に実証できないとして、1968年の自分の論文に修正・留保を付けた（Abramovitz［1969］）。

203) Historical Statistics of the United States の"Exports and imports of merchandise-crude and manufactured goods"Ee447 – Ee451による.
204) 以上の認識は、Ⅲ章A-2で述べたクズネッツの考えや、Abramovitz［1968］pp. 349 – 350, 359 – 361など参照.
205) 1980年代の設備投資循環の特異性は岩田［2009］を参照.
206) Ⅲ章では実体経済に焦点を当てているので、実体経済との関連がより小さいと思われる銀行間取引は考察の対象とはしていない。ただし、金融投機やその崩壊では国際的な銀行間取引が大きな役割を果たしている。この点は今後の課題としたい.
207) これらは必ずしも実物的な住宅建築に連動するとは限らず、ホーム・エクイティの引き出しなど住宅建築以外の個人消費に向けられるものもある。そのうえで、ここでは住宅の資産価値への投資という共通性に注目して住宅的投資とする.
208) 外資はFDIと証券投資と「その他」に分かれる。「その他」はさらに借り手として金融当局、政府、銀行、他セクターに分かれる。銀行と他セクターを合わせて「銀行等」とした。マレーシアはおそらく資本規制の影響で1999 – 2001年まで「銀行等」のデータがないが、その後も「銀行等」の数値は小さいのでデータのない期間は0とみなせるだろう。なお、アメリカとは異なり、タイやマレーシアの場合、「その他」外資（実質上、銀行によるもの）も、実体経済との連関が深いと思われるので、分析に追加した.
209) GFCFとの通常の相関係数（ピアソン）をとると以下の通り.

タイ1975 – 2010	レベル	差分
FDI＋証券	0.17	-0.03
FDI＋証券＋銀行等	0.67	0.73

マレーシア1974 – 1998	レベル	差分
FDI＋証券	0.50	0.44
FDI＋証券＋銀行等	0.54	0.38

210) アメリカ・クズネッツ循環論を厳密に当てはめるとすれば「人口感応投資」と「その他の投資」としてGFCFの諸項目の分解が必要となるが、本書ではそこまでの分析を行えない.
211) このことと一部重複するが、リスクヘッジの手法の開発は不確実性を計算可能なリスクに変えて、専門外の資本による投資の可能性を広げた.
212) 金融センターの安定性は一般論だが、たとえば、2000年のITバブル崩壊後のFRBの大幅利下げとともに始まる住宅バブル、原油など一次産品投機の連続的なバブルがこの議論に当てはまる.
213) 現代日本経済研究会［1986］62頁など。その後、「帝国循環」は、単なる高金利だけでなく、金融技術革新による高収益かつ流動的な投資先の増加がアメリカ資本収支黒字に継続的に寄与したことで維持されてきた.
214) 預金通貨一般を独占、という意味ではなく、預金通貨の中でも階層的銀行システムのピークとなる決済通貨は特権銀行（中央銀行）の預金通貨が独占、という意味.
215) 原注：De Foville氏が正しく指摘しているように、フランス語では「恐慌」という名称で様々に異なる諸現象をごちゃまぜにしている。英語にはインフレーションと不況（*inflation* et *depression*）という2つの言葉があるが、それでも十分ではない.
216) 原注：恐慌の清算の間、貨幣の形での資本は非常に豊富だが、価格はずいぶん低い.
217) 原注：このとき、穀物が6億フラン輸入された.

218) 原注：合衆国では1884年に起きたが、82年から価格の上昇は止まっていた。
219) 原注：これらの指標を検討すれば恐慌を予測することができるだろう。そして銀行のバランスシートも利用して、ある特定の時点が上記の3つの期間のどこに位置するのか特定することができるだろう。それは私の著作の第2版で試みたことである。『商業恐慌…』pp.98、113、165、497など。
220) 訳注："circulation fiduciaire"は、銀行券流通の意味で用いられることが多いが、ここでは銀行券に限らず、商業手形などの信用手段も含めて使われている。ジュグラーも含めて銀行原理では、通貨原理と対照的に、銀行券を他の流通手段と同列に扱う傾向が強い。
221) 訳注：ここは「割引額」というよりも「割引預金額」つまり「割引によって生じた預金額」の意味であろう。
222) 訳注：銀行券以外の流通手段が増加し、また相殺機構も発達しているので、銀行券だけを規制した規則はもはや役に立たず、規則が変更不可能なら他の指標を参考にすべきだ、という見解。
223) 訳注：この問題は、書評の末尾で取り上げられる。発券独占派のWolowskiは《地方での発券は、せいぜいフランス銀行の地方支店による発券にとどめるべきで、それ以外の銀行は発券をしなくとも地方で業務を拡大できる》と考えている。これに対してジュグラーは《銀行システムの遅れた地方では自由な発券が必要》と考えており、実際、イングランドやアメリカでは地方で発券が自由に認められている、と述べている。
224) 訳注：利子率や価格が高いのは、高い利潤率など、繁栄の証拠ということもある、という見解。
225) 訳注：スコットランドでは、銀行債務の支払いとして金属正貨が必要な場合、イングランドから調達することになる、という意味であろう。
226) 訳注：県銀行とは1848年以前に狭い範囲で発券の独占が認められた民間銀行。相互に銀行券が交換・決済される仕組みはなかった。1848年にフランス銀行に統合された。
227) 訳注：BdFから金を入手する場合は、BdFに手形を割り引いてもらってBdFに対する債権をつくり、そうしてBdFから金を引き出すという仕組みを前提にしているので、割引率引き上げは、BdFから金を入手する費用の上昇になる。

参考文献

JdÉ は *Journal des économistes* の略記

I・II 章の参考文献

石山幸彦［1988］「複本位制の危機とラテン通貨同盟の結成：19世紀中葉のヨーロッパ大陸諸国における通貨問題」『土地制度史学』30(4), 1-15.
岩下有司［2010］『日本の景気循環と低利・百年国債の日銀引き受け』勁草書房.
岩田佳久［2011a］「クレマン・ジュグラーの景気循環論と世界経済」東京大学『経済学研究』53, 1-14.
─── ［2011b］「国際通貨体制としての19世紀国際複本位制─金銀蛇による分析─」東京大学柴田ゼミ『政治経済学通信』10.
─── ［2012］「クレマン・ジュグラーと19世紀英仏マネタリーオーソドキシー」『季刊経済理論』48(4), 52-63.
宇野弘蔵［1953］(1974)『恐慌論』(宇野弘蔵著作集第5巻) 岩波書店.
─── ［1964］『経済原論』岩波書店.
大友敏明［2005］「投機と信用─1825年恐慌とフリーバンキング学派─」『山梨大学教育人間科学部紀要』7(2), 38-60.
岡橋保［1957］『貨幣論』増補新版, 春秋社.
片桐謙［2002］「I. フィッシャーの『複本位制のメカニズム』」和歌山大学『経済理論』307, 43-69.
金井雄一［1989］『イングランド銀行金融政策の形成』名古屋大学出版会.
小村衆統［1959］「クレマン・ジュグラー『商業恐慌論』について」『六甲台論集』6(2), 39-52.
斉藤寛海［1978］「ヴェネツィアの貨幣体系」『イタリア学会誌』26, 72-87.
酒井一夫，西村閑也編著［1992］『比較金融史研究：英米独仏の通貨金融構造1870─1914年』ミネルヴァ書房.
清水敦［1990］「フラートンの貨幣・信用論について」『信州大学教養部紀要』24, 99-138.
侘美光彦［1976］『国際通貨体制：ポンド体制の展開と崩壊』東京大学出版会.
─── ［1980］『世界資本主義：『資本論』と帝国主義論』日本評論社.
竹澤邦夫［2003］『みんなのためのノンパラメトリック回帰』吉岡書店.
田中生夫編訳［1961］『インフレーションの古典理論『地金報告』の翻訳と解説』未来社.
西川元彦［1984］『中央銀行：セントラル・バンキングの歴史と理論』東洋経済新報社.
野口建彦［2008］「「長い19世紀」の国際通貨体制─国際金本位制の再検討のために」『経済集志』78(2), 145-161.
松井均［2002］『銀行原理と国際通貨システム』勁草書房.
宮田美智也［1998］「イギリスにおける銀行範疇の成立過程：イギリスにおける銀行制度

の成立(1)」『金沢大学経済学部論集』18(2), 43-70.
本池立 [1979]『フランス産業革命と恐慌』御茶の水書房.
山口重克 [1985]『経済原論講義』東京大学出版会.
山口重克他 [2001]『現代の金融システム：理論と構造』東洋経済新報社.
山口重克編 [1992]『市場システムの理論：市場と非市場』御茶の水書房.
山倉和紀 [1998]「スミスとフラートンの距離―還流法則と真正手形学説の異同をめぐって」『商学集志』68(2), 29-49.
楊枝嗣朗 [2012]『歴史の中の貨幣：貨幣とは何か』文眞堂.
吉澤法生 [1987]「J. W. ギルバートの自由銀行論について」『金融経済』220, 19-54.
吉澤昌恭 [1999]『貨幣理論と経済政策』晃洋書房.
吉田暁 [2002]『決済システムと銀行・中央銀行』日本経済評論社.
―――― [2008]「内生的貨幣供給論と信用創造」『季刊経済理論』45(2), 15-25.
Arnon, A. [1991] *Thomas Tooke: pioneer of monetary theory*, Aldershot, Hants, E. Elgar.
Bagehot, W. [1848] "The Currency Monopoly," *The Prospective Review*, 4 (15), in *The collected works of Walter Bagehot*, vol. 9, 235-271.
――――[1857a] "The Act of 1844 and the Convertibility of the Note," *The economist*, May 16, in *The collected works of Walter Bagehot*, vol. 9, 351-356.
――――[1857b] "The Original Reason for the Act of 1844," *The economist*, July 4, in *The collected works of Walter Bagehot*, vol. 9, 361-364.
――――[1864-5] "The Money Market," *The economist*, September 3-January 28, in *The collected works of Walter Bagehot*, vol. 9, 421-494.
――――[1873] (1920) *Lombard Street: a description of the money market*, New York, Dutton co.（久保恵美子訳 [2011]『ロンバード街：金融市場の解説』日経 BP 社）
Bailey, S. [1840] *A defence of joint-stock banks and country issues*, London, James Ridgway.
Besomi, D. [2010a] "'Periodic crises': Clément Juglar between theories of crises and theories of business cycles," *Research in the History of Economic Thought and Methodology*, 28A, 169-283.
――――[2010b] "The periodicity of crises. A survey of the literature before 1850," *Journal of the History of Economic Thought*, 32 (1), 85-132.
――――[2011] "The fabrication of a myth: Clément Juglar's commercial crises in the secondary literature," *History of Economic Ideas*, XIX (3), 69-111.
Bonnet, V. [1868] "La Question de l'Or: II. Le Double étalon monétaire," *Revue des Deux Mondes*, 15 novembre.
Boot, H. M. [1983] "James Wilson and the Commercial Crisis of 1847," *History of Political Economy*, 15 (4), 567-583.
Bordo, M. D. [1992] "Bimetallism," in Newman, P. K., Milgate, M. and Eatwell, J. (eds.), *The New Palgrave dictionary of money and Finance*, New York, Stockton Press, 208-210.
Bosanquet, C. [1810] *Practical observations on the Report of the Bullion-committee*, 2nd ed., London, J.M. Richardson.
Bourcier de Carbon, L. [1972] *Essai sur l'histoire de la pensée et des doctrines économiques*, tome II, Paris, Montchrestien.

de Boyer, J. [1987] "Adam Smith et la théorie quantitative de la monnaie," *Cahiers d' economie politique*, 13, 47-71.
――――[2003] *La pensée monétaire: Histoire et analyse*, Paris, Les Solos.
――――[2007] "Causes and effects in the gold points mecanism: a criticism of Ricardo's criticism of Thornton," *European Journal of the History of Economic Thought*, 14 (1), 25-53.
de Boyer, J. et Solis Rosales, R. [2003] "Les approches classiques du prêteur en dernier ressort: de Baring à Hawtrey," *Cahiers d'économie Politique*, 45, 79-100.
Boyer-Xambeu, M-T., Deleplace, G. et Gillard, L. [1997] "'Bimetallic Snake' and Monetary Regimes: The Stability of the Exchange Rate between London and Paris from 1796 to 1873," in Marcuzzo, M.-C, Officer, L.H. and Rosselli, A. (eds.), *Monetary Standards and Exchange Rates*, London, Routledge, 106-149.
―――― [2001] "L' intégration des marchés monétaires au xixe siècle. Les places financières de Paris et de Londres (1833-1873)," *Histoire et mesure*, XVI (1/2), 113-155.
―――― [2007] "Les marches de l'or et l'argent à Paris au XIXe siècle," in Gallais-Hamonno, G., (ed.), *Aspects quantitatifs des acteurs et des instruments à la Bourse de Paris*, Paris, Publications de la Sorbonne, 603-625.
Breton, Y. [1991] "La monnaie, le crédit, et la banque en France," in Breton, Y. et Lutfalla, M. (eds.), *L'Economie Politique en France au XIX° siècle Politique en France au XIX°siècle*, Paris, Economica, 525-553.
Burns, A., F. and Mitchell, W. C. [1946] *Measuring business cycles*, New York, NBER. (春日井薫訳 [1964] 『景気循環の測定』文雅堂銀行研究社)
Cassidy, M. [1998a] "The development of John Fullarton's monetary theory," *European Journal of the History of Economic Thought*, 5 (3), 509-535.
――――[1998b] "John Fullarton's 'Response to a proposal for a Bank of India'," *European Journal of the History of Economic Thought*, 5 (3), 480-508.
de Cecco, M. [1996] "The Gold standard," in Marcuzzo, M.-C., Officer, L. H. and Rosselli, A. (eds.), *Monetary Standards and Exchange Rates*, London, Routledge, 62-77.
Cernuschi, H. [1876] "La monnaie bimétallique," *JdÉ*, janvier, 148-158.
Chevalier, M. [1867] "La liberté des banques: lettre à M. Wolowski," *JdÉ*, février, 191-226.
Coll. [1867] "Discussion: La question monétaire, Réunion du 5 juin 1867 de la Société d' économie politique," *JdÉ*, juin, 430-454.
――――[1869] "Discussion: La question monétaire, Réunion du 5 janvier 1869 de la Société d'économie politique," *JdÉ*, janvier, 142-168.
Coquelin, Ch. [1848a] (1859) *Le Credit et Les Banques*, Paris, Guillaumin.
――――[1848b] "Les Crises Commerciales et la Liberté des Banques," *Revue des Deux Mondes*, 1 novembre. (英 訳 [1849] "The causes of commercial crises," *Hunt's Merchants' Magazine*, XXI, October, 371-388)
――――[1850] "Notice sur les banques de l'Etat de New York," *JdÉ*, octobre, 235-242.
――――[1851] "De la dépréciation de l'or, et du système monétaire français," *JdÉ*, janvier, 55-68.

―――― [1853] "Crises commerciales," in Coquelin, Ch. et Guillaumin, G. U. (eds.), *Dictionnaire de l'économie politique*, Paris, Guillaumin, 526-534.
Courcelle-Seneuil, J. G. [1864] "De la liberté des banques," *JdÉ*, mai, 165-204, et juillet, 27-49.
Dal-Pont Legrand, M. et Frobert, L. [2009] "Note sur le premier état du projet d'édition des Écrits économiques de Clément Juglar (1819-1905)," *Cahiers d'économie politique*, 57, 175-196.
Dal-Pont Legrand, M. et Hagemann, H. [2007] "Business cycles in Juglar and Schumpeter," 『経済学史研究』49(1), 1-18.
―――― [2009] "Analyses théorique, historique et statistique des cycles: Juglar et Schumpeter," *Revue européenne des sciences sociales*, 143, 49-64.
Dangel-Hagnauer, C. [2010] "Clément Juglar on commercial crises: the dictionary articles," *Research in the History of Economic Thought and Methodology*, 28A, 97-113.
Dangel-Hagnauer, C. et Raybaut, A. [2009] "Clément Juglar et la théorie des cycles en France au premier XXe siècle: quelques éléments d'analyse," *Revue européenne des sciences sociales*, 143, 65-85.
Denzel, M. A. [1991a] "Spanische Währungsreformen und Wechselkurse im 19. Jahrhundert," in Schneider et al. [1991], 47-71.
―――― [1991b] "Die währungspolitische Einigung Italines: Italienische Wechselpätze zwischen 1815 und 1861," in Schneider et al. [1991], 82-104.
Diatkine, S. [2002] *Les fondements de la theorie bancaire*, Paris, Dunod.
Diatkine, S. and de Boyer, J. [2008] "British monetary orthodoxy in the 1870s: A victory for the Currency Principle," *European Journal of the History of Economic Thought*, 15 (2), 181-209.
Domin, J. P. [2007] "La question du monopole d'émission de la monnaie: le débat banque central contre banque libre chez les économistes français (1860-1875)," *Revue européenne des sciences sociales*, 137, 185-202.
Eichengreen, B. and Flandreau, M. [1996] "The geography of the gold standard," in de Macedo, B. J., Eichengreen, B. and Reis, J. (eds.), *Currency convertibility: the gold standard and beyond*, London, Routledge, 113-143.
Fetter, F. W. [1965] *Development of British monetary orthodoxy, 1797-1875*, Cambridge, Mass., Harvard University Press.
Fisher, I. [1894] "The Mechanics of Bimetallism," *The Economic Journal*, 4, 527-537.
Flandreau, M. [2004] *The glitter of gold: France, bimetallism, and the emergence of the international gold standard, 1848-1873*, Oxford, Oxford University Press.
Foucaud, D. [2011] "L'impact de la loi de 1862 généralisant la responsabilité limitée au secteur bancaire et financier sur la crise anglaise de 1866," *Revue économique*, 62, 867-897.
Friedman M. [1990] "Bimetallism Revisited," *Journal of Economic Perspectives*, 4 (4), 339-358.
Frobert, L. and Hamouda, O. F. [2008] "The Influence of The Study of Medicine on

Clément Juglar's First Take on The Economic Cycle, 1846-1862," *Journal of the History of Economic Thought*, 30 (2), 173-198.
Fullarton, J. [1836] *Response to a Proposal for a Bank of India*, in Cassidy [1998b].
―――― [1844] (1845) *On the regulation of currencies*, 2nd ed., London, John Murray.
Garnier, J. [1870] "Perfectionnements à introduire dans les monnaies," *JdÉ*, décembre, 321-334.
Gayer, A. D., Rostow, W. W. and Schwartz, A. J. [1953] *The growth and fluctuation of the British economy, 1790-1850: an historical, statistical, and theoretical study of Britain's economic development*, Oxford, Clarendon Press.
Gentier, A. [2003] *Economie bancaire: essai sur les effets de la concurrence et de la réglementation sur le financement du crédit*, Paris, Éditions Publibook université.
Gilbert, J. W. [1841] "The Currency: Banking," *Westminster Review* (American ed.), 35, 45-67.
Gilman, M. H. [1991] "Clément Juglar 1816/1905, Analyse des crises," in Breton, Y. et Lutfalla, M. (eds), *Economica L'Economie Politique en France au XIX°siècle*, Paris, Economica.
Glasner, D. [1992] "The Real-Bills Doctrine in the Light of the Law of Reflux," *History of Political Economy*, 24 (4), 867-894.
Glasner, D. (ed.) [1997] *Business cycles and depressions: an encyclopedia*, New York, Garland.
Goodhart, C. A. E. [1988] *The evolution of central banks*, Cambridge, Mass., MIT Press.
Haberler, G. [1964] *Prosperity and depression: a theoretical analysis of cyclical movements*, 5th ed., Cambridge, Mass., Harvard University Press. (松本他訳 [1966-67]『景気変動論』東洋経済新報社)
Hayek, F. A. [1933] *Monetary theory and the trade cycle*, London, Jonathan Cape.
Hoffmann, W. G. [1965] *Das Wachstum der deutschen Wirtschaft seit der Mitte des 19. Jahrhunderts*, Berlin, Heidelberg, Springer-Verlag.
Horn, J.-E. [1861] "Le double étalon monétaire," *JdÉ*, mars, 433-436.
Imlah, A. H. [1958] *Economic elements in the Pax Britannica Studies in British foreign trade in the nineteenth century*, Cambridge, Mass., Harvard University Press.
Juglar, C. [1863] [1873] "Crises commerciales," in Block, M. (ed.) [1863] *Dictionnaire général de la politique*, Paris, O. Lorenz, tome 1, 615-627, [1873] (2ème éd.) tome 1, 586-598. (英訳 [2010] *Research in the History of Economic Thought and Methodology*, 28A, 115-147)
―――― [1865] *Enquête sur les principes et les faits généraux qui régissent la circulation monétaire et fiduciaire* への意見書.
―――― [1868a] (2005) *Du change et de la liberté d'émission*, Adamant Media Corporation. (筆者による一部日本語訳、東京大学柴田ゼミ『政治経済学通信』9）
―――― [1868b] "Recension à propos de l'ouvrage de Léon WOLOWSKI: *La Banque d'Angleterre et les Banques d'Ecosse*," *JdÉ*, juillet, 140-146. (日本語訳は本書所収)
―――― [1869] *Procès-verbaux et rapport de la commission monétaire suivis d'annexes*

relatifs à la question monétaire での証言.

———[1870] "Recension à propos de l'ouvrage de Victor BONNET: Etudes sur la Monnaie (Paris, Guillaumin, 1870) ," *JdÉ*, avril, 143-145.

———[1874] "La question monétaire d'après les faits observés en France en Angleterre et aux États-Unis," *Journal de la société de statistique de Paris*, 15, août, 199-214.

———[1876] "Du rôle du numéraire dans les caisses de la Banque de France," *JdÉ*, décembre, 435-444.

———[1886] "Des retours périodiques des crises commerciales et de leur liquidations," in *Le 25ème Anniversaire de la Société de statistique de Paris, compte rendu des séances*, Paris, Berger-Levrault, 74-84.

———[1889] (2010) *Des crises commerciales et de leur retour périodique en France, en Angleterre et aux Etats-Unis*, 2ème éd., Kessinger Publishing.

——— [1891] "Crises commerciales," in Say, L. et Chailley, J. (eds.), *Nouveau dictionnaire d'économie politique*, Paris, Guillaumin. (日本語訳は本書所収)

Juurikkala, O. [2002] "The 1866 False-Money Debate in the Journal des économistes: Deja Vu for Austrians?," *Quarterly Journal of Austrian Economics*, 5 (4), 43-55.

Laidler, D. [2000] "Highlights of the Bullionist Controversy," *UWO Department of Economics Working Papers*, No 20002.

———[2001] "From Bimetallism to Monetarism: the Shifting Political Affiliation of the Quantity Theory," *UWO Department of Economics Working Papers*, No 20011.

Leclercq, Y. [2010] *La banque supérieure: la banque de France de 1800 à 1914*, Paris, Éditions Classiques Garnier.

Levy-Leboyer, M. and Bourguignon, F. [1990] *The French economy in the nineteenth century: an essay in econometric analysis*, Cambridge, Cambridge University Press.

Link, R. G. [1959] *English theories of economic fluctuations, 1815-1848*, New York, Columbia University Press.

Loyd, S. J. [1840] *A letter to J. B. Smith esq., president of the Manchester Chamber of commerce*, in Loyd [1857] (1972) *Tracts and other publications on metallic and paper currency*, Clifton, A. M. Kelley.

Lutfalla, M. [1966] "La crise du nouveau type chez Juglar et Bagehot," *Revue des sciences économiques de Liège*, juin, 87-101.

Mangelsdorf, F.-S. [1930] *Clément Juglars Krisenbarometer: seine Grundlagen und seine Bedeutung*, Berlin, Möller & Borel.

Mertens, J. E. [1944] *La naissance et le développement de l'étalon-or, 1696-1922: les faits et les théories essai de synthèse économique et sociologique*, Paris, Presses Universitaires de France.

Mitchell, B. R. [1988] *British historical statistics*, Cambridge, Cambridge University Press. (中村壽男訳 [1995]『イギリス歴史統計』原書房)

Mitchell, W. C. [1927] *Business cycles: the problem and its setting*, New York, NBER. (春日井薫訳 [1961]『景気循環：問題とその設定』文雅堂書店)

Modeste, V. [1866a] "Le Billet des Banques d'Émission et la Fausse Monnaie," *JdÉ*, août,

181-212.
———[1866b] "Le Billet des Banques d'Émission Est-Il Fausse Monnaie?," *JdÉ*, octobre, 73-86.
Nataf, P. [1993] "New England's Depression-Proof Free Banking System: The Viewpoints of Henry Charles Carey and Charles Coquelin," *Perspectives on the History of Economic Thought*, 9, 97-106.
———[1997] "Le secret de la liberté des banques et de la monnaie," in Madelin, A. (ed.), *Aux Sources du modèle libéral français*, Paris, Perrin, 189-209.
Oppers, S. E. [1995] "Recent development in bimetallic theory," in Reis, J. (ed.), *International monetary systems in historical perspective*, London, Macmillan Press, 47-70.
Patterson, R. H. [1870] "On our Home Monetary Drains, and the Crisis of 1866," *Journal of the Statistical Society of London*, 33 (2), 216-242.
Price, B. [1868] "The Controversy on Free Banking between M. Wolowski and M. Michel Chevalier," *Fraser's Magazine*, January, 102-120 and April, 455-465.
Rastel, G. [1935] *Les controverses doctrinales sur le bimétallisme au XIXe siècle*, Paris, Presses modernes.
Schneider, J. und Schwarzer, O. [1990] *Statistik der Geld- und Wechselkurse in Deutschland, 1815-1913*, St. Katharinen, Scripta-Mercaturae-Verlag.
Schneider, J., Schwarzer, O. und Zellfelder, F. [1991] *Europäische und nordamerikanische Devisenkurse, 1777-1914*, Stuttgart, In Kommission bei F. Steiner.
Schneider, J., Schwarzer, O. und Schnelzer, P. [1993] *Statistik der Geld- und Wechselkurse in Deutschland und im Ostseeraum (18. und 19. Jahrhundert)*, St. Katharinen, Scripta-Mercaturae-Verlag.
Schumpeter, J. A. [1939] *Business cycles: a theoretical, historical, and statistical analysis of the capitalist process*, New York, McGraw-Hill.（金融経済研究所訳 [1958-64]『景気循環論』有斐閣）
———[1954] *History of economic analysis*, Allen & Unwin.（東畑・福岡訳 [2005-06]『経済分析の歴史』岩波書店）
Schwartz, A. J. [1987] "Banking School, Currency School, Free Banking school," in Eatwell, J. et al. (eds.) *The New Palgrave: a Dictionary of Economics*, London, Macmillan, 148-152.
Selgin, G. A. and White, L. H. [1994] "How Would the Invisible Hand Handle Money?," *Journal of Economic Literature*, 32, 1718-1749.
Selgin, G. and White, L. H. [1996] "In Defense of Fiduciary Media-or, We are Not Devo (lutionists), We are Misesians!," *The Review of Austrian Economics*, 9 (2), 83-107.
Silvant, C. [2006] "La controverse française sur le bimétallisme: les raisons de la querelle," *Journées Internationales d'Économie Monétaire et Bancaire*, GDR Monnaie Banque Finance, Université Charles de Gaulle Lille 3, 22-23 juin.
Skaggs, N. T. [1991] "John Fullarton's Law of Reflux and Central Bank Policy," *History of Political Economy*, 23 (3), 457-80.
———[1999] "Changing Views: Twentieth-Century Opinion on the Banking School-

Currency School Controversy," *History of Political Economy*, 31 (2), 361-91.
Smith, A. [1776] (1950) *An Inquiry into the Nature and Causes of the Wealth of Nations*, Cannan, E. (ed.), London, Methuen.
Smith, J. B. [1840a] *Report of the Directors to a Special General Meeting of the Chamber of Commerce and Manufactures at Manchester, on the Effects of the Administration of the Bank of England upon the Commercial and Manufacturing Interests of the Country*, London, White and Carter.
─────[1840b] *Effects of the administration of the Bank of England: reply to the letter of Samuel Jones Loyd, Esq*, London, P. Richardson.
Smith, M. [2008] "Thomas Tooke on the Bullionist controversies," *European Journal of the History of Economic Thought*, 15 (1), 49-84.
Smith, V. C. [1936] (1990) *The Rationale of Central Banking and the Free Banking Alternative*, Indianapolis, Liberty Press.
Soetbeer, A. [1866-67] "Die Hamburger Bank 1619-1866, Eine geschichtliche Skizze," *Vierteljahrschrift für Volkswirthschaft und Culturgeschichte*, 1866, III, 21-54, 1867, II, 1-53.
Spiethoff, A. [1923] (1955) "Kriesen," in Elster, L., Weber, A. und Wieser, F., *Handworterbuch der Staatswissenschaften*. Jena, G. Fischer. (1955年に以下の名で再出版 *Die wirtschaftlichen Wechsellagen: Aufschwung, Krise, Stockung*, Tübingen, Mohr. 英訳（一部省略あり）は "Business Cycles," in *International economic papers*, 1953, 2 (3), 75-171. 日本語訳は望月敬之譯［1936］『景氣理論』三省堂）
Tarkka, J. [2007] "The North European Model of Early Central Banking," Prepared for presentation at the Joint Bundesbank and Bank of Finland Conference Designing Central Banks in Eltville.
Thornton, H. [1802] (1939) *An Enquiry into the Nature and Causes of the Paper Credit of Great Britain*, edited with an introduction by F. A. Hayek, London, George Allen & Unwin.
Tooke, T. [1838], [1840], [1848] *A history of prices, and of the state of the circulation*, London, Longmans.
─────[1844] *An inquiry into the currency principle*, 2nd ed., London, Longmans.
Torrens, R. [1858] "Lord Overstone on Metallic and Paper Currency," *Edinburgh Review*, CVII, 248-93.
Ugolini, S. [2010] "The international monetary system, 1844-1870: Arbitrage, efficiency, liquidity," Norges Bank, Working Paper 2010/23.
Walras, L. [1874] (1926) *Eléments d' économie politique pure ou théorie de la richesse sociale*, Paris, R. Pichon et R. Durand-Auzias. (久武雅夫訳［1983］『純粹經濟学要論：社会的富の理論』岩波書店)
White, L. H. [1995] *Free banking in Britain: theory, experience, and debate, 1800-1845*, 2nd ed., London, Institute of Economic Affairs. (初版は1984年)
─────[1997] "Banking School, Currency School, Free Banking school," in Glasner, (ed.) [1997], 47-49.

―――[1999a] "Why Didn't Hayek Favor Laissez Faire in Banking?," *History of Political Economy*, 31 (4), 753-769.

―――[1999b] "Hayek's Monetary Theory and Policy: A Critical Reconstruction," *Journal of Money, Credit, and Banking*, 31 (1), 109-120.

Wicksell, K. [1906] (1935) *Lectures on political economy*, vol. 2, *Money*, London, Routledge.

Wilson, J. [1847] (1859) *Capital, currency, and banking*, London, D. M. Aird, Economist Office.

Wolowski, L. [1864] *La question des banques*, Paris, Guillaumin.

―――[1869] *Le change et la circulation*, Paris, Guillaumin.

―――[1870] *L'or et l'argent*, Paris, Guillaumin.

Zellfelder, F. [1991] "Die Niederlande zwischen Siber- und Goldstandard 1816-1914," in Schneider, J., Schwarzer, O. und Zellfelder, F. [1991], 35-46.

議会資料・報告書など

The Bullion Report of 1810. (*Report, together with Minutes of Evidence, and Accounts, from the Select Committee on the High Price of Gold Bullion*. 報告本文のページ数は Cannan, E. [1919] *The paper pound of 1797-1821*, London, P. S. King による)

Report from Select Committee on Banks of Issue, 1841.

Enquête sur les principes et les faits généraux qui régissent la circulation monétaire et fiduciaire, tome I-VI, 1865. (1865年調査会. 出版は1867年)

Enquête sur la question monétaire, tome I-II, 1870. (1870年調査会. 出版は1872年)

Tableau décennal du commerce de la France avec ses colonies et les puissances étrangères.

Tableau général du commerce de la France avec ses colonies et les puissances étrangères.

Ⅲ章の参考文献

岩田佳久 [2009]「景気循環における好況末期の把握について」東京大学『経済学研究』51, 1-16.

――― [2010]「クズネッツ循環再論：グローバル資本主義の景気循環」『季刊経済理論』47(2), 77-88.

宇野弘蔵 [1971]『経済政策論』改訂版, 弘文堂.

現代日本経済研究会編 [1986]『日本経済の現状：1986年版』学文社.

篠原三代平 [1986]「日本経済と景気サイクル」『景気とサイクル』創刊号, 2-12.

侘美光彦 [1980]『世界資本主義：『資本論』と帝国主義論』日本評論社.

竹澤邦夫 [2003]『みんなのためのノンパラメトリック回帰（上）』吉岡書店.

野田聖二 [1999]『複雑系で解く景気循環：クズネッツ・サイクルからの展開』東洋経済新報社.

藤野正三郎 [1967]「建設循環とその貨幣的・金融的機構」篠原三代平・藤野正三郎編『日本の経済成長：成長コンファレンスの報告と討論』日本経済新聞社, 53-88.

――― [1968]「経済成長と国際通貨体制」『経済評論』17(9), 102-119.

Aalbers, M. B. [2008] "The Financialization of Home and the Mortgage Market Crisis," *Competition & Change*, 12 (2), 148-166.

Abramovitz, M. [1961] "The Nature and Significance of Kuznets Cycles," *Economic*

Development and Cultural Change, 9 (3), 225-248.
―――[1968] "The Passing of the Kuznets Cycle," *Economica*, 35 (140), 349-367.
―――[1969] "The Passing of the Kuznets Cycle: Correction," *Economica*, 36(141), 81.
Aldcroft, D. H. and Fearon, P, (eds.) [1972] *British Economic Fluctuations, 1790-1939*, London, Macmillan.
Barras, R. [2009] *Building Cycles : Growth and Instability*, Chichester, Wiley-Blackwell.
Coppock, D. J. [1959] "The Causes of Business Fluctuation," *Transactions of Manchester Statistical Society*, 60, (ページ数は Aldcroft and Fearon [1972], 188-219 に再録のもの).
Dymski, G. A. [2009] "Racial Exclusion and the Political Economy of the Subprime Crisis," *Historical Materialism*, 17 (2), 149-179.
Easterlin, R. A. [2004] *The Reluctant Economist: Perspectives on Economics, Economic History, and Demography*, Cambridge, New York, Cambridge University Press.
Feinstein, C. H. [1976] *National Income, Expenditure and Output of the United Kingdom, 1855-1965*, Cambridge, Cambridge University Press.
Feinstein, C. H. and Pollard S., (eds.) [1988] *Studies in Capital Formation in the United Kingdom, 1750-1920*, Oxford, Clarendon Press.
Gottlieb, M. [1965] "New Measures of Value of Non-farm Building for the United States, Annually, 1850-1939," *Review of Economics and Statistics*, 47 (4), 412-419.
―――[1976] *Long Swings in Urban Development*, New York, NBER.
Habakkuk, H. J. [1962] "Fluctuations in House-Building in Britain and the United States in the Nineteenth Century," *The Journal of Economic History*, 22 (2), 198-230.
Krugman, P. [1994] "The Myth of Asia's Miracle," *Foreign Affairs*, 73 (6), 62-78.
Kuznets, S. [1961] *Capital in the American Economy, its Formation and Financing*, Princeton, Princeton University Press.
Rostow, W. W. [1975] "Kondratieff, Schumpeter and Kuznets: Trend Periods Revisited," *The Journal of Economic History*, 35 (4), 719-753.
Thomas, B. [1972] (2007) *Migration and urban development*, London, Routledge.
Thrift, N. and Leyshon, A. [2007] "The Capitalization of Almost Everything," *Theory, Culture & Society*, 24 (7-8), 97-115.
Urquhart M. C. [1986] "New Estimates of Gross National Product, Canada, 1870-1926," in Engerman, S. L. and Gallman, R. E. (eds.) [1986] *Long-term factors in American Economic Growth*, Chicago, University of Chicago Press, 9-94.
Vamplew, W., ed. [1987] *Australians, Historical Statistics*, Broadway, N. S. W., Australia, Fairfax, Syme & Weldon.
Williamson, J. G. [1964] *American Growth and the Balance of Payments, 1820-1913: a Study of the Long Swing*, Chapel Hill, University of North Carolina Press.

その他のデータ
IMF : *International Financial Statistics*. (IFS)
Historical Statistics of the United States.
米国商務省経済分析局：NIPA Tables.
FRB : *Flow of Funds*.

NBER：*Macro History Database*.
Statistical abstract for the United Kingdom
Hoffmann, W. G. [1965] *Das Wachstum der deutschen Wirtschaft seit der Mitte des 19. Jahrhunderts*, Berlin, Heidelberg, Springer-Verlag.
Maddison, A., *Statistics on World Population, GDP and Per Capita GDP, 1-2008 AD*.
Mitchell, B. R. [1988] *British historical statistics*, Cambridge, Cambridge University Press.
（中村壽男訳 [1995]『イギリス歴史統計』原書房）

あとがき

　私はもともと景気循環論が専攻だが、本書のテーマを設定した直接のきっかけは、サイモン・クズネッツ、そしてクレマン・ジュグラーの著作を読んだ際にその内容が、通常「クズネッツ循環」、「ジュグラー循環」としていわれるものとはかなり異なることに気付いたことであった。

　もちろん経済学は、自覚的せよ、無自覚にせよ、その時代精神に対して何らかの立場から応じようとするものになるのは通常のことなので、現代の解釈が、クズネッツやジュグラーらの当時の理解と異なっていても、それ自体は間違ったことではない。

　しかし私は逆に、こうした解釈のギャップを生かして、当時の理解を現代的に再生することでその意義を探ろうとした。もちろん、当時の理解すべてを取り出すのは意味が乏しいので、焦点を二つに定めた。一つは「世界資本主義」であり、もう一つは「銀行原理の徹底化」である。宇野弘蔵の著作から経済学の勉強を本格的に始めた私にとって、この2点は宇野の大きな欠落点であり、新たに何らかの理解を得なければならないものと思われた。

　「世界資本主義」に関しては、私は以前から、宇野弘蔵の『経済政策論』における一国ごとの典型論という方法に違和感を持っていた。そうではなく、《異なるタイプの諸国は相互に規定しあい、そうした諸国を要素として世界資本主義が構成され、基軸国を媒介に有機的に連関して運動している》ことを示そうと考えた。侘美［1976］、［1980］の方法の拡張が目的であった。そうであれば、景気循環は異質な様相から構成される世界経済の運動として考察されなければならない。

　支配的な資本の蓄積様式を根幹に置く方法からすれば、本書は一国内部の

資本蓄積の分析を欠くなど、不十分な点は多い。もちろん、限られた能力から全体像を描き出すには、すべてを論じ尽くすことなどできないのはいうまでもない。しかし、それだけではない。銀行原理を徹底化することで、銀行通貨（信用通貨）の基礎理論と、現代の金融システムの発展様式を理解できるように、労力を傾斜させる必要を感じた。

「銀行原理の徹底化」に関していえば、もともと私は信用理論には理解が乏しく、《貨幣といえば金（キン）、銀行券は金の代理物、預金は貨幣が預け入れられたもの》という程度の認識しかなかった。私の場合、宇野の経済原論からはこの程度の理解しか得られなかった。銀行原理における《需要に応じた発行》なども、理解不能であった。また、景気循環論の方法も、実物的な要素から検討しようとしていた。実際、はじめての査読論文（岩田 [2009]）、本書Ⅲ章の基になった論文（岩田 [2010]）はその方向であったし、さらにⅠ章の基となった論文（岩田 [2012]）でも、ジュグラーに散見される過剰投資論を指摘して論考のまとめとしていた。

しかし、ジュグラーを読み始めた2010年1月以来、ジュグラーが繰り返し述べる通貨信用理論について考えざるをえなくなった。その理論は、事実上、銀行学派の考えに依拠したものだった。

銀行学派の考えについては、はじめは納得できないことも多かったが、White [1995] を読み、銀行学派と銀行原理フリーバンキング派との対立関係を通じて自分なりに糸口がつかめたように思われた。核心は中央銀行通貨を批判的に検討することだ。銀行通貨は金属貨幣との兌換を停止されても信用通貨であり、銀行が自己資本を基にリスクを取って債権を保有し、自己宛一覧払い債務を流通させるという関係は、兌換でも不換でも一貫した原理である。

これは、ソーントン、マクラウド、ホートレーらと続く「貨幣の信用理論」（Schumpeter [1954]）の系譜の考え方であった。この方向による通貨・信用理論史については、de Boyer の論考が有益だった。

現代の理論に関しては、銀行原理の徹底、あるいは内生的通貨供給理論として西川［1984］、吉田［2002］、松井［2002］から学び、また岡橋［1957］からも学ぶことは多かった。

　以上のような信用理論は、信用システムの発展とともに金属貨幣を後景化させつつ信用通貨を自立化させていくことになる。本書では金や銀など金属貨幣が繰り返し出てくるが、問題は、金属貨幣それ自体ではなく、信用通貨の拡張と、貨幣の支払いを必要とする「相殺の欠如」が景気循環の過程で発生する必然性である。

　本書では19世紀英仏の通貨論争を素材に、各学派の通貨・信用理論と、そうした理論が論理的にもたらす景気循環論を考察した。

　本書では、貨幣として金と銀の二つの金属を採用する複貨幣制（いわゆる複本位制）を取り上げているが、もちろん、金属貨幣を重視したいわけではない。論述には不十分なところも多いが、複貨幣制の仕組みそれ自体を極めようとしたわけでもない。そうではなく、目的はまず、世界資本主義の観点から、世界経済の異質性と、それらが連結される景気循環の過程を指摘することだった。もう一つの目的は、《銀行原理 vs 通貨原理》という理論的対抗関係の応用として、それぞれの原理が「貨幣」をいかなるものとして考えているかをより広く考察するための材料とすることであった。

　不十分な点といえば、先行研究サーヴェイの不足、実証分析の不鮮明さ、実際の金融システムの具体的な仕組みの理解の不足、など多数あるが、ここで逐一、挙げるわけにはいかない。今後、論文やワーキングペーパーなどで補充していきたい。

　再び、宇野『経済政策論』に立ち返ると、それは真空中で生まれた超歴史的なものではなく、第１次大戦前後にそのときの時代精神をとらえるために議論されてきた帝国主義論を、資本主義の発展段階論として歴史的に総括し

ようとしたものだった。その問題はその時代においてアクチュアルであった。

　他方、現代では、1980年代初頭からの新自由主義とグローバリゼーションの下で、資本主義世界は新たな時代精神を示している。本書にかかわる点だけ挙げれば、たとえば、グローバリゼーションと金融自由化・金融工学の発達とともに、資本の金融的活動が世界的に拡大しているが、基軸となる金融センターと、周辺に位置する諸地域・諸分野というように、同質とはいえない諸地域・諸分野が世界資本主義として編成されている。ちなみに景気循環においては、通常の循環とは別に、2倍の長さの周期をもつフィナンシャル・サイクルが始まった、という指摘もされている（BISのエコノミストClaudio Borioなど）。

　また、実体経済においては、グローバリゼーションと新自由主義の下で、国内的に、そして同時に世界的に、賃労働と資本の関係が深化・拡大し、本質的に同質な労働者階級が生じつつある。

　しかもこれらの事態は、単調な傾向として存在するのではなく、景気循環における世界的な相補関係を経ながら進行してきた。

　信用理論においては、現代における金本位制停止の定着は、資本主義経済の原理の停止というよりも、金属貨幣に寄り掛かることなく、銀行通貨（信用通貨）を銀行資本の自己増殖運動から考察する絶好の機会であろう。それは、200年ほど前に英国で金兌換が停止したとき、ソーントンが信用通貨と中央銀行に関する理論を発展させたことと同じ課題をもつといえるであろう。

　歴史的に変化する時代精神に応じて、資本主義の発展段階論にせよ信用通貨論にせよ、焦点も変化せざるをえない。本書では、過去の論者の主張の再現にとどまることなく、現代的に再生することでその意義を探ることを目的としていた。

　しかし、まだまだ勉強不足であり、不十分な内容にとどまっている。とはいえ、大学に勤務する者として研究成果の公表は義務というべきものなの

で、中間報告の意味も含めての出版とならざるをえない。

　ところで、本書は、博士学位論文（東京大学大学院経済学研究科2012年3月）を修正・加筆したものである。各章と初出論文との関係は以下の通りである。当然ながら、大幅な拡充や全体の整合性のために、論旨も含めて変更は数多い。

第Ⅰ章「クレマン・ジュグラーと19世紀英仏マネタリーオーソドキシー」
　　　『季刊経済理論』48(4)、2012年。
第Ⅱ章「クレマン・ジュグラーの景気循環論と世界経済」東京大学『経済学
　　　研究』53、2011年。
　　　「国際通貨体制としての19世紀国際複本位制―金銀蛇による分析―」
　　　東京大学柴田ゼミ『政治経済学通信』10、2011年。
第Ⅲ章「クズネツ循環再論：グローバル資本主義の景気循環」『季刊経済理
　　　論』47(2)、2010年。

　本書の出版には、柴田徳太郎先生（東京大学教授）にお力添えをいただいた。柴田先生には博士論文審査の主査も務めていただいた。つたない博士論文でご迷惑をおかけしたが、博士論文審査では他にも4人の先生から、そして公開の報告会では他の出席者の方々からも、有益な指摘をいただき、たいへん感謝している。

　本書の刊行にあたっては日本学術振興会より2013年度科学研究費補助金「研究成果公開促進費」の交付を受けた。今回の科研費申請でもお世話になったが、現在、勤務している東京経済大学の教職員の方々には、優れた研究・教育条件をいただき、日頃より感謝している。

　最後になったが、本書の刊行を快く引き受けてくださった日本経済評論社の鴇田祐一氏には厚く御礼申し上げたい。

2013年9月

岩田佳久

索 引

【人名索引】

Abramovitz, M.　141-143, 155-159, 167-168, 242

Bagehot, W.　7, 10, 226
Bailey, S.　15, 36, 37, 231, 232
Barras, R.　159-160
Besomi, D.　1-2, 25, 183, 236
Bosanquet, C.　35
de Boyer, J.　6-7, 10-11, 226, 240
Boyer-Xambeu, M-T.　110, 112, 136, 137, 176-177

Cassidy, M.　9, 33
de Cecco, M.　109-110, 131, 240
Cernuschi, H.　42, 123
Coppock, D. J.　144, 154
Coquelin, Ch.　ii , 12, 16, 25-27, 38-43, 52-55, 59, 121, 176, 190, 192, 234
Courcelle-Seneuil, J. G.　15, 232

Dangel-Hagnauer, C.　64

Easterlin, R. A.　160-161, 164, 242

Flandreau, M.　110, 112, 113, 122, 124, 136, 176
Fullarton, J.　9, 21-22, 30, 31-35, 46-47, 50, 55-57, 112, 176, 217, 227, 229, 232, 239, 241

Garnier, J.　121
Gentier, A.　38, 41, 43, 226
Gilbert, J. W.　16, 34, 36-37, 42, 226, 232
Gilman, M. H.　225, 236

Habakkuk, H. J.　144-146

Hayek, F. A.　227

Kuznets, S.　141-142

Laidler, D.　10, 111, 121
Loyd, S. J.　28, 217

Macleod, H. D.　234
Mill, J. S.　191
Mitchell, W. C.　64, 73
Modeste, V.　42, 226
Mushet, R.　27

岡橋保　227
Overstone → Loyd, S. J.

Peel, R.　190, 192
Price, B.　191, 192

Rastel, G.　122
Rostow, W. W.　140-141, 157-158
Rouland, G.　120, 235

Schumpeter, J. A.　ii , 1-3, 17, 61-65, 134, 182-184, 228, 234, 236
Schwartz, A. J.　229
Silvant, C.　121
Smith, A.　7, 14, 207, 216
Smith, J. B.　28
Smith, V. C.　5, 9, 38, 228
Spiethoff, A.　ii , 57-59, 236
Stucky, V.　45, 233

Thomas, B.　iv , 146-149, 157-158, 164
Thornton, H.　7, 10, 30, 175, 225, 260
Tooke, T.　8, 13, 19-20, 25, 31-35, 46, 58-

59, 176, 190, 217, 229

宇野弘蔵　i, 58-59, 172, 257-259

de Waru, A.　235
White, L. H.　3, 5-6, 8-10, 12, 15, 33, 226

Wicksell, K.　20
Williamson, J. G.　157
Wilson, J.　ii, 22, 25, 52-53, 217
Wolowski, L.　27, 52- 54, 111- 112, 120, 122-123, 136, 205-214, 231, 240

【事項索引】

[欧文]

FRB　170, 177, 179, 243
GPM　7, 111-112, 115, 117-118, 136, 240
ITバブル　iv, 177, 243
PSFM　7, 111-112

[ア行]

ヴィクセル過程　18
売りオペ　32, 34
運転資金　193, 195
運転資本　21, 193, 213
オーストリア学派　9, 43, 226

[カ行]

階層的銀行システム　12, 37, 44, 45, 48, 175, 226, 233, 234, 243
過剰生産　57-58, 191, 228
過剰生産恐慌論　183
過剰生産力　59, 64
過剰投資　23, 134, 143
過剰発行（過剰発券）　6, 15, 16, 19, 29, 31, 34, 36, 44, 46-50, 47, 48-49, 50, 52, 55-56, 225, 227, 228, 234
過剰預金　27, 40, 43, 235
価値構成説　20, 21
貨幣的過剰投資理論　17
貨幣的分析　17-18, 19-22, 25-29, 35, 37, 50, 52, 55, 225, 227, 228
可変レート複貨幣制支持者　121-123
還流の法則　14-15, 29-31
ギブソンの逆説　20, 228-229

銀行券の相殺　36, 48
銀行原理違反　16, 35, 170
銀行原理の徹底　ii, 10, 53, 55, 176, 230, 237, 257-259
銀行通貨　12-13
金市場平価　114
銀市場平価　114
現金当座勘定　16, 53-54, 209-210, 233
構成主義　14
交代本位制　119
公定比価　113
公定平価　113
固定資本　22, 228

[サ行]

最後の貸し手　6-7, 10, 51, 226
『地金報告』　44, 50-52, 135, 192
自己資本　14, 39-43, 53, 220, 230, 233
市場比価　113
市場平価　113
自生的秩序形成　14
実物的過剰投資論　ii, 18, 59
需要に応じた発券　6, 14-15, 16, 37, 45, 47-48, 229, 258
人口感応投資　141, 143, 147-149, 242, 243
新自由主義　iv, 169-170, 260
真正手形　33-35, 177
真正手形原理　6, 14-15, 16, 19, 42, 45, 50, 231-232
真正複貨幣制支持者　119, 121-123
信用創造　40, 42, 233, 234
スコットランド　48, 53-54, 205-213, 220-222
世界資本主義　iv, 60, 134, 161, 166, 173,

177, 180, 257-260
相殺　4, 57, 114, 116, 123, 136, 205, 208-210, 213, 218, 227
相殺機構　36, 48, 232
相殺の欠如　ⅱ-ⅲ, 23, 56-57, 59-60, 62, 69-71, 83, 88, 91, 111, 114, 116, 118, 133-136, 176, 209, 230, 239, 259
素地（prédisposition）　65, 74, 76, 182

[タ行]

大西洋経済　ⅲ-ⅳ, 146-149, 158, 177, 242
ダブル・スタンダード（通貨理論）　9, 16, 37-38, 226
ダブル・スタンダード（「複本位制」）　122
通貨学派　6, 7, 10-11, 13, 28-29, 45, 226
通貨原理的な預金　43, 54, 233, 234
定期預金　31, 43, 232
帝国循環　171, 243
当座勘定　53, 209-211, 213, 218-219, 222, 227, 234, 235
当座預金　11, 17, 31, 55, 68, 190, 205, 218, 219, 237
特権銀行の通貨原理化　41-43

[ナ行]

偽ジュグラー循環説　144-145, 149, 153-154

[ハ行]

ハード地金派　7, 225

パラシュート効果　120
反地金派　19, 33, 35, 44-45, 233
ハンブルク銀行　92
ピール条例　7, 10, 34, 46, 70, 226, 231
非貨幣的分析　ⅱ, 3-4, 17-18, 20, 22, 24, 29, 50, 52, 55, 59, 176, 225, 227, 229, 230, 231
非資本主義的外囲　ⅲ, 167, 177
部門間不均衡　58
米国クズネツ循環論　ⅲ-ⅳ, 141, 143, 157, 160-161, 167

[マ行]

モデレート地金派　7, 19, 29, 44, 50, 225

[ヤ行]

有限責任　37, 54
預金通貨発行　16, 54-55, 233

[ラ行]

利子付預金　31, 36
労働力商品　ⅰ, 58, 60, 236

[ワ行]

割引市場を通じた還流　32, 33, 35, 47, 231-232
割引預金（割引当座勘定）　16, 53-55, 209-210, 244

【著者紹介】

岩田佳久（いわた・よしひさ）
1968年生まれ。
2012年　東京大学大学院経済学研究科博士課程修了・博士号取得。
現在、東京経済大学経済学部専任講師。
〈主な業績〉
「クレマン・ジュグラーと19世紀英仏マネタリーオーソドキシー」『季刊経済理論』48(4)、2012年。
「クズネツ循環再論：グローバル資本主義の景気循環」『季刊経済理論』47(2)、2010年。

世界資本主義の景気循環
──クレマン・ジュグラーの景気循環論とクズネツ循環

2013年10月25日　第1刷発行　　定価（本体5600円＋税）

著　者　　岩　田　佳　久
発行者　　栗　原　哲　也
発行所　株式会社　日本経済評論社
〒101-0051　東京都千代田区神田神保町3-2
電話　03-3230-1661　FAX　03-3265-2993
E-mail：info8188@nikkeihyo.co.jp
URL：http://www.nikkeihyo.co.jp/
装幀＊渡辺美知子　　印刷＊藤原印刷・製本＊誠製本

乱丁落丁本はお取替えいたします。　　Printed in Japan
Ⓒ Yoshihisa IWATA 2013　　　　ISBN978-4-8188-2286-3

・本書の複製権・翻訳権・上映権・譲渡権・公衆送信権（送信可能化権を含む）は、㈱日本経済評論社が保有します。
・ JCOPY 〈㈳出版者著作権管理機構　委託出版物〉
本書の無断複写は著作権法上での例外を除き禁じられています。複写される場合は、そのつど事前に、㈳出版者著作権管理機構（電話 03-3513-6969、FAX 03-3513-6979、e-mail: info@jcopy.or.jp）の許諾を得てください。

マルクスを巡る知と行為
　──ケネーから毛沢東まで──
　　　　　　　　　　　　寺出道雄著　本体 4600 円

『国富論』とイギリス急進主義
　　　　　　鈴木亮著／浜林正夫・飯塚正朝共編　本体 7500 円

シュンペーターの未来
　──マルクスとワルラスのはざまで──
　　　　　　　ハインツ・D. クルツ著／中山智香子訳　本体 2800 円

リカードの経済理論
　──価値・分配・成長の比較静学分析／動学分析──
　　　　　　　　　　　　福田進治著　本体 4800 円

ルソーの経済哲学
　　　　B. フレーデン著／鈴木信雄・八幡清文・佐藤有史訳
　　　　　　　　　　　　　　　　　　　本体 3200 円

オーストリア学派の経済学
　──体系的序説──
　　　　　　　　　　尾近裕幸・橋本努編著　本体 3200 円

イギリス財政思想史
　──重商主義期の戦争・国家・経済──
　　　　　　　　　　　　大倉正雄著　本体 6800 円

F. A. ハイエクの研究
　　　　　　　　　　　　江頭進著　本体 4800 円

リカードの経済学
　　　　　　　S. ホランダー著／菱山泉・山下博監訳
　　　　　　　　　　本体（上）9500 円（下）8500 円

シュムペーターのウィーン
　──人と学問──
　　　　メルツ著／杉山忠平監訳・中山智香子訳　本体 2800 円

日本経済評論社